长春市小课题研究的新探索

CHANGCHUNSHI XIAOKETI YANJIU DE XIN TANSUO

周国韬　王瑞　杨雪梅/主编

东北师范大学出版社
长　春

图书在版编目（CIP）数据

长春市小课题研究的新探索/周国韬，王瑞，杨雪梅主编. —长春：东北师范大学出版社，2024.5
ISBN 978 - 7 - 5771 - 1396 - 8

I. ①长… II. ①周… ②王… ③杨… III. ①课程-教学研究-中小学 IV. ①G632.3

中国国家版本馆 CIP 数据核字（2024）第 102376 号

□责任编辑：刘　婕　□封面设计：张　然
□责任校对：孟　静　□责任印制：侯建军

东北师范大学出版社出版发行
长春净月经济开发区金宝街 118 号（邮政编码：130117）
电话：0431-85690289
网址：http：//www.nenup.com
东北师范大学音像出版社制版
吉林省良原印业有限公司印装
长春市净月小合台工业区（邮政编码：130117）
2024 年 5 月第 1 版　2024 年 5 月第 1 次印刷
幅面尺寸：170 mm×240 mm　印张：21　字数：355 千

定价：68.00 元

本书编委会

前　言

　　长春市教育学会是长春市教育局主管的群众性学术组织，开展群众性的教育科研活动是其职责所在，而小课题研究就是一种特征明显、效果突出的群众性教育科研形式。

　　21 世纪以来，在长春市教育局和长春教育学院的领导和支持下，长春市教育学会发动和组织长春地区广大中小学校积极开展小课题研究，采取了文件指导、现场交流、典型推广等多种举措，各中小学校与广大教师踊跃参与并取得了一系列成果。2011 年，我们对小课题研究的突出成果进行了整理，出版了《小课题　大文章：长春市开展小课题研究的实践探索》，进一步推动了长春地区小课题研究的开展。此后，我们不仅多次以现场会、培训班等措施交流分享小课题研究的典型经验，更是采取评选小课题研究成果的方式推动中小学校和广大教师积极开展小课题研究，不断提高小课题研究的水平，并通过小课题研究去解决学校教育教学中存在的问题，提高教育教学质量和教师的专业化水平。

　　本书以"长春市小课题研究的新探索"为题，搜集整理了近年来长春地区小课题研究的部分成果。全书分为工作篇和成果篇两个部分。

　　工作篇搜集了一些能体现小课题研究推进工作的材料。随着小课题研究的开展，我们对其概念、方法与推进策略进行了深入探索，从学校和教师层面提出了进一步的要求，总结出了典型经验。

　　成果篇选编了一些近年来评选出的小课题研究成果。这部分内容是以各个小课题的结题报告为基础修改而成的。

　　小课题研究这种群众性教育科研形式深受中小学校和广大教师的欢迎，我们期望本书的出版能够进一步促进小课题研究的深入开展。我们将继续坚持以中小学一线教育工作者为研究主体，以解决教育教学过程中发生的具体问题为研究目标，认真探索推进小课题研究的有效途径，使小课题研究的成果更多，水平更高，为基础教育改革与发展做出更大贡献。

周国韬

长春市教育学会常务副会长

2023 年 10 月

目　录

目　录 ◆

工作篇

小课题研究的概念、方法与推进策略^①

长春市教育局　周国韬

小课题研究能够提高中小学的教育教学质量和教师的专业水平，各地教育部门在积极推进这项工作。从 2008 年起，长春市教育学会在汽车经济技术开发区第七小学等单位多次召开现场会，推广开展小课题研究的典型经验，并针对出现的问题进行培训。2010 年，长春市教育局下发了《关于深入开展小课题研究的实施意见》（长教发〔2010〕119 号），对开展小课题研究提出了明确的要求。2011 年，长春市教育学会对小课题研究的突出成果进行了整理，出版了《小课题　大文章：长春市开展小课题研究的实践探索》，用于进一步指导和推进这项工作。但是，要深入开展小课题研究，必须明确小课题研究的概念、方法与推进策略，即明确以下五个问题：

一、小课题研究的含义是什么？

关于什么是小课题研究，还没有一个公认的定义。从现行的实践操作来看，小课题之"小"是针对"大课题"之"大"而言的。所谓"中小学的大课题"指由学校领导或科研部门的负责人牵头，组织学校的各方面力量，研究解决学校的重点或全局性问题，实现科研兴校。相对于学校的大课题，我们把"小课题"简洁地定义为是以中小学一线教育工作者为研究主体、以教育教学过程中发生的具体问题为研究对象、以问题的解决为研究目标的课题研究。这一定义明确了小课题由谁来研究和研究什么。

人们还经常通过描述小课题的特征来阐述小课题的含义，如，有人认为其切口小、周期短，有人认为其具有微观性、灵活性、个体性，等等。我们认为，小课题的核心特征体现在"小"上，即所研究的是中小学教师

---

① 发表于《长春教育学院学报》2014 年第 17 期，有关内容可参见《长春教育》2014 年第 9 期相关文章，在 2016 年获第七届长春市社会科学优秀成果二等奖。

在教育教学过程中面临的具体问题，或叫微观问题。正是因为小课题具有研究微观问题的核心特征，才会表现出周期短、过程灵活、教师个人也能够进行研究等特点。

二、小课题研究哪些问题？

发现教育教学过程中面临的具体问题并将之确立为课题是小课题研究的第一步，也是关键的一步。

在教育教学实践中，问题可以说是无处不在的。对于教师来讲，他需要关注教育改革中的重大主题和问题，但他更需要发现和解决的是学校日常生活中的普通事、小事和细节中所存在的问题，如某些学生的学习态度为何不佳，有些学生的学习效果为何不好，等等。

但是，并不是所有的具体问题都是小课题的研究对象，选择问题作为课题要遵循真实与有价值这两个标准。真实指问题是在中小学教育教学实践中客观存在的，有价值指问题是制约教育教学发展的关键且没有现成的答案。

小课题研究的问题可以分为两类：第一类是教师在教育教学活动中亲身感受到的疑难问题，第二类是在与他人合作交流过程中发现的问题。这两类问题的来源是不同的。

第一类问题来自教师参与的教育教学改革中的难点。它主要表现在两个方面：一个方面是教育改革与发展的新要求与现状之间的矛盾。例如，培养学生的创新精神与实践能力在课堂上应如何操作，探究学习怎样才能行之有效地开展，等等。另一个方面是教育情境中的一些"老"的疑难问题，这些问题的特点是似乎能说清楚，但在教育教学过程中难做好。例如，在班级授课制条件下，如何有效地因材施教，学生的主体地位和教师的主导角色怎样才能协调一致，等等。

第二类问题来自自己与他人的合作交流。从某种意义上来讲，所有的问题发现都有合作交流的成分，因为教师不可能脱离学校来研究问题。在与他人合作交流过程中可以发现问题有两种形式：一种是面对面的交流；另一种是书面交流，即教师阅读他人资料获得相关信息或受到启发。

三、小课题研究的方法是什么？

中小学教育科研的重要方法是行动研究，小课题研究也不例外。有些人说小课题研究简单、起点低，但从研究方法上看这种说法是没有道理的。实际上，开展小课题研究也必须掌握行动研究的方法，遵循其研究过程。

行动研究是由计划、行动、观察与反思四个环节构成的螺旋式推进的循环过程。

行动研究的第一个环节是计划，包括三个方面的内容和要求：一是计划应以所发现的事实和调查研究为前提来明确问题并提出解决问题的设想，即在对问题进行分析的基础上提出解决问题的想法；二是计划包括总体计划和每一个具体行动步骤的计划，至少要有第一、二步行动计划；三是计划要有充分的灵活性和开放性，允许不断地修正计划。

第二个环节是行动，即实施计划或者说按照目的和计划行动。在行动研究中，实施行动具体表现为：一是行动者有目的、按计划采取的步骤；二是行动是灵活的，实施计划的行动重视实际情况的变化，重视实施者对行动及结果的逐步认识，重视其他研究者、参与者的评价和建议，并据此不断调整。

第三个环节是观察。在行动研究中，观察的基本含义和要求是：一是观察可以是行动者借助各种有效手段对本人行动的记录、观察，也可以是其他人的观察。多视角的观察更有利于全面而深刻地认识行动的过程。二是观察主要指对行动过程、结果、各种影响因素的观察。因为教育教学受到实际环境中多种因素的影响和制约，而且许多因素不可能事先确定和预测，更不可能全部控制，所以研究者要使用各种研究技术进行系统、全面和客观的观察。

第四个环节是反思。它是一个螺旋圈的结束，又是过渡到另一个螺旋圈的中介。这一环节包括：一是整理和描述，即对观察到的与制订计划、实施计划有关的各种事件加以归纳整理，描述出本循环的过程和结果；二是评价解释，即对行动的过程和结果做出判断评价和原因分析，同时找出计划与结果的一致之处与不一致之处，形成下一步行动计划是否需要修正与需做哪些修正的判断和构想。

从开展小课题研究的实践操作来看，可以结合上述行动研究的过程将其分成问题、设计、行动、评价四个阶段，不同阶段回答不同的问题。在问题阶段要明确有哪些实践问题需要解决；在设计阶段要回答应该怎样解决所面临的问题，即提出解决方案（研究计划），明确采取什么行动、措施将得到什么效果；在行动阶段要保证是否按解决方案（研究计划）采取了有效的行动措施；在评价阶段要分析所采取的行动、措施是否达到了预期的效果、解决问题的情形及还有什么问题等，然后根据评价的结果开展下一步研究。

四、小课题研究的成果通过哪些形式来表现？

小课题研究的成果与其研究的目标紧密结合在一起。

小课题研究的最终目标是学生的成长与发展。在培养学生的过程中，会出现一些常规教育教学工作解决不了的问题，需要通过课题研究来探索解决问题的有效途径，从而提高教育教学质量，促进学生的全面发展。通过小课题研究促进学生健康成长的前提性条件是教师教育观念和行为的转变，这是小课题的又一目标与成果。小课题研究的主体是学校的教师，小课题研究能使中小学教师在探究真实问题的过程中更新观念与改变行为，而教师专业素质的变化促进了教育教学质量的提高。

因此，小课题研究的成果要能够体现出学生与教师的成长与发展，其具体的表现形式首先是课题研究报告。课题研究报告主要由三部分构成，即课题概况、研究过程与实施策略、研究的成效。[1] 课题的提出部分需要讲清要研究什么问题，即回答前面提到的有哪些实践问题需要解决。研究过程与实施策略的部分要表述清楚为了解决这个问题是怎样想、怎样做的，即提出解决方案，明确采取什么行动措施将得到什么效果，明确应该怎样解决所面临的问题、如何按解决方案（研究计划）采取有效的行动措施。研究的成效部分要分析清楚受这些措施的影响，学生与教师的成长，明确所采取的行动措施是否达到了预期的效果，并进一步明确解决问题的情形及还有什么问题。

但是，仅仅有课题研究报告还不足以说清楚课题研究的过程与成效，必须同时有体现学生与教师的成长发展变化的作品、材料与数据，还要有体现促进学生与教师产生变化的措施（如课程的调整、教学模式的改革等）的相关材料。这些材料包括作品和数据，还包括论文、案例、课例、教育叙事、课程、课件等。课题研究报告与这些成果表现形式结合在一起，说明课题要解决的问题是什么、怎么做的、取得了哪些成效，具体体现前面提到的问题、设计、行动、评价四个研究阶段应该回答的那些问题。

---

① 此处仅提出一个大致框架，本书中不同教师的课题研究报告可能有所不同。

五、小课题研究怎样推进？

小课题研究的主体是一线教师，推进小课题研究的主体是学校。从推进主体这个角度，我们可以将"小课题"称为"校本课题"，即由学校组织立项，进行管理，并开展有关的课题研究工作。县区层面的工作主要是对学校开展小课题研究提出要求，对课题研究提供指导，为其将来立项为上一级课题及成果评奖提供政策保障，在课题管理上不必提出过细要求，应强化学校对小课题的自主管理。

根据小课题研究实践，中小学校要扎实有效地推进小课题研究，应重点抓好以下几个方面的工作：

第一，学校的领导要了解小课题研究对学校发展的意义。也就是说，校领导要明确小课题研究的目标是本校学生与教师的成长与发展，通过开展小课题研究，提高教育教学质量，提高本校教师的专业素质。

第二，学校要制定小课题研究制度。小课题研究制度要宁简勿繁，以便更多的教师能够参与进来。所谓小课题门槛低指的就是它不需要履行繁杂的手续，这样可以防止一些教师望繁杂的手续而却步。学校要根据小课题研究的特点和过程制定有关的制度：一是明确要求教师要制订问题具体、措施可行的研究计划；二是明确要求教师应该按研究计划采取有效的行动措施，同时以多种形式积累体现小课题研究过程和成效的资料；三是明确要求教师应该按小课题研究计划及时进行阶段性总结，并根据小课题研究的进展情况调整计划，进行深入研究。

第三，确立课题可以采取自上而下和自下而上相结合的方式。有些学校在推进小课题研究的时候，采取了把学校课题层层分解、使每个教师都有子课题的方式，这样做的优点是解决了一些教师难以确立课题的问题，缺点是教师被动接受课题，不注重与自身工作的结合，未能真正开展研究。有些学校在推进小课题研究时采取了由教师自下而上自由申报的方式，这样做的优点是教师的积极性调动起来了，缺点是课题范围比较散，有些课题与学校整体发展结合得不紧。所以，确立小课题应该采取自上而下和自下而上相结合的方式，如以学校课题为大的研究范围，再让教师根据所任学科年级的问题去确立具体的相关的课题。

第四，按照学校工作的周期开展小课题研究成果的交流、分享与推广。有人把周期短看作小课题的特点之一，但其实小课题的周期短是有规律的。因为小课题与教育教学工作结合得比较紧，所以小课题研究的周期应该与常规教育教学工作相一致，即按学期、学年开展研究工作。当然，根据研究的内容，有些课题的周期还可以更短一些，即在一个学期内安排几个周期。学校要特别注意的是，小课题不是教师个人的单打独斗，学校要搭建平台，组织教师进行交流，如以教研组或学年组为单位定期进行课题研讨。这样既能督促小课题研究的不断开展，又能及时发现研究中存在的问题，还能推动教师进行相互学习借鉴以及开展合作研究，更能促进小课题研究成果的共享与转化推广。

　　除了上述应该重点抓好的几项工作外，学校还要根据本校的实际，积极探索推进小课题研究的策略，以确保小课题研究达到预期目标。

【参考文献】

［1］周国韬. 小课题 大文章：长春市开展小课题研究的实践探索［M］. 长春：吉林大学出版社，2011.

［2］周国韬. 教师专业发展与校本行动研究［M］. 北京：中国轻工业出版社，2010.

《校本小课题促进学校内涵发展的深化研究》课题实施方案

长春市教育学会　周国韬

校本小课题指由中小学校自主管理的、以中小学一线教育工作者为研究主体、以教育教学过程中发现的具体问题为研究对象、以问题的解决为研究目标的课题研究。为了进一步推进我市中小学校的校本小课题研究，长春市教育学会决定将"校本小课题促进学校内涵发展的深化研究"确立为全市主导课题，针对推进校本小课题研究过程中存在的问题进行深入研究。

一、校本小课题研究的进展

近年来，校本小课题研究引起了全国各地教育部门和中小学校的关注。从 2008 年起，长春市教育学会在汽车经济技术开发区第七小学等单位多次召开现场会，推广开展小课题研究的典型经验，并针对出现的问题进行培训，推动了我市校本小课题研究的发展。2010 年，长春市教育局下发了《关于深入开展小课题研究的实施意见》（长教发［2010］119 号），对开展小课题研究提出了明确的要求。2011 年，长春市教育学会对小课题研究的突出成果进行了整理，出版了《小课题　大文章：长春市开展小课题研究的实践探索》，用于进一步指导和推进这项工作。

推进小课题研究的主体是中小学校，因此我们也将"小课题"称为"校本小课题"，强调由学校组织立项，进行管理，并开展有关的工作。2012 年，长春市教育局为了加强校本小课题研究，在下发的《关于长春市教育科学规划课题年度立项和优秀课题成果年度评选的通知》（长教发［2012］137 号）的文件中明确规定，取得阶段性成果的校本课题在申报市级规划课题时予以优先立项，各级各类学校的校本课题成果可以直接申报市级优秀成果，为开展校本小课题研究提供了政策保障。

我市校本小课题研究取得了显著的成果。市教育学会先后征集了近万件小课题成果，千余件小课题成果获得了表彰，很多成果转化为教师培训课程，被纳入中小学教师培训资源库。在校本小课题研究推进过程中，我市推广了多个典型经验，特别是汽车经济技术开发区第六中学的"小问题、小策略、小应用"的"3X"管理模式，长春市第四十五中学的以学校主导课题为引领、部门项目课题为支撑、教师小课题为基础的三级课题体系，东光学校的自上而下和自下而上相结合的交互式选题方式，汽车经济技术开发区第七小学的以"组本研修"为载体深化小课题研究的经验，长春市第七十二中学的团体小课题研究方式，这些典型经验在省内外产生了广泛影响。2014 年和 2015 年，我市推进校本课题（小课题）研究工作现场会均被吉林省教育学会评为"年度影响力的十件大事"。澄清校本小课题概念并指导我市深入开展小课题研究的论文《小课题研究的概念、方法与推进策略》（发表于《长春教育学院学报》2014 年第 17 期）在 2016 年获第七届长春市社会科学优秀成果二等奖。

二、校本小课题研究过程中存在的问题

虽然校本小课题研究在我国中小学得到了广泛开展，但仍有一些共性问题需要解决：一是人们对校本小课题研究的研究目标、研究策略与研究成果表现形式等认识不够明确，对其基本特征的看法混乱，致使一些学校和教师在开展校本小课题研究时存在困惑，难以顺利推进；二是一些学校对校本小课题研究不能进行有效管理，使得教师要么没有积极性不愿参与，要么不知如何研究难以参与，要么只是敷衍了事；三是研究所针对的具体问题以学科教学为主，缺乏对班级管理等方面问题的探索；四是个体、零散的研究居多，集中于某些问题开展团队攻关的研究很少，形成系列成果的研究更少；五是对校本小课题研究的方法存在误解，误认为校本小课题研究入口低，不需要掌握科学的研究方法与技术，导致部分研究不严谨，甚至不能称之为研究；六是缺乏校内外的课题交流平台，研究的价值和水平难以得到恰当的评价与反馈，研究成果难以及时共享与推广。

三、课题研究目标及重点研究内容

（一）研究目标

通过区域、学校和教师不同层面的实践研究对校本小课题进行深入探索、健全完善、有效推进校本小课题研究的策略，使教师的专业化水平和

学校的教学质量在解决教育教学问题的过程中得到提高，实现学校的内涵发展。

（二）重点研究内容（重点研究的问题）

1. 校本小课题研究过程中各种误区的澄清与矫正途径。

2. 区域、学校及教研组（学年组）不同层面推进校本小课题研究的机制建设。

3. 学科教学方面的系列研究及其推进策略。

4. 班级管理与学校管理等方面的研究及其推进策略。

5. 运用科学的研究方法与技术开展校本小课题研究的推进策略。

6. 区域与校内校本小课题研究交流平台及其机制建设。

四、课题研究推进

（一）课题管理

课题由长春市教育学会组织成立总课题组进行管理。

总课题组根据本实施方案和课题进展布置课题研究工作，市教育学会秘书处负责落实。其中，县（市）区、开发区学校有关工作由县（市）区、开发区教育学会秘书处按照市教育学会秘书处的要求负责具体落实，市直属学校有关工作由市教育学会秘书处直接负责。

课题实验校、示范校与其他学校按实施方案和总课题组的要求开展研究工作。

（二）课题研究阶段

课题研究年限为3年，以半年（一学期）为一个研究阶段。整个研究分为6个阶段。

第一阶段为申报阶段，申报、审批、认定首批课题实验校、示范校。

第二阶段至第五阶段为研究阶段，总课题组采取边研究、边总结、边推广的策略，对实验校实施动态管理，对研究成果进行及时总结与推广；实验校按照要求开展研究工作，并进行阶段性总结和交流。

第六阶段为结题阶段，采用课题研究报告等多种课题成果表现形式整理课题研究材料，采用正式出版物等多种方式交流、推广课题研究成果。

（三）课题实验校、示范校基本条件

课题实验校要基本符合以下条件：

1. 制定了校本小课题研究管理制度，或者采用了有关制度对校本小课题研究进行管理。

2. 参与校本小课题研究的教师达到全校教师总数的50%，主持校本小课题研究的教师达到全校教师总数的30%，主持校本小课题研究已经结题或已经达到结题水平的教师达到全校教师总数的15%。

3. 组织有关人员学习校本小课题研究理论、方法，了解课题研究成果或课题研究工作经验。

4. 校本小课题研究针对本校教育教学中的问题，促进了教育教学质量的提高。

5. 校本小课题研究的范围既有学科教学的问题，也有班级管理等方面的问题。

6. 根据本校的实际，积极探索推进校本小课题研究的策略。

7. 组织有关人员交流、共享及推广本校的课题研究成果或课题研究经验。

课题示范校的条件为以上各方面表现突出，并且学校有推进校本小课题研究的工作经验及特色。

（四）课题实验校、示范校的研究任务

实验校要按照实施方案中"重点研究内容"的六个方面组织开展研究工作，及时报告课题进展与成果。实验校是本课题研究的参与单位，同时市教育学会也为各实验校单立校本小课题研究的课题，题目可在六项"重点研究内容"中选择或自选，不单独报送课题申报材料，在取得成果并得到总课题组成果认定时确定为独立的课题。

示范校除了完成实验校的研究任务外，还要根据校本小课题研究的发展方向确立本校的课题，并按照总课题组的布置承担课题的培训与指导工作。

非实验校可以根据本校的实际在实施方案的"重点研究内容"中选取部分内容开展研究，按照总课题组布置报告课题进展和成果并得到成果认定的，学校同时被认定为本课题的参与单位。

总课题组对实验校实行动态管理，实验校未按要求开展研究工作将被取消资格，达到实验校条件的学校可及时申报并得到认定。

五、预期研究成果

研究成果的主要内容为"重点研究内容"的六个方面。

研究成果的表现形式为课题研究报告、论文（集）、案例（集）等，其中的优秀成果正式出版。

六、几点要求

1. 各县（市）区要严格按照以上校本小课题实验校和示范校的条件与标准择优推荐，市直学校自愿申报。

2. 报送材料为2014—2018年申报前取得的代表学校水平的三项校本小课题研究成果，申报示范校的单位还要报送一份体现学校推进校本小课题研究工作的经验材料。

3. 各单位报送打印材料一份，县（市）区属学校由县（市）区教育学会统一组织上报到市教育学会，市直属学校直接上报到市教育学会。

4. 上报截止时间为2018年4月20日，逾期不予受理。

扎实推进小课题研究
助力长春市基础教育质量提升

长春教育学院　　杨雪梅

近年来，随着基础教育改革的不断深入和新课改的实施，学校教育教学改革过程中的一些问题逐渐凸显。为了有针对性地研究和解决这些问题，长春市教育学会自 2008 年开始，在长春地区推广小课题研究这一群众性教育科研形式。随着小课题研究工作的开展，学校教育科研的研究重心开始下移，研究的问题越来越贴近学校教育教学实际，科研真正起到了促进教育教学质量提升的作用。与此同时，中小学教师逐渐成为真正的研究者，他们参与到教育科研中来，科研能力和水平也有了长足的提高。这些成果显现出小课题研究的价值和意义，也坚定了我们继续抓好这项工作的信心。下面，我向大家介绍长春市教育学会推进小课题研究的做法及取得的成效。

一、小课题研究的主要做法

（一）召开现场会，推广不同层面的典型经验

2008 年 10 月 10 日，我们在长春市汽车经济技术开发区第七小学召开现场会，来自各县（市）区教育学会的秘书长和市直学校的教科研主任，以及部分学校主管教科研工作的校长、主任，近 200 人参加了会议。这是长春市教育学会向整个长春地区全面推广小课题研究的第一个现场会。汽车经济技术开发区是最早开始进行小课题研究的，第七小学在开展小课题研究的过程中总结出了两种模式：开放性研究过程（发现问题——提出假设——调查研究——重新确认问题——制订行动计划或措施——实施计划——在实施中根据实际情况调整计划——观察、搜集数据——分析、反思和评价效果——撰写研究报告）和定向性研究过程（发现一个新观点或新方法——在教学中实施这一方案——在实施中调整方案——观察、搜集

数据——分析和评价效果——撰写研究报告）。为了保证小课题研究能够扎扎实实地进行，他们确定了小课题研究流程，用流程规范教师的研究过程；用《小课题研究管理办法》等制度保障课题研究的顺利进行。在这一过程中，他们积累了小课题档案、小课题研究过程手册，组织了课题成果发布会，形成了研究成果集，等等，用这些小细节串联起课题研究的大环节，使每个步骤都得到落实，取得了非常好的效果。在这次会议上，我们下发了《长春市教育学会关于征集小课题研究成果的通知》，对此项工作进行了具体的部署。这次现场会，我们从学校的层面对如何开展小课题研究进行典型引路。

2010 年 4 月 21 日，我们在农安县教师进修学校召开了现场会，来自各县区进修学校的校长、教育学会的秘书长、市直学校教科研主任参加了会议。会上，农安县教育局、农安县教师进修学校、农安县教育学会介绍了整体组织、推动本县区开展小课题研究的做法和经验：农安县教育学会在组织全县广大教育教学工作者开展小课题研究的过程中以校本研修为依托，以行动研究为有效方法和途径，把小课题研究的过程看作行动研究的过程，予以跟踪指导，关注过程。他们推行的小课题研究是"发现问题——学习思考——制定解决问题的方案——实施记录——反思、调整和总结"这样一个循环往复、不断变化的过程。为了记录小课题研究的过程，他们指导教师积累原始资料，如生活日记、班级日记、英语儿歌等，还提倡研究者写小课题研究随笔，综合记录课题的整个研究过程，翔实地记录了教师在研究过程中的不断学习、不断反思、不断调整、不断提升，记录了小课题研究的成败得失，成为小课题研究最真实、最有价值的成果。农安召开的这次现场会，从县区层面系统地介绍了应该如何推广小课题研究的做法和经验。

2011 年 12 月 22 日，我们在汽车经济技术开发区第六中学召开了小课题研究论坛。在会上，第六中学提出了"3X"管理法。这是一种对校本研究活动及成果的管理法，是一种从管理角度研发的管理校本研究的工具。"3X"是指"小现象、小问题、小策略"的研究，即从真实的现象中确定具体问题为研究对象，形成解决问题的策略。学校管理者在实施"3X"管理法中以"目标导向、任务驱动"的模式来推进校本研究的深化，实施"3X"管理法的目标是以校本研究中的"策略的形成和应用"为载体培养教师的教育教学技能，实施"3X"管理法的教师任务是构建并完善学校教育问题解决的策略库。策略库包括三个方面：解决问题的小策略（以最简单明了的形式展示成果，提高其推广价值），校本培训小课程（以问题的研究过程和成果为脉络，以其短时化、实用化、多样化、智能娱乐化为优势，保证其推广价值），教育报告类文章（研究报告、教育案例、课例、教育叙事等）。在我们推进小课题研究的过程中，有些高中反映教学压力过大，教师没有精力搞科研，但汽开区第六中学也是高中，他们用自己的经验和成绩充分说明了高中应该如何开展小课题研究，如何把科研落到实处，如何通过科研来带动教学。

2014年11月20日，"长春市推进小课题（校本课题）研究工作现场会"在长春市四十五中召开，各县（市）区教育学会秘书长和各市直学校及部分学校的教科研校长、主任近400人参加了会议。四十五中通过课例展示和尚崇华校长的经验介绍，为我们很好地诠释了他们一直坚持的科研兴校战略，即以学校主导课题为引领，以部门项目课题为支撑，以教师小课题研究为基础，上下一条线，全员搞科研，把小课题研究纳入常规工作中，注重培养典型，充分发挥典型的引领和示范作用，极大地加快了教师的专业发展，全面提高了教学质量。

（二）下发文件，使小课题研究制度化

2010年4月28日，长春市教育局下发了《关于深入开展小课题研究的实施意见》。实施意见明确了小课题研究的含义和特征，提出小课题研究要落到实处，必须关注过程，并且对各县（市）区教育局、教育学会、教师进修学校提出了明确的要求，要求将小课题研究纳入落实《长春市中小学教师校本研修与培训课程建设行动计划》的总体规划中，把小课题研究作为今后一段时期教师发展型学校建设和群众性科研工作的重要载体，建立小课题研究工作领导机构和指导机构，认真组织各学校和广大教师开展好研究；要求各学校从实际出发，制定小课题研究实施意见，建立健全小课题管理机构与相应的管理制度，建立小课题研究档案；要求学校领导和各级骨干教师带头开展小课题研究，学校要定期组织开展培训，适时组织研讨和经验交流，提供条件使教师能够针对教育教学中的实际问题开展个体研究，根据需要组织教师开展群体研究。文件的下发，进一步促进了小课题研究的制度化。

（三）组织培训，规范小课题研究流程

从2012年3月份起，长春市教育学会在长春地区组织开展小课题研究培训。小课题培训主要采用两种形式：

一是面向全地区一线教师搞专题讲座。2012年4月至10月，我们就小课题研究的一些基本问题开展培训，比如，怎样开展小课题研究，如何使小课题研究的题目小下来，怎样积累小课题研究资料，长春市的小课题研究有哪些成功的经验和做法，等等，先后在市直学校、朝阳区、南关区、二道区、净月开发区、高新区、绿园区以及德惠市等地做了专题培训，参培的人数有2 400多人。由于讲座内容贴近实际，针对性强，受到了参培者的一致好评。

二是组织开展校际互培。2012年，根据长春地区小课题研究地域不均衡的现状，我们利用现有资源进行校际互培。比如，汽车经济技术开发区第六中学已经开展研究多年，全员参与，积累了一些成功的经验和做法。当时，长春市四十五中的小课题研究刚刚起步，教师参与热情很高，学校整体科研基础很好，学校领导对小课题研究也很重视，但是教师有很多问题和困惑，特别是有些操作层面的问题解决不好。针对这种情况，我们组织、协调这两个学校进行互培，在第六中学选派了3名科研骨干组成培训团队到四十五中进行培训，先讲座后互动，面对面交流。四十五中教师全员参加，气氛和谐、热烈，取得了非常好的效果。

2013年8月，长春市教育学会在长春五中阶梯教室连续举办了两场小课题研究培训活动。第一场对从未参加过培训的学校进行通识培训；第二场由汽车经济技术开发区第六中学的几名优秀的小课题研究者对已经参加过培训的学校进行小课题研究的实操培训。由于这两场培训的内容丰富，针对性强，应县区的要求，9月份又在宽城区、榆树市进行了相同内容的培训，参培人数达到1 200人，反响非常好。

经过十余次的培训，我们基本做到了培训无死角，从理论层面和实践层面保证了整个长春地区小课题研究的规范化，推动了小课题研究的顺利开展。

（四）征集、表彰优秀成果，为小课题研究提供动力

自2008年10月起，长春市教育学会面向整个长春地区征集优秀的小课题研究成果。自2010年起，征集范围扩大到小课题研究优秀成果和优秀的培训课程课例，目的是鼓励优秀的小课题研究成果向培训课程转化，以便更好地推广先进经验。截至2015年，长春市教育学会共进行了四次成果征集，择优表彰了近千份成果，不但对广大教师开展小课题研究起到

了很好的激励作用，也通过这些成果充分掌握了整个长春地区小课题研究的发展现状及特点，明确了小课题研究中存在的问题及下一步研究的方向。

（五）出版成果集，为小课题研究提供指导和范例

自 2010 年开始，长春市教育学会开始从获奖的小课题研究成果中进行挑选、组稿，准备出版一本能够代表小课题研究优秀成果的作品集。2011 年，《小课题 大文章：长春市开展小课题研究的实践探索》一书出版。该书收录了长春地区三年来小课题研究的典型成果，其中包括教育局下发的指导性文件，对小课题的定义和研究方法进行明确限定的文章，收录了农安县、汽车经济技术开发区第七小学的小课题管理经验和办法，收录了七个优秀小课题研究成果和两个教师培训课程，从多个方面为小课题研究的推广和实践提供了明确的范例。这本书也是后来我们陆续进行的多场培训的辅助教材，长春市继教办也发给长春地区骨干教师每人一册，进一步推动了小课题研究工作的开展。

二、小课题研究取得的成效

（一）明确小课题研究的含义，为小课题研究提供依据

在全面推进小课题研究的过程中，我们明确了小课题研究和校本研究的含义，明确提出了小课题研究是校本研究的一种形式，是指以中小学一线教育工作者为主体、以教育教学过程中发生的具体问题为研究对象、以问题解决为研究目的的课题研究，其核心特征为研究微观问题。从研究微观问题的角度，我们将其称为"小课题研究"。我们强调开展小课题研究应该由教师个人或团队在本校立项，强化学校对小课题研究的管理与指导，更强调用校本课题的概念。

（二）明确小课题研究的政策，为小课题研究提供保障

首先，2011 年召开的长春市教育科研工作会议已明确要求积极推进校本课题研究，并明确指出校本课题研究是由各校组织广大教师根据学校发展的实际问题自己确立的课题研究。"十一五"期间，长春市教育学会召开现场会推进的小课题研究就是校本课题研究。

其次，长春市教育科研"十二五"规划也要求在"十二五"期间力争使全市所有学校都有校本课题，所有教师都参与校本课题研究。为了进一步推进此类课题研究，每年将经过评审的校本课题认定为各级规划课

题，在课题成果评奖和推广等方面与规划课题享受同等待遇。

最后，长春市教育局在《关于长春市教育科学规划课题年度立项和优秀课题成果年度评选的通知》（长教发［2012］137号）的文件中明确规定，取得阶段性成果的校本课题申报规划课题予以优先立项，各级各类学校的校本课题成果可以直接申报优秀成果。

（三）强化了学校对小课题研究的自主管理

首先，要求学校立项并开展有关的课题研究工作。小课题研究的主体是一线教师，推进小课题研究的主体是学校。县（市）区层面的工作主要是对学校开展小课题研究提出要求，为课题研究提供指导，为其将来立项为上一级课题及成果评奖提供政策保障，在课题管理上不必提出过细要求。

其次，要求学校领导重视并了解小课题研究对学校发展的意义，明确课题研究的目标是本校学生与教师的成长与发展，明确通过开展小课题研究能够提高教育教学质量，能够提高本校教师的专业素质。

最后，要求学校确定小课题研究制度。学校要根据小课题研究的特点和过程确定有关的制度，保证教师能够制订问题具体、措施可行的研究计划，能够按研究计划采取有效的行动措施，同时以多种形式积累、体现研究过程和成效的资料，按研究计划及时进行阶段性总结，并根据进展情况调整计划，开展深入研究。

（四）各具特色，小课题研究异彩纷呈

在小课题研究推进的过程中，各县（市）区、各学校都根据自身的特点和优势，制定了不同的管理方法和研究策略，取得了很好的成绩。比如，长春市四十五中的做法是以学校的主导课题为引领，以部门项目课题为支撑，以教师小课题为基础；东光学校采取了自上而下和自下而上交互式选题的方式；汽车经济技术开发区第六中学对小课题进行了"3X"管理。又如，宽城区上海路小学把规划课题《在学科教学中，培养学生创新能力的研究》拆分成了多个小课题，将课题内容进行细化，以小课题认领的方式组织学科教师认领符合本学科特点的小课题进行研究。这样的方式降低了课题研究的难度，使老师有抓手，有方向，让一线教师能够更好地参与课题的研究，提高了科研水平，使科研更加贴近教学。汽车经济技术开发区第七小学以"组本研修"为载体深化了小课题研究。教师们都最大限度地参与小课题研究，有的县区、学校做到了所有骨干教师、三年以上教龄的教师都有小课题。在小课题研究的带动下，教师们更加重视教学中问题的发掘和思考，小课题研究的成果也很快地应用到教学中去，进而提高了教学质量。通过开展小课题研究，教师的综合素质得到了提升，对科研工作的积极性进一步提高。

但是，通过对小课题研究成果的征集以及长春市教育学会的一些常规检查工作，我们也清晰地认识到了目前小课题研究工作亟待解决的一些问题。第一，各单位工作开展不平衡。长春市汽车经济技术开发区和长春市东光学校等一些老的典型单位已经把小课题研究常态化，几乎做到了教师人人搞研究，人人有课题，每次成果征集中数量和质量都很突出。另外，朝阳区和宽城区也取得了很大的进步和突破。但是，有的县（市）区开展小课题研究的范围还不够大。长春市教育局对"十二五"期间的小课题研究工作进行总结表彰，对开展不力的单位给予通报批评。第二，有些单位对小课题概念的理解还有偏差。从征集的成果看，有的课题是已经立项并结题的各级规划课题材料，有的课题是论文或者教学案例，有的课题没有过程积累，有的课题存在雷同或者抄袭现象，有的课题综述是各种理论的罗列。

我们下一步工作的重点是小课题研究成果的推广和转化。我们要利用出版成果集等方式让更多的中小学教师更多地接触优秀的小课题研究范例，同时把小课题研究成果转化成教师培训课程，把先进的教育教学改革成果推广出去。我们还将通过深入开展小课题研究，进一步提高广大教师的专业素质和职业幸福感，提高我市的教育教学质量。

借力小课题研究　助推学校内涵发展

——长春市东光学校小课题（校本课题）研究情况汇报①

长春市基础教育研究中心　王淑琴

课题研究是推进学校办学品质提升的重要载体。在"科研兴校"的办学理念引领下，我校从 2006 年开始进行小课题研究。多年来，我们坚持校本、师本和生本相结合，不断探索具有东光特色的小课题研究之路，取得了初步成效，推进了教育教学改革，促进了教师的专业成长。下面，通过三个"真"向大家汇报我校小课题的研究情况。

一、真心投入

2008 年，我参加了教育学会在汽车经济技术开发区第七小学等地召开的小课题现场会，兄弟学校丰厚的成果展示让我真切感受到了小课题研究的重要意义。虽然我校的小课题研究已经起步，但相比之下还有一定的差距。于是，我带着迫切的尝试和改变的渴望，将深入进行小课题研究的想法向领导班子做了汇报，班子成员达成共识后，就开始大刀阔斧带领教师进行了新一轮的小课题研究。

第一板斧：加强领导，做好调研。领导是课题研究的关键，因此，学校在原有机制的基础上，进一步优化了小课题研究领导机构，出台了一系列课题研究制度和管理办法，形成了校长抓总——科研校长抓线——科研评价处抓面——学科组抓点的四级科研管理网络。领导小组对学校现状进行了详细的调研，深刻分析了前一轮小课题研究的成绩和不足，将教师研究过程中的困惑以及亟待解决的问题进行了归纳整理，明确了"立足校本，彰显特色"的科研工作思路，制订了小课题研究计划。

第二板斧：打造队伍，提高素质。教师素质的高低决定着小课题研究

① 在 2014 年长春市推进小课题（校本课题）研究工作现场会上进行经验交流，发表于《长春教育》。作者时任长春市东光学校副校长。

的成效，因此学校加大了教师的科研培训力度，先后投资 50 多万元、派出 300 多人次到北京、山东、上海、南京、常州等地学习先进的科研理论；邀请赵谦翔、陈彩琦、孔凡哲、金海峰及多名科研专家到学校进行培训；校内由校长、主任和科研骨干教师组成了培训团队，定期开展"核心素养与适合教育"主题论坛及读书报告会，从整体上提升了教师的科研素养，为小课题研究的有效开展奠定了坚实的基础。

二、真正研究

（一）研究内容交互性

"十一五"期间，我校对教师的小课题研究选题采取了两种形式：一种是从学校主导课题中分解出子课题，指定教师进行研究；另一种是教师根据自己的爱好、特长和教育教学中遇到的困惑、问题进行选题。这两种方式都有各自的优势，但也存在着弊端：前者忽视了教师的实际情况，后者是不能与学校整体发展紧密结合。针对这些弊端，"十二五"之初，学校做了调整，确定了选题的一种形式、三个原则、四项流程。

一种形式：是指小课题研究选题采取上下交互式。学校以主导课题《适合学生发展的教育研究与实践》为引领，从课程开发、课堂教学、德育管理和有效评价四个方面分别确立了相对应的规划课题，要求教师结合自身特点和教育教学实际，从学校的规划课题中自主选择适合的小课题进行研究。比如，教师根据学校规划课题之一《"导学—自学—互学"模式研究》，确立了《学生自主预习能力培养策略研究》《课堂教学中小组合作学习方式的研究》等 30 多项小课题。这种自上而下和自下而上相结合的交互式选题方式，既做到了以师生为本，也符合学校的整体规划。

三个原则：是指课题选择要注重"小、实、值"，即遵循课题的范围小、符合师生实际需要和有研究价值这三个原则。在"小、实、值"原则的指导下，"十二五"期间，教师在不同层面共选择 133 项小课题进行研究。

四项流程：在以往的选题过程中，出现过教师只凭借经验、不进行论证就确立研究题目的现象，结果发现是别人已经研究过的课题，致使研究低效。因此，"十二五"期间，学校严格规范了小课题选题的四个流程，即提出问题（立足需要）、文献综述（了解研情）、论证价值（是否可行）及确定课题（确立题目），确保了小课题研究有价值、有深度、有实效。

（二）研究形式多样性

主要分为个体独立研究和群体协作研究。

1. 个体独立研究

主要是教师个人从学校主导课题中选择可发挥自身优势、解决教育教学实际问题的小课题进行研究。下面，我以初中语文教师王柳燕的个人小课题为例介绍具体研究过程。王老师有着深厚的文学功底，她发现班级学生对名著阅读存在障碍，没有兴趣，所以就结合学校的《适合学生发展的校本课程研究》课题，确定了自己的课程开发小课题《中学生四大名著阅读策略研究》。首先是设计预案，王老师通过问卷、访谈等形式充分了解学情，结合学生存在的问题预设了名著阅读方案；其次是调整预案，跟踪记录不同学生的学习过程、变化和结果，及时反思、总结，适时进行调整；再次是检测成效，通过课堂展示、名著交流、知识检测等形式，检验学生阅读名著的兴趣和效果，不断改进教学策略；最后是成果提升，王老师在反复实践的基础上，提出"六加一"法名著阅读指导策略。

在课题研究过程中，学校采取统一管理、跟踪指导、经验交流、成果汇报等方式来提高教师的研究实效，推广个体研究成果，引领同行发展。目前，包括王柳燕老师在内的近 40 名教师的小课题研究在长春市小课题研究评选中获一、二等奖，部分课题被立项为市规划课题，现已结题。

2. 群体协作研究

这是我校积极倡导的小课题研究形式，各组研究人员将小课题再分解成若干个子课题，分头展开研究，用剥竹笋的方式层层分析，层层解剖，最后形成有效策略。通常，我们采用课例诊断研讨式和骨干引领提升式来完成群体协作研究。

（1）课例诊断研讨式

教学常规是本，科研提升是魂，我们对常规教研课和小课题研究进行了有机结合。上课即研究，研讨即总结，反思即提升。以我校数学组的群体协作研究课题之一《小学数学计算教学模式研究》为例，课题组对本校 24 名小学数学教师进行调研，发现 60% 以上的教师忽视算理，而更多去关注学生的计算训练强度和计算能力。针对这个问题，课题组要求一至六年级各选取一节计算教学课进行轮流上课和研讨。每个课题组成员选择自己感兴趣的必要研究点进行分析诊断，如学生自学能力培养、生成问题的处理、课堂习题的设计等。通过不断思考、实践、研讨，逐步形成不同的研究成果，大家以思想唤醒思想，以智慧生成智慧，初步确定了计算教学的基本流程。在省市教研专家何凤波老师和李博老师的指导下，我校利用这种模式在全市进行了计算教学课堂展示，得到了兄弟学校的充分肯定，最后确定了我校"五学三导"总模式下的小学数学计算教学模式。"五学"指课堂教学的五个环节，即自学、互学、选学、研学、测学。其中，自学是借助学案，自主学习；互学是依托小组，初步交流；选学是问题导向，解决重点；研学是深度合作，探究展示；测学是运用多种方式，检测成果。"三导"指教师的教学方式由主讲转变为主导，即编导、引导、督导。其中，编导是变教案为导学案，注重学有方法；引导指变主演为导演，强化学有方向；督导指变单项作业为双向作业，做到学有方略。"五学三导"教学模式促使教师进行角色转换，从主演变为导演，把主演位置让给学生，让课堂成为学生自由驰骋的天地。教师走下讲台，深入到学生中去，在适当的时候发挥导演的作用，进行方法引导和方向引领。当学习偏离目标，学生出现学习困难，教材挖掘不深，课堂气氛过于活跃或沉闷，学生参与面不广，学生学习习惯不好时，教师适时地加以指导，让学生手脑并用、心脑合一。教师引导其实就是在教给学生学习方法，使学生变"学会"为"会学"，让学生学会发现问题—提出问题—分析问题—解决问题—再发现问题，实现课堂学习的高效性。群体协作研究发挥了团队优势，达到了互相协作、共同提升的目的。

（2）骨干引领提升式

为了提升教师的整体研究水平，学校成立了"三级科研骨干教师工作室"，通过专题讲座、骨干论坛、示范展示、主持群体协作课题等形式，充分发挥了各级科研骨干教师在小课题研究中的示范引领作用。我校科研骨干教师王伟在个人独立课题《偏旁部首情节识字研究》中，选择97个偏旁部首作为切入点，创设138个情节，编撰了关于人体、动物王国、植物世界和社会生活领域等图文并茂的识字校本教材，其成果列入了《小课题 大文章：长春市开展小课题研究的实践探索》一书。在王伟老师介绍经验、培训教师的基础上，学校申报了群体协作课题《低年级情节识字教学策略研究》。王伟老师带领低年级语文教师一起改编校本、钻研教法，形成了追本溯源低年级情节识字策略，全面提高了识字教学效率。通过骨干引领，教师的整体科研水平提升了。

（三）课题评价多元性

小课题研究的深入推进，离不开科学有效的评价机制。学校实行课题二级评价制:一是由年级组、学科组设置值班教师,对课堂教学、集体研讨等常规科研工作实施日日评、周周评、月月评,形成了自下而上、全员参与的开放性科研评价形式;二是由科研主管领导和课题负责人对多个课题进行多元评价,将"全程评价"与"重点评价"相结合,"能力评价"与"态度评价"相结合。全程评价是对教师研究的选题、计划、过程和结题四方面进行量化考核。重点评价就是在不同研究阶段重点关注核心环节,并予以考核。能力评价是对教师发现问题、解决问题、成果提升等创新能力的综合考核。态度评价主要指对教师在小课题研究中的积极主动、吃苦耐劳、团队协作等方面的表现的评价。学校将二级评价结果纳入年终考核,激发了教师的研究热情,全面提高了课题研究的实效性。

三、真切感悟

我校自开展小课题研究以来,全体教师以前所未有的热情和创新精神积极实践,开拓创新,形成了师生共学共研的喜人局面。

(一)学生的综合素质明显提高

我校的小课题研究坚持以生为本,《小学高年级语文导学案编写研究》等关于高效课堂方面的小课题研究,培养了学生的自主学习能力,孩子们在课堂上的深入交流、精彩展示得到了听课专家的一致好评。我校先后五次派学生为全国名师观摩活动教师配课,都获得了极大的成功。学校依托教师的30多项有关适合学生发展的校本课程研究,开发了泥塑、轮滑、小机器人、数字油画、主持人等40多门校本课程,为学生的特长发展插上了翅膀,近50%的学生在国家、省、市举办的读写、书画、舞蹈、讲故事、时事新闻主持等各类竞赛中获奖。小课题研究真正成为学生成长的舞台、成功的跳台、成就的展台,促进了学生健康、全面、个性发展。

(二)教师的专业素养整体提升

小课题研究帮助教师实现了"常规教学科研化,教学科研常态化"目标,营造了"问题即课题,工作即研究,成长即成果"的浓厚科研氛围,全面提高了教师的科研能力。在133项小课题研究中,教师们自主研发了普及性、选择性和探究性三类45本校本教材,编撰了导学案、研究案例、有效评价论文、思行随笔、研究报告等20多册科研成果集。仅2013和2014两年,教师就有300多篇科研成果获奖,50多篇科研文章在各类刊物上发表;学校培养了26名科研名校长、名师和骨干,70%以上的教师在各类大赛中获奖，42 名教师的小课题研究被评为市级优秀课题并立项。

（三）学校的办学特色日趋凸显

小课题研究带动了学校各项工作的有效开展，提高了办学质量，促进了内涵提升，做到了中小学的无痕衔接，打造了"体验式"德育、"五学三导"的高效课堂、"两化"的校本课程和多元的评价体系，彰显了学校的教育特色，赢得了良好的社会声誉。《长春日报》《现代教育科学》等报刊多次报道我校课题研究成果。学校多次承办现场会，在调研、评估活动中，因为特色鲜明、亮点突出而受到领导的一致好评。学校先后荣获了国家课题实验校、省校本科研基地校、市小课题研究先进单位等多项科研荣誉。

从朴素的研究意识到明确的研究方向，从零散的尝试到整体实践，从经验上升到理论，我校的小课题研究取得了点滴成绩。在上级部门的引领下，我们将不懈努力，在课题研究的路上且行且思，实现学校的快速发展。最后，我要说的是，看到的是景，想到的是梦，听到的是声，只有做到了才是真。

坚持问题导向　立足校本实际
推动小课题研究的全面开展

长春市第五中学　张玉琴

信息时代，社会快速发展，对教育提出许多新的要求，也给学校带来许多新的现实问题和困惑，而小课题研究无疑给身处教育第一线的教师提供了解决问题的窗口和平台。基于上述认识，我校采取行之有效的措施推动小课题研究工作的开展。一方面，形成了符合学校实际的小课题研究策略；另一方面，在小课题研究过程中取得了丰硕的成果，促进了学校的进一步发展，有力提升了学校的教育教学质量。

一、以保障机制为依托，奠定小课题研究厚重基础

苏霍姆林斯基说过，如果你想让教师的劳动能够给教师带来乐趣，使天天上课不至于变成一种单调乏味的任务，那你就应当引导教师走上从事研究的这条道路上来。教师的发展是学校发展的软实力，学校应基于教师发展的需要，高度重视小课题研究工作。

学校组织教师参加小课题研究的培训工作。2008 年，长春市开始推广小课题的研究，我校就对小课题研究给予了高度重视，邀请了汽车厂六中的两位老师为我校做了小课题研究的经验分享，使老师们初识小课题研究，认识到小课题研究就是身边工作问题的研究。学校组织教师积极参加教育学会举办的两次小课题研究培训会，使我校 20 多名教师对小课题研究有了更深刻的理解，带动了我校的小课题研究。2020 年，学校又请长春市基础教育研究中心王淑琴副主任做了以"中小学教师如何开展小课题研究"为题的专题培训，进一步推动了我校的小课题研究。同时，小课题培训是我校每年校本培训的必备内容，学校也会定期下发小课题研究的学习材料，从理论和方法上给老师们的小课题研究以更多的帮助。

为了推动教师开展科研工作，保证教师教育科研工作持续、有效开

展，学校制定了开展小课题研究的管理制度。学校成立了以校长为组长、主管副校长为副组长、教研室主任为具体负责人的小课题研究工作领导小组，明确了小课题研究要解决教育教学过程中遇到的具体问题、全员参加的研究策略，确立了对小课题研究进行立项、实施、研讨、结题等过程管理的环节，也进一步明确了将小课题研究作为教师教育科研考核的重要内容，并把考核结果列入教师年度考核，如有研究报告、论文、课程、课例等课题研究成果获奖或公开发表的情况将额外赋分，以此督促和鼓励教师积极开展小课题研究。

二、以疑难问题为导向，明确小课题研究重点方向

课题研究的成功与否，选题很关键，它决定着课题研究的方向。小课题研究的成功与否，研究是否有成效，选题也是关键。小课题研究是基于学校的研究，是教师为解决实际工作问题而开展的研究。正确的选题会使教师乐于和主动去研究，更能保证小课题研究的实效。因此，在推进小课题研究的过程中，学校提出了小课题研究要紧密结合工作中的疑难问题开展，要求教师们研究的小课题必须是教育教学工作中需要解决的问题。

教学是学校发展的核心要素，教学质量是学校的生命线，课堂教学的建设是学校创新能力的主要体现。为了加强对课堂教学建设的研究，我校从"十二五"开始就提出了"建设主体性优效课堂"的目标。基于此，学校指导教师从学校工作和教学的问题中寻找迫切需要解决的疑难问题开展小课题研究。围绕我校"建设主体性优效课堂"的工作目标，结合自己的工作实际，我校教师确定了自己的小课题。

例如，化学组战鹰老师针对部分学生学习专注力差，缺乏持久的学习动力的问题，以"高中化学课堂问题情境的创设研究"为自己的研究小课题。在教学过程中，战鹰老师从社会、新闻热点、科技发展等方面入手，创设化学学习的情境，引导、支持、调节和控制学生的学习节奏，激发学生的学习兴趣，提高学生的学习效率。在小课题研究过程中，学生学习的主动性增强，参与学习活动的人数增加，实验和操作能力提高，学生的学习成绩也有了很大的进步。战鹰老师在小课题研究过程中关注学生、与时俱进，不再墨守成规，所以她的化学课深受学生欢迎。

语文组高伟老师针对教学中学生写作能力低，缺乏写文章的自信的问题，把"激发学生写作兴趣的实践研究"作为自己的研究小课题。在教学

实践研究中，他以课本为土壤，培养学生的审美情趣；不断将生活与课本相结合，把生活引入课堂，激发学生产生想写的欲望，使作文教学更有情趣；创设情境，让课堂教学内容和形式多样化，使学生乐于参与、乐于表达；引导学生博览群书，和他们共同阅读精品文章并及时引导学生，感悟写作的魅力。经过高伟老师的努力，他形成了具有自己风格的语文写作课，多次为同组老师献课，他所教班级的学生也喜欢上语文课，写作能力不断提高，语文成绩显著提高。

这些课题，贴近学校的发展目标，接近教师教育教学的工作目标，不需要老师另投入更多的时间，完全和自己的工作密切结合在一起。因此，这样的选题方便我校教师有效地开展小课题研究，有利于引领学校教育教学工作的发展。

三、以主打课题为统领，拓展小课题研究内容

基于学校的主导课题，我校构建了学校课题研究系统，即主打课题——学科组课题——教师小课题，确立了小课题研究在学校课题研究过程中的基础地位，保证了对小课题研究的领导和组织。基于学校主导课题下的小课题研究是学校主打课题的有机组成部分，在学校主打课题下有序开展研究活动，推动了小课题研究工作的持续开展。此外，教师经常参加学校教育科研理论的培训，参与学科组的教研和课题研讨活动，丰富和夯实了教师开展小课题研究的理论基础和实践经验，拓展了小课题研究内容。

我校的主打课题是"基于核心素养背景下的主体性优效课堂的实践研究"，以此课题为基础，各学科确立了本学科的研究课题，教师在学科组课题的基础上选择自己的小课题。

对历史学科来说，和学校课题研究同步可以进一步推进历史学科主体性优效课堂的构建，也能进一步落实学生核心素养的培养。所以，历史学科确立了"核心素养与历史课堂教学的实践研究"的课题，教师以此课题为基础，围绕历史教学策略、教学设计、导学案编写等确立自己的具体研究内容：尹航老师将历史课堂的"问题链教学"作为自己的小课题研究内容，积累设问技巧；程亮老师将"历史课的活动设计"作为自己的研究内容，形成历史课堂教学中设计学习活动的小策略。在小课题研究中，教师的教学方式、学生的学习方式转变了，学生学习的主动性加强，也使历史

课堂教学发生很大变化。这样的课题研究是基于学校主打课题，按照学校课题研究方向的具体细化，也解决了历史课堂教学的一些具体的问题，因此历史学科的小课题研究在不断深入开展。

地理学科在学校"基于核心素养背景下的主体性优效课堂的实践研究"主打课题之下，确立了"高中学生地理学科核心素养与地理教学的实践研究"的课题。在学校主导课题的引领下，在新课程学科教学理念的指导下，本课题研究尊重学生的兴趣与经验，老师们以落实地理学科的核心素养为突破口，优化和整合高中地理教材，从小切口、小问题出发开展小课题研究，构建了一个开放的探究式的教学环境，真正赋予地理教学以综合实践意义和生命价值，从而使学生产生进一步学习地理的内在需求，使学生积极主动地投入到地理学习中去，学习效果显著提升。

从学校的主打课题出发确定的学科课题、教师的小课题，各方联动，效果显著。在学校主打课题的统领下，老师们开展内容更深入、方法更灵活的研究，从而推动了学校小课题研究的深入开展。

四、以教学活动为载体，推进小课题研究有效开展

小课题研究是教师以解决具体问题为研究目标的行动研究，它有"问题即课题""实践即研究""成绩即成果"的研究特点。因此，小课题研究的开展要以教师的教学实践活动为载体。

首先，我校依据小课题研究特点，从教育科研的角度加强对教师实践研究工作的培训和指导，将小课题研究与班级管理相结合，使教师将小课题研究与教师的备课、上课、自我反思等教学活动紧密结合，使教师在自我实践、总结、再实践中开展小课题研究。我校要求教师要有明确的工作目标，做到心中有学生、脑中有方法、眼中有问题，在解决问题中提高工作效率。因此，学校提出教师"带着问题去工作"的具体要求。老师们将开展工作与小课题研究相结合，探寻解决问题的方法，提高教育教学效果。王俊华老师以"对如何减少和杜绝迟到问题的实践研究"为题目开展小课题研究，形成减少和杜绝学生迟到问题的策略，解决了班级管理中遇到的难题，也给其他教师提供了借鉴。

其次，结合学校每学期开展的教学论坛、示范课、研讨课、各种课型的研磨课等活动，学校组织教师利用这些活动积极开展小课题研究。例如，新教材使用以来，为了更好地落实新课程理念，培养学生的核心素

养，学校召开"新教材分析和课堂教学应对策略"研讨会，要求教师结合自己使用教材的实践，分析新教材的特点和教学策略。同时，指导老师以这次活动为契机，研究新教材背景下的教学策略，开展新一轮的小课题研究。在学校的组织下，数学组的刘佳欣老师以"高中数学函数课堂深度教学模式"为题、信息组的张宏老师以"高中程序设计教学"为题、化学组的赵瑛璐老师以"问题驱动教学法在化学教学中的应用"为题开展小课题研究，研究新教材背景下培养学生核心素养的教学策略。

最后，借助教育学会征集小课题研究成果的工作，组织教师开展小课题成果研讨会。学校每年都有教师申报小课题研究成果。学校的这些活动搭建了教师深入开展小课题研究的平台，老师们从不同角度出发研究问题、解决问题，互相学习，互相借鉴，既推动了学科教学建设，也推动了学校小课题研究工作的开展。

五、小课题研究的深入开展，推动了学校各方面工作的开展

小课题研究在我校开展了十多年，对学校教科研工作的开展和教师的发展起了极大的推动作用。

第一，小课题研究促进了教师的成长。小课题研究的主体是教师，教师在发现问题、研究问题、解决问题的过程中，一方面，提高了自身的教育科研能力；另一方面，更新了教育观念，改变了教学方法，提高了自身的教学能力。

曹新富老师多年来始终坚持小课题的研究，小课题的研究使他在教育教学中有了深厚的积淀，建立了自己的课程体系，形成了幽默、睿智的教学风格，成为一名专家型的教师。他被评为长春市首届明星教师、市地理工作室主持人、吉林省首届精英教师；被聘为长春市地理学科核心组成员，担任省市教师培训的讲师；小课题研究的成果被评为优秀课程并纳入长春市中小学教师远程培训课程资源库。

周磊鑫老师喜欢小课题研究，一直坚持小课题研究的她进步非常快。小课题研究改变了她的教学观念，所以她的教学设计新颖，课堂上学生活跃，多有生成性的教学成果，教学成绩优异，学生满意率高。她被评为长春市首届明星教师、吉林省骨干教师；被聘为长春市化学学科核心组成员；她的教学风格严谨、活泼，被聘为云课录课教师；她的小课题研究成果被评为优秀课程并纳入长春市中小学教师远程培训课程资源库；曾多次

参加送课下乡活动。

另外，金科、林雪松、房宝泉、王俊华、战鹰、孔祥玲等多名老师论文获奖并发表。

在小课题研究过程中，教师们受益匪浅，一部分老师在向学者型教师发展。

第二，小课题研究提高了教师教育教学效率。小课题研究是解决教师在教育教学过程中遇到的问题，在课题研究中形成的教育教学小策略可以帮助教师提高教育教学效率。我校张俊影老师经过研究提出的高中英语词汇教学的小策略，曹丽红老师提出的古诗文默写纠错应对策略，提高了他们的课堂教学效果，使他们的教学成绩有了明显的进步。特别是董丽娜老师开展的高中英语学生应用文写作策略的研究，她在开展小课题研究过程中形成了模板应用文教学方式，整理了各类英语应用文，成为年级应用文模板教学的课程材料；同时，创立了首段四句法、末段归纳四步法以及学生英语应用文写作的教学方式，提高了学生英语应用文写作的能力，大幅度提高了学生的学习成绩，她所教的班级高考成绩在年级遥遥领先。还有杨娇老师开展的新课程理念下高中物理多元化教学研究，探讨出了在物理课中可以灵活运用的教学方式，如演讲、学生才艺展示、情景教学体验、制作教具手工等，极大地调动了学生学习物理的积极性，也充分发挥了学生在学习中的主体性地位，提高了学习成绩。

第三，小课题研究也带来了学校教学质量的提高。小课题研究归根结底是解决教育教学中的问题，促进学生的成长，不断提高学校的教育教学质量。因为小课题研究都紧密结合教学，教师们不断实践，反复思考，推动了学校主体性优效课堂精细化的建设及教学质量的不断提高，使我校在高考升学的进出口率方面都超额完成任务，而且学生的素养有很大的提高。在2023年高考中，我校取得了近几年来最优异的成绩。另外，我校学生在体育、艺术、演讲、信息技术等比赛中也取得了优异成绩，特别是体育，在长春市中学生比赛中取得高中乙组六连冠的好成绩。我校在社会上的声誉越来越高。

第四，小课题研究带来了教师精神面貌的变化。一是小课题研究激发了教师的工作热情。小课题研究的开展，增强了教师的问题意识，使教师在研究问题、解决问题中不断探索并努力前行。小课题研究使教师有事可做、有问题可研，使教师变得朝气蓬勃、意气风发，始终对工作充满激情。二是小课题研究提高了教师的创新意识。教师学习教育理论、国家文件，认真查阅文献，仔细研究教材、研究学生、研究教法。教研室里，老师们探讨最多的是某个问题该如何解决。因此，小课题研究的开展营造了学校浓厚的研究氛围。

第五，小课题研究推动了我校教育科研工作的发展。在小课题研究推广过程中，教师的教育科研意识增强了，教师积极参与和申报省市规划课题。"十三五""十四五"期间，我校每年都有20项在研课题。2017年，我校被评为"长春市科研先进单位"，被评为"小课题研究示范校"；2021年，我校被评为"长春市教育科研核心示范基地校"。

教育科研是保持学校旺盛生命力的助推器，小课题研究的开展和推广，极大地调动了教师的积极性，也不断推动着我校的发展。在我校追求"五中梦"的征途中，小课题研究将会发挥越来越大的作用。

通过日记培养学生写作能力的研究①

朝阳区乐山中心校　王　勇

一、课题概况

（一）选题的背景

1. 小学作文教学收效甚微

作文教学是语文教学中不可或缺的重要组成部分，具有举足轻重的作用。综观目前小学生作文现状，小学生的写作水平并不乐观。在作文教学中，教师耗费了不少时间和精力，然而收效并不十分显著。很多学生不是觉得无话可说，就是喜欢日复一日、年复一年地重复别人的思想，却没有表达自己的思想，所以学生作文大多虚假空洞，新意不够，缺乏童真。更多的小学生越来越害怕写作文。总之，作文教学耗时低效成了困扰广大语文教师的一大难题。

2. 学生作文缺少生活累积

我校是一所农村小学，学生学习基础较差，写作水平普遍不高。为了让学生写出一篇好文章，我曾在作文教学中花了不少时间来指导、批改和讲评，但效果不是很理想。打开学生的作文就会发现，作文生搬硬套，内容单一，感情空洞，甚至部分学生的作文语句不通，错字连篇。学生写作水平低下的症结在哪里？提高学生写作能力的突破口在哪里？我一直在思考、探索着。

3. 利用日记为学生写作文积累素材

叶圣陶先生说过，写作的根源在于自身的生活。生活犹如源泉，文章犹如溪水，泉源丰盈而不枯竭，溪水自然活泼地流个不歇。人所共知，丰富的生活积累是学生写日记的源泉。鉴于大部分孩子的共性特点，如执

---

① 在 2015 年 12 月召开的长春市小课题研究推进会上进行经验交流。

拗、有话不愿意对家人讲等，而与孩子们朝夕相处的教师应该是他们不错的倾诉对象。所以说，学生写日记是学习任务的一部分，是心灵成长的一部分，也是积累写作材料的一种途径，可以说是一举多得。关注生活写日记，就是把我们的生活写出来，把我们平日所见、所闻、所做、所想的写出来而已。如果我们教给学生写日记的方法，培养学生坚持写日记的良好习惯，定能激发学生的写作兴趣，不但可以提高学生的写作水平，也一定能培养学生形成良好的道德品质。

2010 年 8 月，我任三年级（3）班语文教师，从学生一入学我就提倡学生写日记。经过接近一学年的日记教学尝试，我发现学生的作文水平较进校之初有了很大的提高，每一次作文批改都能给我带来惊喜。学生的日记比作文写得真实，在一定程度上能表达出学生真实而朴素的感情，说真话，抒真情。学生喜欢写日记就是学生关注生活、热爱生活的一种表现，于是我进一步研究了日记与作文的关系，认识到写日记是学生热爱生活、感悟生活、记录生活、积累生活的有效途径，也是磨亮文笔的磨石。这个情况让我反思：如果能在指导学生写好日记的过程中，培养学生在生活中勤于观察、勤于思考、勤于动笔以及不断积累生活、不断琢磨文思文法的习惯，学生的作文能力一定会有所提高，也一定会喜欢上写作。

4. 新课标为作文教学改革提供依据

《义务教育语文课程标准（2011 年版）》提出，"为学生的自主写作提供有利条件和广阔空间，减少对学生写作的束缚，鼓励自由表达和有创意的表达""留心周围事物""乐于书面表达""能不拘形式地写下见闻、感受和想象，注意把自己觉得新奇有趣或印象最深、最受感动的内容写清楚"。写作教学应贴近学生生活实际，让学生乐于动笔，乐于表达。教师要激发学生对生活的热爱，调动学生观察思考和练笔的积极性，要引导学生写熟悉的人、事、景、物，做到说真话，表达真情实感。作为语文老师，我们有责任反思我们的作文教学应如何在新课程理念的引领下，尽快找到一条行之有效的作文教学途径。日记能带给孩子们自由表达的快乐，从而激发写作兴趣。叶圣陶先生认为，凡是干过的、玩过的、想过的，觉得有意思的就写，一两句也可以。一位作家在谈到日记时说，日记应该是心灵与纸笔的对话，是自由的闲庭散步。所以，我们想通过日记写作训练，探索一条写作教学的新路，让学生把写作当成一件快乐的事情，在快乐的情感体验中完成提高表情达意能力的目标。

（二）课题研究目标

根据班级的学习现状和学生的学习基础，我们确定了小课题，即《通过日记培养学生写作能力的研究》，于 2011 年 5 月立项，2014 年 8 月结题。研究目标为：通过写日记，培养学生的写作兴趣，积累生活素材，以此提高学生的写作水平。

二、课题研究策略

（一）进一步明确问题

在确定课题之初，我在我班做了关于学生是否爱写日记的问卷调查，结果显示 45% 的孩子对写日记有兴趣。然后，我又做了关于学生是否对写作文有兴趣的问卷调查，结果只有 23% 的孩子对写作文有兴趣。经过问卷调查，我了解了学生在写日记和写作文中存在的困惑，然后分析了学生在写作中存在的问题：学生因为没有素材，好词好句积累少，写作时无话可说，所以对写作文没什么兴趣。根据问卷调查结果，我完成了调查报告，做了课题的研究方案。

（二）提高学生写日记的兴趣

开始时可适当降低要求，激发学生兴趣很重要。"万事开头难"，如果目标大到无法达到的程度，会使人产生放弃的想法。所以，最初对学生没有过高要求，只要学生写的日记能看得懂，就给予表扬和鼓励。

我先让学生写"小日记"。"小日记"主要是指日记选材的角度小、内容单纯，并非单纯地指每篇日记字数多少。"小日记"，可详可略，可长可短；选材尽可能小，也可以相对大，只要能够把要说的话讲清楚就好。每次写日记的时间不做规定，这样对学生的课业负担不会产生实质性的影响，学生也能愉快接受，从而能保证课题研究的顺利开展。而长期坚持写日记，就能使学生在潜移默化中受到积极的影响。当然，随着时间的推移，学生如果自主延长写日记的时间，也说明他们有倾诉的热情，说明写作能力在提高，这更是一种收获。

"小日记"可改变孩子们"难为无米之炊"的困境，逐渐提高孩子们的语言表达能力，张扬个性，让孩子们知道写作就是自我表达和与人交流，要留心观察周围事物，丰富自己的见闻和感受，提高写作水平。

经过一学期的努力，期末的日记展览初见成效。例如，我班的刘鑫存和马驰程同学由最初的无话可说，到能把每天班级或家里发生的事简单地描述出来，这就是成果。

（三）教会学生观察、感悟生活

"润物细无声"是教育教学的最佳境界。按照计划，每天只选取三分之二学生的日记进行评改就可以，但是无论多忙，每一篇日记我都仔细阅读、批改。开始几天，我注意看内容，发现学生除了写游戏之外就是写帮妈妈做了什么，或者是如何写作业、写完作业看了什么电视、看完电视就睡觉了，等等。有的学生好不容易找到题材，却写得跟造假的似的。针对这些问题，我鼓励学生用眼看、用耳听、用脑想，做生活的有心人。我抓住每一个机会，适时地引导学生观察事物，感悟生活。

记得一天上午十点多，我们正在上写字课，窗外下起了雪，大片的雪花在窗外飘舞，落到地面上又很快融化，来不及融化的挂在树上，黏在枯草上，真的很美！于是，我带着学生走出教室，沐浴在飞雪中，有的学生说："哦，雪像棉花糖一样。"有的说："哇，雪花落在脸上，真爽啊！"还有的说："雪把我的运动鞋变成了水鞋，又湿又亮！"我趁机引导学生观察，调动学生所有的感官感受雪的美丽，自由表达这场雪独特的美。不用我来提示，同学们当天的日记多数写的是雪，日记内容有侧重描写雪中情境的，有侧重写雪后美景的，有侧重写雪中遐想的……这样做既引导学生观察生活，又有利于学生表达真情实感。

这样的做法看似随意，实际上是有意暗示学生去选择有意义的内容写日记，使学生很兴奋地感觉到自己要写的是自己在生活中发现的，进而学会了主动地在日记中表达自己的想法。

（四）采用积极评价，鼓励学生进步

要以人为本，尊重个体感受，所以帮助学生修改日记时一定要讲究策略，与学生交流时态度一定要真诚，并及时给予学生积极、肯定的评价，保持学生的写作热情。

在学生逐渐学会选择材料的基础上，我开始关注对学生日记的评价与修改。因为学生写的日记或多或少地会出现错别字、病句，流水账也不少，于是我忍不住告诉学生他们日记的问题所在，类似"这个字写得不对""那句话表达不准确，再修改一下""你这个文不对题了"，这样的话刚说出去，就会发现不是这个低头了，就是那个一脸茫然，还有的干脆第二天不交日记了。看到这种情况，我简直快要崩溃了，但是冷静下来再想，是不是我急于求成，方法不对呢？我一边反思自己的行为，一边读书学习，在内心不断强化那些教育教学理念。"兴趣是最好的老师"，只要学生乐于写，总会有进步的，就像春天那又小又丑的青果总要汲取了日月精华，等到秋天才会芬芳诱人的。看到了问题就等于找到了解决问题的方法！我改变了做法，一面寻找学生日记的优点，一面对过于简练的地方教学生"添枝加叶"来修改；表达不清楚的地方，面对面地指导，保持亲切力，激励学生，让学生敢于表达，使学生始终保持兴趣。

针对每个学生的特点，我有侧重点地进行修改，希望学生既能够有所提高，又不至于感觉自己的日记写得太糟糕。这一点我做得很小心。但是很快发现，无论我的态度多好，一味地帮助学生修改，学生并不是很高兴。于是，我研究了学生的心理，改变了策略，利用自习时间，鼓励学生阅读、修改自己的或同桌的日记，我批改的重点是指出学生日记中的闪光点，如准确的词语、经典话语、创造性的发挥等等，我都给出标记，以示认可和赞扬。如果日记内容生动感人，立意独特，思想积极健康，我就在日记下面写上鼓励的话；如果日记中流露出消极思想，我就写上对他的理解和期待。

鼓励的话从来都没有多余的！所以我总是对学生认真地说，"题目不错""你今天的日记让我很感动""你还会进步的""你日记的结尾意义深刻，我很欣赏"等等。听到这样的话，学生绝对有成功的感觉，这从他们得意的表情就可看出。这促使我也更加愿意给他们"戴高帽子"。在总结日记情况的时候，我会说："谢谢你们把自己的感受和老师分享。你们每个人的日记都能让我感到惊喜，有的日记不仅内容非常有意义，我还从日记中看到了你们诚实善良的心。"实际上并不完全是这样，但是这么说了之后，学生自然很开心地朝着这个预期目标努力，比反复强调"要语句通顺""要内容真实"之类的话效果好得多。慢慢地，学生不仅对写日记、写作文有了兴趣，甚至对其他方面的学习都充满了信心。

（五）注重积累，循序渐进

在语文学习和生活中积累生动活泼的语言是写好日记、写好作文的保障。当写生活日记成了学生生活的一部分之后，我把语言的积累和训练作为重点。因为有时候学生真的是找不到准确的语言来表达自己的意思。一方面，继续鼓励学生广泛阅读，坚持写读书笔记；另一方面，开展"三人行，必有我师"的语言学习活动，引导学生通过电视、广播等学习生动活泼的语言。我让学生随身携带小本子，看到了或者听到了好词好句就记下来。刚开始，学生不愿意做，但是有一部分学生行动起来了，带动了另一部分学生。慢慢地，大家就形成了良好的习惯。久而久之，学生的日记里经常出现名言警句。

（六）鼓励交流分享，共同进步

定期开展日记交流活动是促进作文能力提高的有效途径。在开学三周后，大部分学生已经养成了写日记的习惯。最明显的进步就是错别字日趋减少，无论写什么，表达的都比较清楚了。但是，局限在师生之间和同桌之间的交流，学生的收获是有限的。所以，我们每星期都进行日记分享活动和积累活动。利用每个星期五的语文课，先是同桌之间互相分享，同桌之间先看，然后选出认为对方写得好的日记、有价值的词句；再在小组内进行评选，并且一定要让学生说出评选的理由；最后把小组内选出的好的日记、好的词句与全班同学分享。这样的活动，提高了学生的表达能力、交际能力、评价能力、鉴赏能力。

（七）注重日记到作文的迁移

引导学生有效地把日记和作文结合起来，是提高作文能力的关键。在作文课上，我鼓励学生运用生活日记中积累的材料，因为有的日记稍加改动就是一篇好的作文。学生从中体会到了日记与作文的密切关系，懂得了生活日记不同于作文，真正懂得了日记和作文都源于生活，都是表达我们真情实感的工具。这样一来，学生的许多好作文都从生活日记中受到了启发，甚至包括神奇的想象、美丽的童话、简短的寓言、儿童诗等。

三、研究成果和成效

（一）教师作文教学水平得到提高

历时三年的研究，我总结了作文教学的方法，同时形成了自己的作文教学风格。课题研究提高了我的教育科研的技能，锻炼了我的思维能力。课题研究引导我加强学习，不断探索教育教学的新规律、新方法。在课题研究中，我总结了通过日记培养学生写作能力的好处及写作方法。写日记有利于学生关注生活、记录生活，以观察促进写作，以日记促自我教育。同时，我与徐宝军撰写的论文《通过日记培养学生写作能力的研究》获得省级论文评选一等奖，并在《神州》上发表，也让我感受到了研究的快乐和收获的喜悦。

（二）形成了日记分享的操作程序

日记分享包括两方面内容，一方面是优秀日记的评选，另一方面是优秀日记的阅读。评选优秀日记的过程是"一读、二品、三评"。"读"就是选择自己最得意的、最想与大家分享的日记进行朗读；"品"就是阅读后由大家来品评，可以给出修改建议，可以对日记中的人或事做出评价，还可以赏析精彩片段；"评"就是学生投票评出优秀日记和日记成长之星。每周评出的优秀日记编入《优秀日记选》，并让学生传阅《优秀日记选》。有时，学生在读的时候发现了问题，来找我修改，我就把这个机会留给读者和作者，鼓励读者和作者探讨、切磋，在双方达成一致意见的基础上进行修改，允许学生在日记上圈点、谈感受、写评语。这样学生阅读的兴趣也增强了，而且逐渐养成了用心写、认真读、反复琢磨、细心修改、品评赏析的好习惯。日记分享这几个环节学生非常喜欢，后来我调整了计划，把日记分享由每两周一次改成每周一次。时间长了，学生感受到写生活日记是自己表达情感的需要，而且每个学生在日记分享中，无论是给同伴提出了可行性的建议，还是给优秀日记写评语，都使学生在取得进步的同时产生成就感，心理上得到了满足。

作为学生学习的引路人，老师不但要教会他们观、悟、写，还要鼓励学生展示自己，要给学生提供展示自己的平台。

因此，我鼓励学生向《小学生阅读报》自我推荐作品，并且写上推荐的理由。后来，我班学生高明慧的作品发表在《小学生阅读报》上。榜样给了大家鼓舞，所以在高明慧同学的带动下，其他同学也跃跃欲试，积极参与投稿。虽然他们的文章还很稚嫩，语言还不够成熟，但有这样的积极性就足够了。

（三）培养了学生的写作兴趣

通过一段时间的训练，我班涌现出一批写作爱好者。对学生而言，在日记本上写日记已经成了自己的兴趣爱好，修改日记已经成为习惯，日记分享也成为学生之间心灵沟通的需要，推荐日记为学生走向成功搭建了桥梁。每名学生都写了厚厚的几本日记，记录了多姿多彩的生活，并在心灵深处种下了爱写作、爱生活的种子。课题结题时，我又对班级学生做了一次问卷调查，结果是对写日记感兴趣的学生占96%，对写作文感兴趣的学生占87%，真是质的飞跃。

（四）提高了学生的写作能力

通过一段时间的训练，学生通过写日记，积累了写作文的素材，大大地提高了写作文的能力。现在，学生的作文有话说、有词用、有素材，提笔成篇，一改以往的写作难的困况。每个学生已经把写日记当作每天的必修课来完成，每个学生到学期末都会完成 80 多篇日记。

三年来，我们班涌现出很多好的学生作品。我班自己编写的《学生优秀日记选编》受到学生及家长的好评。我班睢鲲鹏同学的作文《妈妈的爱》在全国汉语作文考级大赛中获一等奖；徐辰同学的《森林运动会》在吉林省"青青草"杯原创作品大赛中获优秀奖，并出版；王欣宇同学的作文在吉林省"青青草"杯原创作品大赛中获优秀奖，并出版；王欣宇同学的作文在世界华人学生作文大赛中获三等奖；王欣宇同学的作文《贪玩的小猫》获"快乐杯"全国征文大赛三等奖……获奖人数占班级人数的 50%。

四、今后的打算

虽然我在学生写作方面进行了潜心的探索和努力，但是还存在一些问题需要深入探索：一是学生成长不够同步。例如，有个别学生在写日记时不用心，应付了事，以至于作文水平和别人比还有一定差距。二是还没能达到通过日记写作促进学生进行自我教育的目的。三是学生作文写作水平的提高还不尽如人意。

写日记能提高作文水平，日记是学生成长道路上的真实的思想记载，是学生前进的足迹，是学生自我教育的好途径。在某一天，如果翻开日记看看，那些经历和思想会像电影镜头似的，一件件、一桩桩地展现在自己眼前。我们可以像照镜子一样对照比较，看看自己在日记中记下的决心是实现了还是落空了，看看自己前进的步伐是加快了还是缓慢了；还可以激励自己发扬优点、克服缺点，不断进步。下一步，我将探索通过日记写作训练，在提高学生作文写作兴趣、写作水平的同时，使学生学会进行自我教育，让日记浸润心灵、启迪智慧、提高悟性、激发创新，促进学生的发展。

初中历史知识树结构教学法的实践研究①

长春市宽城区实验学校　范丽丽

一、课题概况

（一）问题的原因分析

1. 历史小作文得分率低

在历史中考中有这样一种题型，在有限的时间内，用150~200字的小作文介绍清楚一个或几个历史事件。这对于初中生而言有一定的难度，因为好多学生存在写作困难、得分率低的问题。通过分析学生试卷和平时作文中出现的问题，历史小作文得分率低主要有四个方面的原因：①作文开篇太长，入题较慢；②不能有效提取教材的历史信息，叙述不能高度概括，不能切中采分点；③审题错误，导致张冠李戴、文不对题；④基础薄弱的学生历史小作文出现很多空卷。

2. 学生的知识结构零散

由学生历史小作文的失分，反思我们的教学：我们日常教学的碎片化，使得学生在学习历史时往往只是关注一个个零碎的点，忽视了这些点在整篇、整册教材，乃至整个历史知识结构体系中的位置和联系。这样在完成历史小作文时，学生不能把历史材料和教材有效整合，无法准确地提取有效的信息，导致无从下笔、切题不准确，或因书写不全面而失分。

（二）研究的目的

针对学生知识结构零散导致历史小作文得分率低的实际教学问题，结合历史学科的结构特点以及初中学生的心理特点，在历史教学中，我们试图探索应用学科结构教学法，帮助学生构建合理的历史知识结构，有效提高准确提取历史信息解决历史问题的能力，提高写好历史小作文的能力。

---

① 在2015年12月召开的长春市小课题研究推进会上进行经验交流。

二、课题的实施过程

（一）第一阶段：初步探索

历史时期的知识结构一般包含历史时限、历史人物、事件、文化、历史思维等等。我把历史时期的结构图给了我的学生，并做了解释和说明，让学生按照历史时期的结构图总结、归纳某一时期的历史结构。对两个班级进行实验之后，效果并不好。

总结原因：学生认为教师给的范围太大了，涉及的内容又太多了，而且原来学习的内容记忆零散，一节课难以构建知识结构。在这个过程中，我忽视了学生原有的知识储备情况。由于以前教学的碎片化，大多数学生一时难以完成任务。

（二）第二阶段：化整为零

针对第一阶段范围太大导致失败的原因，我又重新分析了八、九年级的历史教材，每册教材内容大都是由历史事件构成的，这些历史事件恰好是历史时期结构图的一个局部，所以决定从历史事件切入，引导学生构建历史事件的结构图。

我选取了三个性质不同的历史事件，引导学生分别构建鸦片战争、戊戌变法、辛亥革命的知识结构图。然后，引导学生观察这三个历史事件知识结构图的共性，从而归纳出历史事件类的知识结构图。

这样的尝试相对于上一节课呈现给学生的历史时期的结构图，范围缩小了，构成历史事件的各结构要素更为具体，易于学生操作，可以让学生全面系统地对历史事件各构成要素进行整合和有序记忆。

（三）第三阶段：化零为整

经过上一阶段的尝试，学生掌握了单个历史事件的知识树结构图，可称之为"独木"。虽然"独木"内的知识形成了整体，但树与树之间的结构还是零散的，还没有形成系统，还是"只见树木不见森林"的状态。接下来，我在单个历史事件的知识树基础上，引导学生按不同的分类标准将单个的知识结构树，构建成系统的大"森林"。

例如，按照历史事件类结构的模式，我们完成了洋务运动、戊戌变法、辛亥革命、新文化运动等单个的知识树结构图，我们可以按一定的历史思维标准，比如按时间和历史作用的标准，构建"近代化的探索"这一单元的大知识结构树。

同样，我们也可以把几个单元，甚至是一册书（如八年级上册中国近代史）的知识结构树进行整合，形成更大的知识结构树。单独来看是一棵一棵的小树，整体来看，是由一棵一棵的小树组成的森林，达到了"见树木更见森林，见森林才见树木"的效果。这样新旧知识有序地排列在各级知识树的相应位置上，便于学生记忆和提取，提高了学生局部和整体把握教材的能力，改变了原来历史知识零散无序的状态。

（四）第四阶段：学以致用

通过以上三个阶段的尝试，学生掌握了学习和记忆历史的有效方法，构建了合理的历史知识结构，但这不是我们的最终目的，我们还要引领学生运用合理的知识结构去解答历史问题，从而很好地完成历史小作文。

历史知识是有结构的，历史小作文也有独特的结构类型。

由于学生不清楚历史小作文的结构类型，我选取了几个有代表性的长春市中考历史小作文，引导学生分析历史小作文的材料类别、命题特点和结构形式。命题者一般都是提供一些材料，如文字、历史图片、年代尺、表格等等，让学生判断与材料中历史人物、地点、决策等等相关的重大历史事件，并对其进行相应的介绍，总结历史感悟，等等。

通过引导学生对不同类型的作文实例进行分析，学生明确了历史小作文一般要求选取其中的一件事，详细介绍历史要素（一般介绍四个历史要素以上）或介绍几件事（每件事要求介绍一到两个历史要素），两类文所需要的历史要素都可以从知识树结构中的原因、时间、结果、人物、性质、影响等方面选取，作文的最后要谈感悟或认识。简单概括，历史小作文结构类型如下：

题目+一（一件事）+四（四个要素）+认识感悟

题目+多（多件事）+一（一个要素）+认识感悟

在两种模式下进行小作文练习，学生首先判断小作文类型，然后根据题意，捕捉题中涉及的知识结构中的那些历史要素，根据这些要素定位符合题意的重大历史事件，有效提取符合题意的历史事件知识结构要素，然后构思和书写历史小作文。

因为有了第二、第三阶段的基础和铺垫，这时历史小作文的写作让学生不再望而生畏、无从下笔了，大多数学生能够按作文的评分标准（采分点）准确地提取历史信息书写作文。历史小作文空白卷的情况减少了，学生敢于下笔，说明学生已经不再有畏惧的心理。

三、课题的成果与成效

（一）教师专业素质得到提高

通过知识树结构教学法的研究和实践，教师在整合历史教材、提高历史课堂教学效果和指导学生构建历史知识结构等专业素质方面得到了不同程度的提升，起到了教学相长的作用。知识树最明显的作用是总结知识点。为了改变历史教学的碎片化，教师要研读历史课程标准和重新审视历史教材，厘清历史知识之间的内外逻辑关系及知识点的主次关系，全面系统地理解学科内涵，对教材内容进行更全面、更深入的挖掘和整合，进而调整课堂教学方法，提高教学效率。教师应从历史思维的角度，重新调整和构建历史教学的知识结构树，以便引领学生主动学习，进而启发学生的创新思维，激发学生丰富的想象。同时，应从不同的角度，设计符合学生心理和思维特点的历史知识结构。

教师在指导学生小作文过程中，也应对历史小作文的命题特点、类型、小作文的结构、作文技巧等进行进一步的研究和思考，指导学生进行深入分析和练习，并加强日常历史教学与小作文的密切联系，使教学更有针对性。教师指导学生小作文的方法得到改进，指导能力也在提升，对教师自身的专业素质也是一种提高。

（二）形成了知识树结构教学法的程序

通过实践，我们形成了知识树结构教学法的一般程序。构建一课的知识树时，教师要引导学生：

1. 看课题，明确主题（知识树主干）

这里需要注意的是，有些课题是以历史事件的影响（如人类进入蒸汽时代、工业化的起步等）、相关的诗句（如"红军不怕远征难"）等形式出现的，明确主题时要分析课题涉及的重大历史事件，把重大历史事件作为知识树的主题。例如，《工业化的起步》，是以"第一个五年计划"作为课题，所以我们把"第一个五年计划"确定为知识树的主干。

2. 看框题，明确次主题（知识树枝干）

它大体涉及历史事件的背景、原因、目的、时间、人物、国家、过程、结果、影响（意义）、认识等构成历史事件的要素。初中历史教材中，有些历史事件的要素并不是面面俱到，如"一五"计划只要求掌握背景、目的、时间、基本任务、成就、意义、认识等要素，有些要素并不包含在框题中，需要学生阅读课文进行提炼。而对于历史认识，教材并没有给出相应的结论性的文字，需要学生结合所学内容的社会背景、产生的社会影响等要素，总结分析历史经验教训（即历史认识）。

3. 精读教材正文（大字部分），完成知识树各要素的相关内容（知识树枝叶）

以"一五"计划为例，背景：工业基础薄弱；目的：有计划地进行社会主义建设；时间：1953—1957 年；成就：四工厂、一大桥、三公路、二铁路、三大工业基地；意义：向社会主义工业化迈进；认识：激发爱国情感、建设家乡的使命感；等等。

4. 选读教材小字、插图、材料、表格等非正文部分

这部分内容有助于学生理解教材正文，提升历史情感和认识。当然，教材的篇幅有限，除了教材内容外，还可以查找课外的相关历史资料，增加对历史的了解，也有助于学生理解教材的相关内容。

5. 构建本课知识树（第一棵树），完成本课知识点的有序排列

构建本课知识树后，把本课知识树与单元、整册书的知识树（第二棵树）进行联想比较，进行新（第一棵树）旧（第二棵树）知识的合理整合，完成本课所学内容在原有知识库中的有序储存。

（三）促进了学生的学习

1. 提高了学生整体把握知识结构的能力

如前面四个阶段所述，绘制知识树有利于学生构建合理的认知结构，提高了学生整体把握教材的能力。

比如，有的学生在联想比较历史的过程中，想知道英国为什么强大以及英国工业革命时，中国在干什么，于是他们小组结合历史教材，并查找相关资料，画了一棵中英两国各方面对比的知识树。学生借助知识树，通过对当时中英两国的社会制度、经济发展、军事实力等方面的对比，形象直观地理解了近代英国强大、中国落后的原因和在中英战争中中国屡败的必然性。

可见，学生不再是孤立地看待历史，而是看到了不同时期或同一时期，世界和中国的不同变化，建立了历史横向和纵向的联系，所以学生从整体上把握知识结构的能力得到了提高。

运用知识树结构教学法，把握结构，梳理线索，归纳系统知识，学生能"种植"更多类型的知识树（如战争类、改革类、革命类、历史人物类

等等），学生的创新和发散思维得到了提高。构建知识树的过程，既是对教材理解吸收、合理归纳的过程，实际上也是学生思维拓展和知识迁移的过程，更有利于教师培养学生整体和局部掌握历史教材的能力。

2. 学生对历史的学习态度产生了积极的变化

知识树结构教学法的实践，促进了学生的主动学习和有效学习，学生的学习态度发生了重大变化。在没有构建知识树前，学生学习的过程往往是零散的死记硬背，很多的知识之间的内在体系构建不起来。这样在学完一节课，甚至一本书的时候，内容越多，越抓不住头绪和重点，基础薄弱的学生往往会自暴自弃，最终对历史学习失去原有的兴趣，而构建知识树可以很好地弥补这些不足。

学习时，知识树是历史知识从"树木"到"森林"日积月累的过程，知识树的每片叶子、每个枝干在学生头脑中像图书馆的图书一样有序排列在知识树的相应位置，用时很容易找到和提取。复习时，知识树是知识从"森林"到"树木"逐层分解的过程，学生能够快速回顾所学内容，并自查知识掌握情况，这样无论是学习还是复习都是有序的，学生倍感轻松。特别是对于基础相对薄弱，学习能力较差的学生，复习的时候有个抓手，改变了原来上课就睡觉、答卷就空白、历史知识一片茫然自暴自弃的状态。

另外，历史知识丰富的学生可以畅所欲言，带给小组成员教材以外的历史知识，增加了历史知识的厚重感。小组中，绘画好的学生也可以秀一秀自己的画技。课堂上，每个人都可以发挥自己的特长，都有用武之地，都可以展示自己的精彩之处，在课堂学习中始终处于兴奋的学习状态，增加了学习的动力和兴趣。比如，周华人同学善于绘画，自从画知识树之后，极大地挖掘了他的潜力，学习热情空前高涨，以极大的热情投入到学习中。他的学习成绩由原来的不及格到及格，中考时居然优秀了，连他自己都觉得出乎意料。

3. 提高了学生写作历史小作文的能力

在实行结构教学法之前，好多学生的历史小作文都是一段一段地抄教材，小作文字数多为 150~200。比如，"遵义会议"部分还好，教材里就一段，抄下来就可以了，像《长征》一课，教材正文一共六段文字，每段大约 60 字，学生抄两段可能还没入题，超出了答题卡限定的范围，也因为书写过多，影响了答题时间，导致答不完卷。

现在，学生掌握了知识树结构学习方法和历史小作文的结构模式，建立了合理的知识结构，大多数学生解题时能够根据题中的历史信息，结合知识结构图的构成要素快速、准确地提取有效的知识，能够选取符合题意的各构成要素并有条理地去构建小作文结构，改变了以往盲目地大篇幅抄教材的尴尬局面，也节省了答卷时间。

我们从初二下学期开始进行知识树结构教学法的尝试，到了初三，学生的历史小作文已完成了从最初的无从下笔、盲目抄教材到叙述日渐合理再到层次鲜明、史实准确、言简意赅的转变过程。作文入题太慢的同学，也能开门见山地写作了。另外，提高了学生作文审题的能力，审错题的现象也少了，失分越来越少，小作文得分率普遍提高。

下面是一名原有学习基础不太好的学生在市统考中的历史小作文。该作文不仅清楚地交代了四个地点的历史事件及其历史要素，而且叙述简洁，有文采。

长江——在中国发展中的见证

长江，在历史的烟海中奔腾不息！有多少故事在你身边上演：在洋务运动中，张之洞在武汉创办了汉阳铁厂，这是中国钢铁工业的起步；1912年元旦，孙中山在南京宣誓就职，中华民国正式成立。抗日战争中，作为战时陪都的重庆，留下了永不磨灭的烽火记忆。改革开放中，上海浦东开发区成为国际化的经济中心和金融中心。长江见证了中国的抗争与发展的壮丽诗篇，但也面临水质污染加重、生物多样性局部破坏等严重问题，保护环境，坚持可持续发展，任重道远！

以上是我依据结构主义教学论，借鉴结构教学法，带领我校2012届学生在八、九年级历史教学中的一些尝试和实践，但是对结构教学理论的理解还不够透彻，在学生情感认识的培养方面有所忽略或无暇顾及，这些是下一步要研究的课题。

破解教师幸福的密码

——从作业到计算，扎实的研究让我们的课堂更有效[1]

汽车经济技术开发区实验小学　毛鸿娟[2]

我是来自汽车经济技术开发区第十二小学的一名普通一线数学教师。"十一五"期间，我们区教育局启动了《新课程高效课堂教学实施策略的研究》这一课题。跋涉在"高效课堂"建设的行动中，研究路上的"荆棘"曾带给我们"一山放过一山拦"的痛，研究途中的"甘泉"也曾带给我们"柳暗花明又一村"的喜，点点滴滴，历历在目。如今，向前追溯，五年的时间里，我的研究主要分为三个阶段：第一阶段是参与学校的校本课题《多样化和开放性作业的研究》；第二阶段是完成我自己的小课题《低年级学生完成数学开放性作业障碍情况的研究》；第三阶段是进行凝聚集体智慧的《计算失误成因及应对策略的研究》。在这些历程中，我深深体会到研究者的幸福，观察、思考、行动、调整，让我们的教学更有效！

下面，我想从这三段历程的回溯进行汇报：

一、回溯一：岭树重遮千里目——学校校本课题《多样化和开放性作业的研究》

"岭树重遮千里目，江流曲似九回肠。"在诗人笔下，柳州障岭重叠，浓树层层，峥嵘成势。在这里，我仅借用其"重遮"之意。

学校一直把作业改革作为校本课题之一，针对学生作业繁重、呆板、重复、单一的现象，鼓励教师进行多样化和开放性作业的研究。例如，有

---

[1]　在 2016 年 11 月召开的长春市教育学会小课题研究培训班上进行经验交流。

[2]　作者创作本文时为汽车经济技术开发区第十二小学的教师，后调往汽车经济技术开发区实验小学任教。

的老师鼓励孩子制作复习报、搜集数学资料，整理积累本。又如，数学学科与美术学科整合，在模型制作中融入体积和面积知识。英语作业"小名片"；语文作业"小书签"，"我和家长的第一本书"，综合实践作业"亚冬会——记录假期的新闻"；等等，这些作业在一定程度上架起了学生生活世界和书本世界的桥梁。

那么，这些算研究吗？说实在的，那时的我仍和大部分老师一样，经常感到困惑：一提到"研究"往往就仅仅意味着期末或结题时上交一篇论文、一个设计，教学研究仿佛被蒙上一层神秘、高大的面纱。虽然有时我们也会对自己的教学产生困惑，产生灵感，但这些困惑、灵感经常被淹没在教学与生活的烦琐小事中。

二、回溯二：绝知此事要躬行——个人行动研究《低年级学生完成数学开放性作业障碍情况的研究》

"纸上得来终觉浅，绝知此事要躬行。" 2007 年，我在区本培训中第一次接触到行动研究。这种闪烁着"草根精神"的研究方式让我不禁雀跃。

其实，在布置校本作业时我就发现，学生在完成和上交开放性作业时存在这样两种极端现象：一部分孩子兴致勃勃，作业整洁美观，内容丰富；一部分作业则是字迹潦乱，应付了事。如何解决部分学生完成多样化与开放性的作业障碍问题，成为摆在我面前的一个新问题。用"行动研究"这把钥匙是否能解决这一问题呢？

于是，我踏上了第一次行动研究之旅——在前期校本研究的基础上，重点解决低年级学生在完成开放性作业中遇到的形形色色的障碍问题，以此作为高效课堂研究的突破口。

学生、家长、作业本身是学生完成开放性作业的三大障碍。针对这三大障碍问题我采取了一些方法加以解决。例如，对于家庭的不利影响，我们请家长现身说法，进行金点子分享；通过问卷、耐心沟通等，引导家长，注重家长的培训与配合。

同时，继续从作业的形式、内容和评价方面展开研究与实践，设计多种作业。例如，我们针对二上教材，设计了开放性作业，如表1。

表 1 开放性作业

单元	作业内容
长度单位	1. 和爸爸妈妈一起测量两件以上物品的长度，并填表。 2. 估测 5 种你熟悉的商品的长度，填表。 3. 要知道物品的长度，可以用尺量。你见过哪些测量工具？请写出它们的名称。找一找生活中的尺，调查"尺"的来历。 4. 情境填空《小美的一天》
100 以内的 加法和减法	1. 和爸爸妈妈比一比。（和家长互相考笔算、口算或估算） 2. 我当小老师。（互相出题） 3. 我长高了
角的初步认识	1. 找一找生活中的角。 2. 制作手抄报《美丽的角》。 3. 制作一个活动的角
表内乘法（一）	1. 和爸爸妈妈比一比。（和家长互相考笔算、口算或估算） 2. 我当小老师。 3. 亲子游戏：对口诀
观察物体	1. 我是小小摄影师。（根据不同角度照片选择摄影方向或在家长帮助下选取不同角度去拍摄风景） 2. 找一找生活中对称的图案，设计对称的图案。 3. 做一做：给你半个图像，怎样利用镜子看到完整的图像？ 4. 亲子游戏：照镜子
表内乘法（二）	1. 说：把你这一单元学到的数学知识和数学课上有趣的事说给家长听；回家向爸爸妈妈提几个数学问题，让爸爸妈妈回答；回家让爸爸妈妈给自己提几个数学问题，自己回答，让爸爸妈妈评判自己回答得对不对；等等。 2. 找：找一找生活中什么地方会用到乘法，写一篇数学日记。 3. 做：制作手抄报（手抄报已事先列出框架），手抄报中有口诀表、有趣的数学迷宫和你知道的乘法知识等

续　表

单元	作业内容
统计	1. 参加一次家庭大购物，让爸爸妈妈协助你，由你来选择、购买、付款，体验一下如何合理使用人民币。（小朋友要将购物清单制成表格，列出物品名称、物品价格、总价……） 2. 观察今年寒假的天气情况，记录下每天的天气状况，制作一张天气统计图和统计表
数学广角	1. 找一找生活中有规律的现象。 2. 设计有规律的图案。 3. 拍出有规律的节奏。 4. 制作手抄报《迷宫》
其他（小组不定期完成）	1. 自编小报。 2. 写数学日记。 3. 编数学儿歌

在作业的形式和内容方面，我们强调"活"，在"活"中求创新。绘画式作业、手抄报、情境式作业、游戏式作业、儿歌式作业让作业变枯燥为有趣，撰写数学日记、调查式作业让作业变封闭为开放，家长合作型作业、学生互动型作业让作业变独立为合作，超市式作业、导演式作业让作业变被动为主动。如，在"位置与方向"教学后，我布置了介绍自己家方位的作业。学生借助图示，利用已经学习的关于方向的知识介绍学校到家的路线，邀请老师去做客。此份作业学生完成得并不十分理想，所以经过辅导，我们鼓励学生进行二次作业。这是一个学生的作业："从学校出发向西约走 70 米到飞跃路，再向北约走 50 米到 47 市场，然后过人行横道，再向西约走 50 米到了我家，29 栋 2 门 5 楼 504 室便是我家，欢迎大家到我家来玩！"孩子还对自己的两次作业进行了评价："这个作业我写了两遍，但我对自己的第一份作业不满意，老师说按照我的图示去家访肯定会迷路。我一看，确实是这样，我把西和东的方向弄混了。你看我的第二份作业怎么样？是不是十分清楚和正确？我给自己的作业打五星！希望我能取得好成绩。"从作业和学生的自我评价中，我们可以看出他清晰的思维过程。也许，他经过了多次的实践和反复思考，才完成这项作业。

在作业的批改上我们则强调过程性和发展性。我们创设了"激励语言+童趣符号+多元评价+展示评价"四位一体的评价方式。例如，我们充分鼓励家长参与，请家长们根据孩子的课外作业完成情况进行评议。另外，开展小竞赛、举办作业展、组织交流会等也培养了学生有效完成作业的习惯。

在实践中，我深深意识到专家引领、同伴互助、个体思考与实践的重要。

首先，专家引领。在学习中，除了聆听各位专家的精彩讲座外，我有幸得到周国韬局长、盖笑松博士、宋海英教授等众多课题专家的亲自指点和帮助，解决了我在具体研究方法和策略上的困惑。

其次，同伴互助。同伴的好做法给予了我很大的帮助。

最后，个人思考与实践。在进行课题研究过程中，我经历了"提出目标—制定策略—课堂实践—反思评议—改进教学—形成有效策略"的过程。在专家的建议下，我还建立了自己的课题资源包，包括问卷调查、实验记录、教学日记、教学反思、学习记录、研讨记录、论文总结。我在实践中逐步摸索出学生完成开放性作业受阻的原因、解决问题的策略、开放性作业形式、内容和评价方法。

"做实小课题，成就大文章。"经过两年的实践研究，我惊喜地发现，孩子们更喜欢完成数学作业了，更喜欢数学了，我也赫然发现自己"真了不起"——我的研究体会有幸被收录在周国韬局长《小课题 大文章：长春市开展小课题研究的实践探索》一书中，并入选"长春市微型培训课程"。其实，只要有一双明亮的眼睛、一个勤于思考的大脑、一颗勤奋不辍的真心，原来研究可以如此简单！

三、回溯三：万紫千红春满园——团队研修《计算失误成因及应对策略的研究》

从五年前的"初识"到如今的"常态相伴"，各级教育行政部门为我们一线教师从事行动研究搭建了展示、交流的舞台。小课题研究现场会、微型课程培训征集，包括我们汽车经济技术开发区教师进修学校两年一届的教师风采大赛、学校的教育成果发布会，等等，通过众多的活动平台，我们和大家分享着收获，也汲取着经验。

于是，在老师们的研究热情和经验基础上，把个体研究变成团队研修

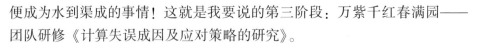

便成为水到渠成的事情！这就是我要说的第三阶段：万紫千红春满园——团队研修《计算失误成因及应对策略的研究》。

（一）压力下的思考——发现问题

为什么我们选择计算问题作为团队研修的内容呢？选择计算问题作为研究内容有两方面的考虑：

其一，小学的数学课程标准中，四个学习领域虽然内容不同，但都贯串着计算这条线索。课标还明确指出，应重视口算，加强估算，提倡算法多样化。一句话，计算很重要！

其二，计算问题是一个共性问题。学校曾对老师们进行教科研问卷调查，其中一个问题是："你在课堂教学中的困惑都有哪些？"经过问题梳理后我发现，几乎所有数学老师都把计算问题作为最头疼的问题。学生计算错误率居高不下，是我们的课堂低效吗？是计算本身枯燥吗？是学生的问题吗？因此，我们数学团队就想通过对计算失误成因的分析与研究，寻找解决问题的策略，培养学生良好的计算习惯，提高计算正确率，而这也是研究的重要目标和内容。

（二）实践中的提升——问题症结和解决

从2009年2月开始，我们按研究步骤采取了具体的行动。我们每个团队成员都结合实际确定了自己的计算小课题。在团队研修的大问题和个人研究的小问题中，同中求异，异中向同，努力寻求更科学有效的运行模式。我们的研究经历了三个阶段。

1. 阶段一：整理、归纳出学生计算失误现象产生的原因

在启动阶段，我从学生、家长和教师三个维度着手对学生的计算能力和习惯进行了问卷或访谈调查。通过调查，我总结出学生计算失误原因主要有如下两大方面：

首先，计算失误现象下隐藏着知识掌握的缺陷，特别是基础口算能力不扎实，对运算定律、法则理解不够深刻。

其次，计算失误也有学生身心发展水平的原因。它包括：观察精细性水平不够，如抄错数据或符号；注意品质水平不够，如四则运算中把没有计数的数丢掉，造成计算结果错误；问题解决水平不够，如在计算大量加法后容易把乘法看成加法计算；受"凑整"强信息干扰，忽略计算顺序。

2. 阶段二：提炼解决问题的策略

基于问题原因，我主要采取了个案研究和案例分析等方法逐步提炼解

决问题的策略。

策略一：凸显探究色彩，加深新知的教学和感知。

这对预防学生计算错误有积极意义。这是我区的计算教学模式，在践行的同时我也对自己的课堂进行了"诊断"，解决了"情境创设的有效性""算法多样化和最优化"的困惑。

策略二：强化学生反思的意识和能力，包括习题自查分层反思和典型错题集体反思。

关于做题，我提出了明确要求：一看——仔细看，读懂题；二想——想方法，想法则；三算——认真算，规范写；四查——查过程，查结果。这不仅仅是方法，更渗透着习惯的培养。需要注意的是，教师要关注不同学生在不同环节上的薄弱点，并引导学生建立错题积累本——一、二年级家长协助建，三、四年级学生独立建，困难学生合作建。

在错题积累本的基础上，我整理了错题记录卡，把错误当作宝贵的教学资源，引导学生共同反思错在哪、为什么错，进行有针对性的纠错。在实践中，我们"容错——救失——利导"，让学生以"错"引"思"，以"错"促"思"，不断提高反思能力。

策略三：精心设计计算练习。

在注重训练并兼顾兴趣的理念指导下设计多种训练形式，如视算、听算以及接力式、指挥式、游戏式的口算训练，又如有针对性、对比性和应用性的其他计算练习，等等。

策略四：对极困生进行个案跟踪研究。

通过前三个策略的实施我发现，大部分学生的计算水平会有所提高，但对一些计算的极困生，其效果并不明显。因此，我及时调整了研究，进行了个案跟踪，在计算习惯、方法和心理影响等方面进行必要的行动干预，如针对学生惰性太强采取的"和谐分组法""连对免检法"等。

3. 阶段三：成果积累

（1）找到了学生计算失误成因和应对的有效策略，提高了学生的计算能力。

（2）整理了计算错题集和计算易错题练习卷。

（3）结合计算内容整理了训练要点和方法，如口算、竖式计算、四则混合运算、估算和简算等。

（4）促进了教师专业水平的提高。

　　以上是我和大家分享的我和我校数学团队的研究历程。围绕我区"十二五"《构建区域教学质量保障体系的实践研究》课题，我校数学团队正在进行着以课例为载体，利用课堂观察技术，围绕教学目标达成度，优化课堂教学的初步尝试。教学研究没有止境，但"既做教书匠，也做研究者"是我们所有一线老师的心声。因为，扎实的研究可以让我们的课堂更有效，执着的追求可以让我们的教育生活更幸福！

与你相约在路上

——初中英语写作生活化教学的小课题研究①

农安县第四中学　盛小利

说起与小课题研究之间的缘分，我不禁想起第一次敲开教科所大门的情景。那是 2007 年的一天，我带着问题，没有开题报告，没有课题计划，就到教科所想要申请课题，教科所的老师惊讶的同时，被我的热情感动了。不久，在教科所领导的关怀下，在学校的支持下，我的第一个小课题《初中英语单词记忆方法探究》诞生了。这就是我与小课题研究的初次见面。两年后，这个课题顺利结题，我的实验课还被评上了优秀实验课。2010 年，学校申报了市级规划课题《学困生转化的策略与研究》，我担任研究组长。2011 年，在成果汇报会上，我们课题组五个成员集体做了成果汇报，大家体会到了课题研究带来的成长与快乐。后来，或许是因为自满，或许是因为疲惫，我对课题研究的积极性渐渐消退。在两年多的时间里，我的课题研究一片空白。但是，一个小小的会员证把我从课题研究的边缘拉了回来。它就是农安教育学会下发的会员证。我被学校推选为学会会员，有幸参与教育学会的活动，课题研究再一次走进了我的生活。我把小课题《初中英语写作课教学研究》实施方案和学生的周记本交给学会刘老师，刘老师首先鼓励了我，课题只要是真的做了，就一定会有所收获。刘老师又针对我的课题题目、研究目标、内容，与我攀谈了起来，总感觉题目有些不妥，几经研究后，我们最终确定了小课题研究以"初中英语写作生活化的教学研究"为题。

有了一个好的命题之后，我就全身心地投入到课题研究中来。回顾整个研究过程，我主要想解决三个问题：我选择这个课题的原因？是怎样实施的？结果又如何？

---

① 在 2016 年 11 月召开的长春市教育学会小课题研究培训班上进行经验交流。

一、课题成因——山重水复疑无路

我为什么要选择这样一个课题呢?

我想,这首先源于对英语教学的热爱。能作为一名英语老师,永远是我的自豪。而能有时间潜心研究,是我觉得无比幸福的一件事。当然,对于教学的研究也不是没有倾向性的。因为我也有弱项,但我也有擅长的地方,就是平时注重写作训练,而这正是被很多人忽略的。在外出学习中,我发现写作课是个冷门,很多人都愿意上听说交际课、阅读课,而很少有人上写作课。我想这对于我就是一个机会。有了这份热爱与敏锐,我就开始了写作教学方面的研究。当然,课题研究最重要的还是源自需要,源自学生们的需要。从学生的写作中我慢慢发现,很多学生写作时无话可说,不会用英语表达自己想说的话。从写作兴趣来看,很多同学只把写作当成一个任务去完成,而不是主动地表达与倾诉。从写作能力上看,大部分学生的写作能力薄弱,有语言匮乏、写作技巧缺乏、语言的准确性低、没有良好的写作习惯、书写不规范等问题。这就引发了我的思考,即怎样基于教材、挖掘教材,进行写作课的教学和写作训练,才能把写作生活化,激发学生写作的灵感,从而热爱写作、擅于写作?带着这样的思考,我迈出了小课题研究的第一步。

二、课题实施——不畏浮云遮望眼

我又是如何进行小课题的落实与研究的呢?那就是面对真问题,开展真行动,写出真文章,获得真发展!我的研究过程可以概括为一个核心、三个把握。

(一) 一个核心

一个核心理念写作即生活,生活即写作。

生活是写作的根,只有根深才能叶茂,生机勃勃;生活是写作的源,只有源畅才能流涌,兴波逐澜。要解决学生无话可说、无从下笔的问题,必须寻根开源。到哪里找到生活与写作的最佳结合点?教材就是我们最好的依托。教材给我们提供的话题紧密联系中外学生的生活实际,从学生的家庭生活和学校生活开始,向社会生活拓展。每个学生都带着丰富的个人生活经验来到教室,写作课就是给他们机会说出自己的经历并写下来。这是一种源自生活体验的写作,而不是从作文题目出发的苦思冥想。只有把写作和日常生活紧密相连，写作才会变得容易。

（二）三个把握

1. 第一个把握：把握教材

新的教材有独立的写作板块，以任务链的模式呈现，3a的写前铺垫旨在激发学生的兴趣，并提供写作素材，3b通过提供语言提示引导学生整理信息，以利于学生独立完成写作任务。这种写作编排，采用写前、写中、写后的过程性写作模式，从控制性较强的补全短文过渡到半开放的仿写，体现写作的过程性。这样不仅有助于学生用英语构思，从而形成写作思路，顺利完成写作任务，还有利于教师为学生提供必要的写作框架，通过分析写作过程来降低写作任务的难度，减少学生在写作过程中的焦虑感，培养学生英语写作的自信心。教材重视学生在写作过程中的参与和写作技巧的训练，还渗透了写作策略的培养。

2. 第二个把握：把握教法

在开发运用生活化写作教学法的同时，还要结合过程写作法和以读促写法，才能设计多种教学活动和学生活动，开阔学生视野，拓宽写作思维，形成写作思路，提升表达交流的能力。

（1）生活化写作教学法

生活化写作教学法，就是把写作生活化，让生活走进写作教学。它的核心理念是写作即生活，生活即写作。写作源于生活。生活化写作教学中，最重要的就是要做到"四个真实"，即创设真实的写作情境、选取真实的写作主题、表达真实的思想、开展真实的交流。

案例1：你的邀请，我收到了

一张心形的纸卡，还带着一个小小的拉手，抽出来里面是一棵苹果树，树上结的显然不是红果果，而是一句句热情洋溢的邀请语。原来，这是一张邀请函。这出自哪位高人之手呢？是才华横溢的石林子，还是天才小阳……正当我猜测之时，一双胆怯的手举了起来，所有人的目光都集中在了大个子李宇航那害羞的脸上。一阵热烈又响亮的掌声久久回荡在教室里，也在我心里泛起了一阵阵涟漪。他是一个英语成绩只在20多分的孩子，可今天他的参与、他的用心，足以让我在内心里给他打上120分。这样的案例对我来说不是一个偶然，这背后有我坚持多年的教育理念——写作生活化。

写邀请函是第九单元的写作任务。邀请他人是学生日常生活中必备的一种社交能力，所以我在布置写作任务前，给学生设计了一个聚会计划书，让学生设计一个聚会，安排时间、组织游戏节目等。学生的聚会主题五花八门，有的是生日聚会，有的是食物聚会，有的是雪人聚会，等等，好多的奇思妙想。学生们都有自己的安排，而且安排得很合理。在写邀请函时，学生能根据自己的安排发出邀请，提出相应的要求。邀请卡的制作更是体现了他们的创意，每一张邀请卡都独具匠心。他们的积极参与、他们的这种组织能力，正体现了我的教学追求——学以致用。老师要努力创设真实的情境，让写作教学走进生活，才能开发学生的写作思维，培养表达能力，真正实现用"英语做事情"这个最终目标。

案例2：幸福地分享

你一定吃过汉堡包、三明治吧？你或许也亲手做过，但你吃过你的学生亲手为你做的吗？我就是一个幸福的老师。瞧，今天的课多热闹，甚至有些"扰民"，把政教处的人都招来了，领导推门问问什么情况，或许会带着点失望走了。这是一节英语课还是一个食物派对？课桌上铺了一层保鲜膜，就变成了我们的大餐桌。餐桌上，有各种面包、果酱、白菜、生菜、火腿……好丰盛呀！他们戴上手套，也成了汉堡大师了！有的同学还在做果盘造型，虽然笨手笨脚的，却乐在其中。你喂我一口，我喂你一口，甜蜜温馨！这就是我的一节写作课。经过体验、合作和分享，最后要完成的任务就是写出食物制作过程，并加上自己的感受。大家写得特别投入，依然沉浸在食物派对的兴奋之中。这就是友情的分享、快乐的分享、幸福的分享！

（2）过程写作教学法

过程写作教学法指的就是过程写作理论在课堂教学中的实践。在写作过程中，学生可以随时得到老师的指点，拥有独立的写作空间，有机会和同学交流，分享写作的过程和写作的成果。它的基本流程包括写前、写中、写后活动。

写前活动：谈论主题，激活记忆。谈论主题的过程是一个激活背景知识、搜集写作信息、理清写作思路的过程。我的任务就是运用多种方法，激活每个学生的生活记忆。例如，可以用头脑风暴法，写家规或校规等；可以用思维导图法，写动物等；可以用列表法，用现在进行时描述一个场面等。另外，还可用问答法、提纲法等。

写中活动：我让学生不必过分关注语法或拼写错误，遇到不会的词可以用汉语代替，但要注意真实性。只有真实地表达自己的想法与观点，才能达到写作的真正目的，即表达。

写后活动：在写作后，我让学生们进行同伴互评并给予评价和改进建议，最后根据我或同伴的意见进行修改。在同伴互评中可以培养一些学生做主题专家，如大小写专家、标点专家、拼写专家或语法专家。这样分工明确，各尽其能。在分享阶段，由于有了和老师、同学的交流，他们渐渐就知道了如何用积极的、正确的方式倾听和评价他人的作文。有助于提高人际交往能力也是过程写作法的一个价值体现。

（3）以读促写法

完成一个写作任务，很多时候需要与阅读教学结合，以读促写。因为绝大多数写作任务与前面的阅读语篇相关，其写作话题和文体特征与阅读语篇类似。所以，在写作教学中就需要读写整合，以读促写。只有读得恰到好处，才能写得水到渠成。那么，我们应该从阅读中读出什么，才能促进写作呢？我们要读出结构、读出内涵、读出可取之处。结构是文章的骨架，是布局谋篇的手段，是运用材料反映中心思想的方法。读出结构就是要梳理文章内部段与段、层与层之间的关系以及段落与语篇之间的结构层次。有了对文本结构的剖析，学生就有了一个基本的写作框架，从而进行模仿。读出内涵就要思考文本主题，概括每段主旨。读出可取之处就是从标题、句式、过渡与衔接等方面进行借鉴与仿写。其实，写作的过程就是从模仿到熟练再到创新的过程。

3. 第三个把握：把握学法

教师在创设各种教学活动和学生活动的过程中，实质上就是在进行学法指导，其最终目标就是提高学生的写作与表达能力。为了丰富学生活动，培养他们的写作兴趣和学习英语的兴趣，我从激发学生写作兴趣的角度运用了许多方法。

（1）图文并茂法

①看图说话。引导学生充分利用书中的主题情境图，看图说话，展开话题讨论。

②绘制写作插图。学生的周记本就是他们创作的故事书，里面装满了自己的故事，还有自己设计的美丽插图。

③手工制作。引导学生挑选有趣的话题，从趣味性和实用性出发，自己制作卡片、海报等。

（2）问题讨论法

巧妙设计问题，培养学生的辩证思维。七年上 *Unit 8 When is your birthday?* 第一课时的升华部分，我设计了这样的一个题目：*What does a birthday mean?* 学生无论回答什么问题，都要以句子为单位，有的问题需要转述，有的问题需要总结，有的问题需要概括，一定要让学生用自己的话，进而形成自己的观点。

（3）发现法

在单元备课时，一定要明确本单元的写作任务，然后在本单元的教学中时刻从写作的角度审视每一个句子，看是否有用。总之，要随时随地去发现，去挖掘，去积累。

（4）补充法

除了教材中的好句子外，教师还要善于挖掘、拓展好的句子。Unit 5 以动物为话题，可积累下面的词语：as strong as an ox; as greedy as a pig; as tall as a giraffe; as free as a bird; as fast as a horse。这些都可以在 unit 9 描述人物时用得上。

（5）练笔法

用日记或随笔记录生活，开展小练笔，一句话也好，一段话也好，总之是自己想说的话就好。

教师要随时随地为学生创造写作主题，要善于捕捉写作素材，让学生乐于记录自己的生活。只要教师深度挖掘教材中的话题或情境，再结合学生生活实际，每单元都可以开展小练笔活动。

然而，课上的写作教学毕竟是有限的，更多的则是把写作常态化。也就是说，应充分利用课下时间开展日常写作训练，包括写句子、写日记和随笔，培养英语小作家。这就需要老师和学生善于观察生活、发现生活和品味生活，写作主题就会来得随心所欲，来得恰到好处，来得心有灵犀。

比如，《搬家漂流记》的诞生。上学期，毕业班离校之后，我们班就从后楼搬到了前楼。教室换了位置倒不是什么要紧的，就是在搬家的时候，一阵瓢泼大雨降临了。这下可热闹了，有的同学被隔在了后楼，有的同学被淋湿了，有的男生为了保护女生宁可自己被淋湿……总之，情节特别丰富。我就灵机一动，立马上了一节作文课，也因为这正符合本单元的话题——描述过去的经历。《搬家漂流记》，看这题目就充满了乐趣。学生们写着自己的这次有趣的经历，兴致勃勃，看不到抓耳挠腮、愁眉苦脸的表情。生活中，随时随地都有写作素材，老师要引导学生善于发现、善于表达，从而养成良好的写作习惯。

三、成果展望——别是一般滋味在心头

经过一年多的探索与努力，我与小课题研究的故事也有了一个让人欣慰的结果。

（一）课题研究促进了教师写作课教学能力和写作指导能力的提高

课题研究过程中，我巧妙利用教材设置的话题，结合生活实际创设写作主题，使写作生活化，形成了写作即生活、生活即写作的写作教学观。基于写作方面的这些研究，我应邀来到吉林省教育学院给国培学员做了题为"源于生活的写作课教学设计与实施"的报告。

其中，汇总的话题梳理表和单元作文主题表为其他教师提供了写作教学的范例，总结的文体特征与写作指导为老师们进行写作指导提供了依据。在2015年农安县国培"送教下乡"活动中，我为全县英语教师做了题为"初中英语写作课的理解与实施"的集中培训。我的写作教学观引起了全县农村教师对写作教学的重视，使老师们能够把英语写作生活化，提升了写作指导能力和课堂教学能力。其中，《小练笔，大文章》为教材中每个单元至少提供了两个写作主题，可操作性很强。另外，编辑故事书、培养英语小作家的做法也得到了老师们的认可。

（二）课题研究提升了教师的教科研能力

1. 七年级下Unit 2写作课在吉林省一师一优课评选中获市级优秀奖。

2. 微课《如何写好一篇命题作文》在吉林省中小学优秀微课评选活动中获优秀奖。

3. 2014年，参加吉林省初中英语苏立平名师工作室承担的教育部课题《初中英语现代教学方法的研究》，我被任命为写作小组的组长，主要负责写作课的现代教学方法研究。

4. 2016年，参加我校承担的省级规划课题《初中英语运用导学案，构建高效课堂的研究》。

5. 2016年9月，课题《初中英语写作生活化的教学研究》成果在市教育学会"2015—2016年度小课题研究优秀成果和优秀培训课程课例"评比中，荣获二等奖。

（三）课题研究提升了学生的写作能力

课题研究使学生乐于表达、善于表达，培养出了很多英语小作家。在

小课题研究过程中，学生形成了"五个一"的良好写作习惯，即每周一篇日记、每单元一篇小练笔、每篇文章一个插图、每篇文章一句谚语、每人一本故事书，培养出很多英语小作家。我挑选有趣的话题，从趣味性和实用性出发，鼓励学生制作手工，如邀请卡、动物海报等。七年级下册有谈论动物的话题，所以学生就制作了一期有关动物的海报，主题五花八门，有保护动物的，有参观动物园的，等等。海报的制作大大挖掘了学生的潜能，有的擅长画画，就负责美工；有的擅长网络，就负责搜集素材；有的擅长写作，就负责编辑；等等。学生乐此不疲，不同层次的学生都有所收获。通过体验，例如制作汉堡、写邀请函等，学生学会了分享与交流，学生的社会交往能力得到了提高。

（四）课题研究提高了学生的书面表达成绩

课题研究改善了书面表达零分多的情况，很多同学得到了满分。班级英语平均成绩位于同年级前四名，领先于班级全科总名次。

回顾小课题研究，有迷茫、困惑，但也有坚持和鼓励。记得在学校举行的一次青年教师教学技能大赛中，我讲的是写作课，内容是介绍家庭。我把学生的家庭生活通过视频进行了展示，并通过小组合作写作文的形式，让学生介绍自己的家庭成员及家庭生活。但由于是七年级起始阶段，学生表达得并不尽如人意，课堂气氛不那么热烈。后来，学校的领导和同行在评课时就提出了这样的问题：这一课适合这么上吗？我们关注的是成绩，不需要摆花架子。这给了我当头一棒，但我没有倒下。我在反思自己的同时并没有否定自己。我可以改，但我不会失去自我。怀疑、否定、孤独都将是一种历练，它会使我更加努力，不断追求更完美的自己。当我把我的小课题成果获奖证书交给校长时，他语重心长地说："希望你早日成为名师！要用行动和实力证明给我看！"这是多么可贵的鼓舞啊！

前行的路上，有你相伴，真好！小课题研究，你就像一个形影不离的挚友，用你的温馨与质朴与我相伴，让我从不孤单。你更像一位温和而谦恭的长者，用你的从容与智慧指引着我前行，而我能回报的，永远是那份热爱与坚持，这是我过去和现在的约定，也是我未来的约定。

成　果　篇

以真情随笔提高小学高年级学生习作能力的研究

长春市东光学校　何国军

一、课题概况

（一）课题的提出

作文，部分学生说不愿写，写了也是奉命而为；部分老师说不好教，教也是为了完成任务。作文为何成为学生、老师学习与教学的"拦路虎"？怎样才能教得容易，孩子们写得有兴趣呢？这时常引起我的深思。

作文难，关于原因，众说纷纭。我觉得部分教师要求过高，教学刻板，孩子们缺乏兴趣，没有表达自由是问题的症结所在。

日常的作文教学，字数的多少通常是教师衡量一篇作文是否合格的重要标准。课堂教学中，教师也往往会按照审题、立意、选材、布局谋篇、表达、修改等程序去指导。至于学生作文素材的来源、作文情思的真诚和表达过程中的生命情感体验，老师们并不去深入探究。长此以往，字数、选材、立意等等，就成了教师评价作文的常规标准。孩子们的作文作业也就成了一件不得已而为之的事，胡编乱造、套用他人之作当然会屡见不鲜。

新课标中对写作有这样的表述："写作是运用语言文字表达和交流的重要方式，是认识世界、认识自我、创造性表述的过程。"写作是把思维活动转变为语言表达的心理过程，这一过程一直伴随人的情感体验。没有了写作主体的情感体验和思想，文字便成为一种机械的堆砌，成了与个性、心灵毫不相关的东西。但主体的情感体验与思想必须建立在真实的基础之上，离开了生活，追求大而空的思想，往往会使学生的习作落入胡编乱造或者套用他人文章的境地，以至于说的、做的、想的不一致。

基于这样的认识，我在小学五年级进行了以真情随笔提高小学高年级学生习作能力的研究。

（二）课题的界定

"随笔"原本是一种散文体裁，篇幅短小，表现形式灵活自由，可以抒情、叙事，也可以评论。"随笔化写作"与此不同，它专指学生随感随记、随读随议、随改随展式的写作，只要是这种情况下随手下笔写成的文字，无论字数多少、篇幅长短，都是随笔。

真情，即真实的情况、真诚的情感。作文题材的实有化、作文情思的真诚化是美文诞生的基础，这也是我进行真情随笔研究考虑的基础。

（三）研究目标

1. 通过本课题的研究，探索如何激发学生的写作兴趣。

2. 通过本课题的研究，探索教师在习作教学中的有效教学策略。

3. 通过本课题的研究，提高学生的写作能力和教师的写作教学能力。

二、课题的实施策略

（一）开展调查活动

学生缺少写作兴趣，对作文有畏惧心理，作文能力不强，这些是当前小学语文作文教学的现状。针对学生的作文兴趣和作文能力，我展开了一次问卷调查活动。通过分析整理发现，习作教学中教师要求过高、教学刻板、学生没有表达的自由是影响学生写作兴趣的主因。另外，教师经常用中心明确、内容具体、条理清晰、表达真情实感等老套的习作评语评价学生的作文，学生没有得到合理的回应，作文能力止步不前。

（二）学习随笔化作文理论

为了提高对随笔化作文的认识，我查找了大量的关于作文教学的理论资料进行学习，如潘新和的《语文：表现与存在》、管建刚的《我的作文教学革命》、王木春的《民国名家谈作文之道》、王栋生的《作文教学笔记》，进一步明确了随笔化作文的概念、基本含义和分类，了解了名家的随笔化作文研究经验。潘新和教授认为，语言教育要唤醒学生固有的言语生命意识和言语潜能，使之得以良好的养护和培植，使他们的言语才能得到积极主动的发挥和张扬，从中感受成功与失败、满足与自尊，并最终成为言语上自我实现的人。随笔化作文的训练目标在一定程度上能够让学生的言语欲求、言语意识、言语才情、言语智慧、言语能力和言语信仰得以实现，让每一个鲜活自由的内在生命得以生长和绽放。通过多渠道的学习研究，我对随笔化作文有了更多的理解和认识，为自己的深入研究积累了深厚的理论知识。

（三）降低标准，激发学生写作兴趣

五年级，已进入小学第三学段，学生的作文能力应该由段及篇，应逐步懂得写作是为了自我表达和与人交流。可有相当一部分学生第二学段的写作目标完成得并不理想，即使是部分优秀学生，要完成一篇像样的作文也要搜肠刮肚。于是，我的随笔化作文训练开始了。

随笔，即随手笔录，叙事、抒情、议论均可，不拘形式，篇幅短小。小学生一日的生活经历是相当丰富的，如果能够及时加以记录，就能将生活中的生命体验积累下来，为日后的写作储备素材。因此，我要求孩子们每人准备一个随笔本，将生活中的一件小事、一个场景记录下来，表达一种心情、一个观点，或抒发一种感受、批评一种现象，而且不限字数，自由表达。起初，因为随笔的评价标准很低，内容又很开放，孩子们完成的热情果然高涨。遇到精彩的篇章或语段，无论字数多少，我都会在评语中大加赞赏或予以真诚的回应。孩子们愿意写了，我的第一个目标实现了。

接下来，我对随笔的质量提出了评价标准："真""通""魂""实""活"。"真"即内容要真实；"通"即语言表达要通顺；"魂"即要表达一种情绪或情感；"实"就是内容要充实；"活"就是语言鲜活，形式灵活。起初，前三项标准是我重点要评价的，目的在于别人能读懂你的文章，这是最基本的要求。只有描述本真的生活、畅谈真实的认识、抒发真实的情感，才可能写出美的文章。学生们的习作内容果然是精彩纷呈：一片落叶、一场大雪、一段车流，成了孩子们眼中的风景；老师的表扬、同学间的误会，甚至是家长的打骂，成了孩子们笔下的素材；班级是个"动物园"、还钱风波、课间小插曲，也都走进了孩子们的作文素材库；爸妈你们别打了，像个爸爸一样的老师，等等，这些话题孩子们也都发出了真诚的心灵呼唤……这样写随笔，这样教作文，不难。

（四）突出主体，关注生命个性

写作是为了自我表达和与人交流，在作品中要表达自己的独特感受。这是第三学段习作目标中很重要的要求。这一要求告诉我们，要让学生明确自己为什么要写作，即明确写作动机。我在随笔化作文训练中，注重了写作动机的激发。课上，我有时将古人的写作动机讲给学生听，如，古人讲究"立功、立德、立言"三不朽，把"立言"看成"经国之大业，不朽之盛事"。为实现"立言"目标，古人常常是"耐得半宵寒"，"拈断数茎须"，"为伊消得人憔悴"。这是古人执着的写作精神，令后人叹服。除了这些大道理外，我还经常讲一些小道理激发学生的写作动机。如，人有情感需要发泄，有苦闷需要倾诉，有困惑需要发问，有寂寞需要排遣，有乐事需要分享，有痛苦需要抚慰，有无聊需要自娱……虽然孩子们不能一下子明白，但在和自己的写作动机对比中一定会有所启发，在平时的练笔中会慢慢有所感悟。因此，我的随笔训练课弱化了技术指导，更多的是鼓励个性化、有创意的表达。随笔选材要新奇有趣，见闻、感受、想象可以不拘形式。在随笔内容的选择上，采取老师推荐和自主选材相结合的原则，最大限度地发挥学生的主动性，充分发挥学生的想象力。在自由表达理念的指导下，孩子们没有了表达的压力，在表达中心灵得以放飞。他们敢于表达生活中的喜怒哀乐和苦辣酸甜，和同学的误会、对老师的不解、和家长的隔阂、对自然的感触，都能坦诚地展示出来。心灵深处的思想和情感得到释放，学生的独立人格得到了尊重，更重要的是他们的成就感得到了满足。批阅学生的随笔，我读到的是句句真诚，感受到的是学生言语生命的绚丽绽放和个性的成长。在孩子们富有生命活力的文字感染下，我也不由自主地在他们的文章下面写下自己的感触，以回应孩子们纯洁的心灵。看到他们迫不及待地想看到自己随笔等级和专注地读着老师的随笔评语时，我也感受到了成就感。教作文，其实也挺幸福。

（五）评价激励，提升写作技能

作文评价在小学写作教学中起着至关重要的作用，它不仅对学生的写作过程和方法、情感和态度等发展状况进行综合考量，而且能够促进学生人格健康发展与写作能力的提高。在对学生习作进行真情随笔评价时，我主要采取了如下方法：

1. 改革评价语言，回应学生心灵

过去的作文评价，我们更多关注的是对学生习作文本的评价，忽略了对学生写作的过程与方法的评价，较少关注学生的习作兴趣和字里行间渗透的情感和学生的创意表达。久而久之，学生对作文的兴趣就会淡化。于是，在我的随笔评价中，我用心地欣赏孩子们的心灵之语，用诚恳真挚的语言点燃孩子们成功的渴望。如，"老师看到了一个……的你""你这样孝顺，是妈妈的骄傲""成长需要经历磨炼""观察这么细致，你真热爱生活""坚持下去，你会有更多的收获"……这样的语言与其说是在评价随笔，不如说是在回应孩子们的心灵。

2. 创新讲评课堂，提高写作技能

我的随笔讲评原则是"先写后教""以写定教"，就是从学生的作文实际出发，切中学生的最近发展区域，有效促进学生作文能力的发展。

讲评方式一：佳句美文欣赏

在我看来，孩子的每一篇作文无论长短优劣都花了不少心思。因此，我认真地看每一位孩子的随笔，努力发现孩子笔下新奇、独特的地方，哪怕是一句话，甚至是一个词，我都会把它提取出来，予以展示、鼓励。课堂上，全班同学大声地读着老师整理出来的佳句，小作者脸上那幸福的神情真是溢于言表。随笔佳作的展出和定期展示的"好题目集锦"，使学生更自信，激发了学生创作的潜能。

讲评方式二：病例集中诊治

学生的随笔，如同孩子初学走路，难免跌跌撞撞、摇摇晃晃，有些错词、病句在所难免。我的做法是："搭脉诊病"，趣味讲评。针对学生随笔中出现的问题，我会进行集中整理，讲评课上集中"诊治"，对症下药。对学生随笔中出现的关联词语使用不当、开头冗长、结尾多此一举、表述不清、内容空洞等问题，我总结出了"关联病""大脑袋病""画蛇添足病""晕头转向病""有血无肉病"……尽可能地用趣味诊治法给学生留下深刻的印象。为了不让"病情"反复，我会定期聘请学生"出诊"，用孩子们特有的方式与同学交流，有时会收到意想不到的效果。看到他们自信地走上讲台和扬扬自得走下来的样子，相信他们以后一定不会重蹈覆辙。

3. 实行等级评定，激励学生发展

教育家叶澜认为，教育艺术的本质就在于发现、唤醒、激励和鼓舞。我的随笔评价除了用心抒写每一篇评语外，还对学生随笔质量实行等级评定，不断激发其创作的热情。"随笔新苗""随笔能手"和"班级小作家"是孩子们奋斗的目标。随笔成绩达到 6 次优 A 就是"随笔新苗"，10 次优 A 就成为"随笔能手"，15 次优 A 就是"班级小作家"。每一次评比结果都要隆重公布，并拍照、张榜，在随笔本上粘贴标记，并在家长群中公布、表扬。大张旗鼓地鼓励最大限度地认可了孩子们的表现。这样循序渐进地进行随笔评价，激发了学生写随笔的兴趣，增强了写作信心。我认为这就是最大的成功。经过一年的训练，学生们的作文水平逐渐提高。

过去，一留作文大部分学生就皱眉，现在他们会主动问："老师，什么时候写随笔呀？"过去，一上作文课学生就唉声叹气，现在则是听到要上随笔课就会欢呼。

此情此景，我和我的孩子们想大声地说："真情随笔，我们已经爱上了你！"

三、课题的研究成果与成效

（一）教师方面

通过课题研究，我对写作教育有了深入思考。

就语文教师而言，读写意识和读写能力的重要性是不言而喻的。要想让孩子们爱上作文，首先自己要乐写。一个自己不写作文的老师去教学生作文，怎么能教好？这是最简单而朴实的道理。

当下的语文老师们，有多少把读写真正当回事呢？老师的读写素养会直接影响学生的语文能力，这是毋庸置疑的。但就现状而言，部分学校教师的读写能力不容乐观。教师的读写能力弱会影响学生语文素养的提升，制约学校的内涵发展。

究其原因，我认为一是学校缺少良好的读写氛围，二是教师缺乏读写意识和坚持实践。一些教师认为，写教案、上课、批改、辅导和班级管理，已经完成了自己的教学任务，不需要再去读点什么、写点什么。有一些老师对读写有些深刻的认识，偶尔心血来潮写上一两篇教学感悟，但随着思考难度的提高也就偃旗息鼓了。如果学校缺乏必要的长效鼓励机制，老师的读写热情就会渐渐淡化，读写能力的提高自然无从谈起。

看看业界名人，朱永新、于永正、李镇西、闫学等名师大家，都认为善读乐写是教师专业成长的必由之路。我们对教育教学的理解和主张，哪一个能离开读写实践？曾经读过冯卫东老师的《今天怎样做教科研：写给中小学教师》，书中列举了几位名人的观点，不能不引起我们的深思。北京大学钱理群教授认为，一个人的写作能力几乎决定或表明了他的全方位的能力或水平。福建师大的孙绍振先生在谈到写作时也指出，能写出来是最高水平。上述观点均提到了写作能力，可见养成善读乐写的习惯，不但会带给你的学生福音，而且会让你的教育姿态走得更加优美。

为了激发孩子们的热情，我常和孩子们共写随笔，自身的教育写作能力也在逐步提高。《如此作文设计值不值》《在作文评语中培养学生学做人》等多篇研究论文发表于《教师博览》《实践新课程》等期刊。《最美丽的女孩》等多篇学生习作发表在《作文与考试》上。

（二）学生方面

通过随笔练习，学生最大的变化是觉得写作文也是一件很有趣的事。随笔就是用语言画画，画出大自然的美好，画出自己的理想和希望，画出生活的喜怒哀乐和世事新奇……他们逐渐懂得了写作是为了自我表达和与人交流，是倾吐心声，是表达情感。真情随笔是和同学交往的润滑剂，是和父母沟通的得力助手，是表达美妙发现的有效平台。作文，也意味着做人，他们也渐渐懂得了随笔作文题材要实有，作文情思要真诚，求真立诚的理念渐渐在心中生根。

以下附录的内容具体体现了研究的成果与成效。

附录1

如此作文设计值不值

长春市东光学校 何国军

学生的每一篇随笔，都深深地触动了我的心灵，这是从教以来的第一次。

"老师，您教育我们要做诚实的孩子，可您自己怎么不讲信用呢?""老师，一个人没有了道德品质，就失去了做人的根本，不会取得成功。妈妈说过，骗人不是好宝宝，您怎么这样对我们呢?""放学的时候，我的心情就像坐过山车一样从最高点跌落到了最低点，因为您出尔反尔。"……言为心声，与其说这是句句真诚的文字，不如说是孩子们的心灵倾诉。入眼、入耳、入心之时，习作指导成功的喜悦早已荡然无存。

如此繁杂的情愫源自一次随笔作文训练。

教学长春版《网上呼救》一文时，文中有三处心理描写，反映了桑恩在苏珊获救过程中的情感变化。为了让学生学会运用心理描写表达人物的情感，我引导学生感悟这些语句后，让他们把三个句子在本子上抄写一遍，然后设计了一个情境训练。我一本正经地对学生说："今天晚上，语文作业一个字也不留。"言辞诚恳，掷地有声。话音刚落，学生们一脸愕然，有的刚要张口说话，就被我及时阻止："有话要说，是吧? 先装在心里，一会用笔写下来，写得好的在班级群里表扬。"百年不遇的好事，怎么能没有想法呢? 沙沙沙——每个同学都很投入。

课后批阅，学生们都认认真真地完成了一段心理描写，一行行跃动的文字让我感受到了他们听到不留作业时的兴奋、怀疑等复杂心理。

事情并没有结束。放学前，竟然有三名同学来问我留什么作业。说心里话，当时有点小纠结：留？君子一言，驷马难追；不留？辜负了"积极派"代表的上进心。正犹豫不定，头脑中又闪过一个"灵感"：何不以此为契机再制造点矛盾冲突，给他们创造点随笔素材？留！两位代表抄写作业，我不动声色暗自庆幸自己的作文教学创意。就这样，孩子们的梦想破灭。放学时，当我看到孩子们不解的眼神和欲言又止的神态时，我故作镇定，内心安慰自己：小孩之事，并无大碍，况且我也是为了你们好——训练作文啊。

第二天的语文课，教学内容正是书信写作，给远方的亲友写一封信，汇报自己的学习和生活。上课了，学生们还真挺懂事，没有一人提起昨天作业的事。讲完基本要求，我说："这次书信的对象由远方的亲友换成老师，正文内容写写你最想要和我说的话，要表达真情实感。"为了让学生们的书信内容进入我设计的"圈套"，故意追问了一句："谁能用一两个词语表达你所写事件的情绪？"此话一出，一个男孩噌地举起了小手，一脸严肃："老师，我生气！""为什么？""你昨天说好了不留作业，最后还是留了！""有同感的举手。"唰的一下，教室里成了一片小"树林"。我心中窃喜，目的达到——不愁言之无物了，于是一声令下："写吧。"同学们齐刷刷地埋下了头，把自己的不解、生气、愤怒等情绪化作了一行行文字，就连平时作文无话可说的同学也能畅所欲言了。

课后批阅作文，果然内容具体，情感真实，与往次相比大有进步。但我的内心正如前所述，深感不安。孩子们一行行真挚的文字背后隐藏着一颗颗受伤的心——被耍？不信任？失去尊严？……我无法形容，内心犹如打翻了五味瓶。说实话，我对教育理念并非一无所知，对作文教学也有过思考，教作文实则是教做人，学生写作文的过程就是认识世界和认识自我的过程，而我的教学行为会带给学生怎样的影响呢？你想让学生成为什么样的人，你就应该是什么样的人。试问自己，这次"巧妙"的作文设计是想让学生成为什么样的人呢？反思过去，我们很多习以为常的教育教学行为都符合教育规律吗？这值得深思。

童真，好比旭日初升时花瓣上的一颗晶莹剔透的露珠，一尘不染，无比圣洁。而自己为了收获一点所谓的教学智慧，让圣洁的童心沾染了粒粒污尘，甚至蒙上了一层阴影，绝非危言耸听吧。

如此作文设计，值吗？

（发表于《教师博览》2016 年 8 期，略有改动）

附录2

最美丽的女孩

长春市东光学校　唐慧

我没有看见她的容貌，但在我心目中她是最美丽的女孩。

中午，一条繁华街道上，人来人往，川流不息。突然，天刮起了大风，一大团一大团的乌云慢慢地盖住了城市的上空。要下雨了，街上的行人都急匆匆地奔向街道两边的店铺，一位坐着滑板车的残疾老人也加快了滑行的速度。

哗，豆大的雨点利剑般从天而降，大树的叶子被雨点击得啪啪直响，房顶上的瓦片冒起了白烟。马路上再也找不到利手利脚的行人，只有那位身着白色半袖的残疾老人在自制的滑板车上奋力滑行。每滑行一步，他都要咬紧牙关，左手吃力地撑一下地面，可他的努力已经无济于事，整个身体就像刚从河里出来一样，湿漉漉的。雨水顺着他沧桑的脸颊不断地滑落，但商铺门前躲雨的人竟熟视无睹。

忽然，街道旁闪出了一个美丽的身影，一位撑伞的女孩迅速跑向马路中间，把伞举到了老人的头上。"大爷，别急，我打伞送您回家。"残疾老人扭过头，眼里充满了感激。女孩一边走，一边不断地调整伞的位置，生怕淋着老爷爷，可女孩白色的半袖衬衫瞬间变成了皮肤的颜色……风雨交加，人们的目光好像凝固在了那个女孩身上。女孩的伞一刻也没有离开老人的头顶。残疾老人在女孩的护送下过了马路，找到了一个安全的地方。老人脸上的皱纹舒展开了。"好人啊，谢谢你，姑娘。"老人感动地说。女孩只是淡淡一笑，挥挥手，消失在雨雾中。

雨还在哗哗地下着，人们的目光一直望着那位撑着花伞的女孩远去的背影。她是这个世界上最美丽的女孩。

（发表于《作文与考试·小学中高年级》，略有改动，指导教师：何国军）

依托统编教材提高小学生
课外阅读兴趣的策略的研究

长春南湖实验中海小学　周丽艳

一、课题概况

（一）课题研究的背景

《义务教育语文课程标准（2011年版）》规定，学生应"具有独立阅读的能力，学会运用多种阅读方法。有较为丰富的积累和良好的语感，注重情感体验，发展感受和理解的能力。能阅读日常的书报杂志，能初步鉴赏文学作品，丰富自己的精神世界。能借助工具书阅读浅易文言文。背诵优秀诗文240篇（段）。九年课外阅读总量应在400万字以上。"新课标对义务教育阶段学生的课外阅读提出了具体、明确的要求。要达到上述目标，就要把课堂内外结合起来，加强课外阅读实践活动。

统编语文教材为激发学生的阅读兴趣，提高学生的语文素养，提出了"教读、自读、课外阅读"三位一体阅读教学体制，注重由课堂向课外的延伸。统编语文教材的总主编温儒敏教授指出："培养读书兴趣是语文教学的牛鼻子。"可见，让学生养成读书的好习惯尤为重要。

课外阅读是课内学习的延伸，其作用是举足轻重的。但是，我们也看到，多数学生的课外阅读量还相当不足。我对本班学生的课外阅读情况做了调查，结果反映出如下问题：一是阅读习惯不好。读书只看大概，不加思考；只图娱乐，不认真去读，更不用说用心去感受、去体会。二是阅读量不够，60%的学生一两个月读不完一本书。三是阅读质量不高，多数学生的阅读以漫画、悬疑题材的书为主。四是阅读时间不足，多数学生只在周末或寒暑假才读书，其余时间很少阅读。

只有激发小学生的课外阅读兴趣，才能促进学生开展课外阅读实践。只有运用有效策略，激发小学生课外阅读的兴趣，才能使学生真正爱上读书，达到新课标提出的要求，最终提高学生的语文素养。

（二）选题的意义

一是依托统编语文教材，探索培养学生课外阅读兴趣的有效策略，提高学生的课外阅读兴趣，让学生热爱阅读、高效阅读。

二是开展激发学生课外阅读兴趣的有效策略的研究，为重新建构有效的教学指导策略提供理论依据和科学方法。

三是通过激发学生课外阅读兴趣有效策略的研究，揭示课堂教学发展的内在规律，提升教师的教育教学能力。

（三）国内外研究的现状

近年来，世界各个国家和地区，普遍注重开展以激发学生阅读兴趣、培养学生阅读能力为核心的教学改革。1997 年 2 月，美国时任总统克林顿提出了"美国教育十点行动计划"。该计划的目标是让每一位儿童都热爱阅读，使每一个美国人都能终身学习。2003 年，英国教育部发出号召，要把儿童阅读进行到底。我国国内许多学校也对激发小学生课外阅读兴趣进行了相关的研究与探索，并取得了一些研究成果。

从国内外研究的现状来看，相关课题的研究已取得了一定的研究成果，但如何更好地结合本班学生的学情，让学生更好地使用统编教材，需要进一步研究。

（四）研究目标

1. 通过课题研究，探索并总结依托统编教材激发小学生课外阅读兴趣的有效策略。

2. 通过课题研究，培养学生浓厚的课外阅读兴趣，愿读、乐读、会读、善读，拓展阅读面，使学生的课外阅读量达到新课标要求，并使学生在阅读中有所收获。

（五）研究的主要内容

1. 结合统编版语文教材，在课堂教学中为学生提供思考、探索、联想、创造的机会，激发学生读书的兴趣，把学生的阅读由课内引向课外，引导学生到更广阔的生活中去学习语文，探索并总结在小学语文课堂教学中激发学生课外阅读兴趣的有效策略。

2. 重视资源的开发和利用，结合统编版语文教材，挖掘生活中的各种资源，开展多种语文实践活动，培养学生浓厚的阅读兴趣，养成阅读习惯，探索并总结在活动中激发小学生课外阅读兴趣的有效策略。

二、研究思路与实施步骤

（一）研究思路

通过问卷、访谈等多种方法调查本班学生开展课外阅读的实际情况，对调查数据进行分析，找出普遍存在的问题。同时，结合统编版语文教材的具体内容，探索激发学生课外阅读兴趣的方法，总结出可行的有效策略及可操作的方案，并在实践中运用。

（二）实施步骤

本课题研究从 2019 年 12 月开始，2021 年 8 月结束，具体阶段如下：

1. 准备阶段（2019 年 12 月—2020 年 2 月）

采用文献研究法搜集有关国内外激发小学生课外阅读兴趣的策略研究的相关资料；采用问卷调查法对实验研究的对象进行调查研究，了解学生的课外阅读现状。最后，结合搜集到的资料和问卷调查结果确定研究课题，制定行之有效的研究方案。

2. 实施阶段（2020 年 3 月—2021 年 6 月）

认真研读教材，并采用文献研究法，了解统编教材的编写意图、"快乐读书吧"的编写目的和编写特点；采用实验研究法和行动研究法将课内教学与课外阅读指导相结合，开展多种活动，激发学生的课外阅读兴趣，并研究有效策略。

3. 总结阶段（2021 年 7 月—2021 年 8 月）

采用经验总结法，对研究过程中的教学设计、教学反思、教学课件、学生活动、学生作品、经验论文、研究记录、调查报告等纸质或电子版资料进行整理，总结经验，撰写课题结题报告。

三、研究的成果与成效

（一）激发了学生课外阅读的浓厚兴趣

在开展本课题研究的过程中，学生的课外阅读兴趣有所提高，每天都能主动阅读，并长期坚持，对课外阅读有浓厚的兴趣。

（二）总结了依托统编教材，激发学生课外阅读兴趣的方法

1. 开展阅读教学——使学生习得阅读方法

统编教材以"人文主题"和"语文要素"为主，双线组织单元结构，既注重不同单元之间阅读方法由易到难、由浅入深的梯度学习，又注重同

一单元中阅读方法由扶到放、由学到用的横向联系。从三年级起，统编教材安排了略读课文。精读课文承担着引导学生学习阅读方法的重任，略读课文则肩负着引导学生迁移运用从精读课文中学到的方法的功能，因此教学时要区别对待不同功能的文本，将阅读教学落到实处，在阅读实践中引导学生习得阅读方法，保证学生在大量的课外阅读实践中能够有效阅读，有所收获。课内阅读与课外阅读有机结合，能有效促进学生阅读能力的提高。

统编教材三上第四单元是策略单元，教师要引导学生学习在阅读时一边读一边预测，顺着故事情节去猜想。在学习精读课文《总也倒不了的老屋》时，要结合课文两旁的批注，提示学生可以根据题目、插图、文章里的一些线索进行大胆预测，并不断总结预测的方法和途径。学习《胡萝卜先生的长胡子》《小狗学叫》两篇略读课文时，教师要引导学生应用在精读课文中学到的方法，边阅读边预测故事的发展和结局。通过阅读教学，学生总结、提炼了预测方法，并感受到了阅读的趣味，自然会对应用这一方法进行课外阅读产生兴趣。这时，教师便可以引导学生对更多的适合学生阅读的故事进行预测，而学生在对故事的内容、故事中的人物、故事的发展等进行猜测的过程中会产生阅读期待，并在不断的阅读与预测中爱上阅读。

2. "和大人一起读"——培养学生阅读兴趣

"和大人一起读"安排在统编教材一年级各单元的"语文园地"中，共16篇。在小学学习起步阶段设置"和大人一起读"栏目，旨在培养学生的阅读兴趣，在与大人一起读中学会一些基本的阅读方法，在潜移默化、循序渐进中养成良好的课外阅读习惯。培养读书兴趣是语文教学的头等大事，因此在教学"和大人一起读"时，教师要有效地利用好这16篇学生们耳熟能详的儿歌、故事，发挥大人的重要作用，在读、讲、演、思、编中让学生感受语言文字的节奏之美、韵律之美，感受到阅读的乐趣，带领学生以愉悦的心情跨进阅读的大门，培养学生课外阅读的兴趣。例如，《谁会飞》和《谁和谁好》中有问有答，可以采用一人问一人答的对读方法来读；《夏夜多美》《狐狸和乌鸦》《胖乎乎的小手》中的对话较多，可以分角色来读；《小兔子乖乖》可以一边唱一边做动作；《剪窗花》《孙悟空打妖怪》，则可以一边读一边表演。总之，要用多种方法调动学生阅读的积极性，在多种形式的读中感受阅读的快乐，这样才能激发学生阅读的兴趣。

另外，"和大人一起读"如果仅局限于大人和孩子一起将阅读材料读完，这是远远不够的。一年级的教材中有"和大人一起读"栏目，二年级变为"我爱阅读"，因此"和大人一起读"是从教读到自读的过渡，要引导学生感兴趣地、有意识地进行课外阅读，还要注重拓展和延伸。也就是说，除读完"和大人一起读"中的篇目之外，还要注意阅读的内容拓展。统编教材一下语文园地五"和大人一起读"中选编的《狐狸和乌鸦》出自《伊索寓言》，读完后可以再引导学生读一读《狮子和兔子》《狮子和公牛》等，感受读寓言的乐趣。总之，要在轻松愉悦的氛围中，将学生带到书的世界里。

3. "我爱阅读"——拓宽学生阅读范围

统编教材二年级各单元"语文园地"中安排了"我爱阅读"栏目，共16篇，和"和大人一起读"的编排思想是一致的，选编了童话、儿歌、寓言、散文、民间故事等，内容更加丰富，体裁更加广泛，更能拓宽学生的阅读视野。二年级的学生已经学会了拼音，有了一定的识字量，具备了一定的课外阅读能力，因而"我爱阅读"应以学生自主阅读、自主交流为主，教师做适当的引导，使学生在读书和交流中感受阅读的乐趣，从而爱上阅读。统编教材二下第一单元的"我爱阅读"选编的是童话故事《笋芽儿》，教学时可以让学生回顾本单元内容，并联系本单元"找春天"的语文实践活动，想象春天来了，笋芽儿会有怎样的变化，从而引出阅读文本《笋芽儿》。然后，让学生借助拼音，把文章读正确、读流利，并在自主阅读时引导学生思考笋芽儿是怎样长成健壮的竹子的，了解笋芽儿的成长过程。最后，组织学生交流讨论"笋芽儿长成健壮的竹子，应该感谢谁""从笋芽儿的生长过程中，你感受到了什么"等问题，使学生读有所思、读有所悟、读有所得。读完这篇童话故事后，还可以引导学生读一读其他的以春天为主题的诗歌、儿歌、故事等，如儿歌《小雨沙沙》、朱自清的《细雨》等，拓宽学生的阅读范围，扩大学生的阅读面。

4. "快乐读书吧"——打通学生阅读通道

统编教材每册都安排了"快乐读书吧"，将课外阅读纳入了教材体系。低年级的"快乐读书吧"编写体例相同，推荐学生阅读儿歌、童谣、童话等，学习简单的看封面、看目录了解主要内容的阅读方法，养成乐于分享阅读感受、爱护书本的习惯。中高年级的"快乐读书吧"延续了低年级的编写体系，通过经典故事、精彩片段、故事简介等，引导学生阅读童话、寓言、神话、科普读物、民间故事，阅读中国古典名著和外国文学作品。"快乐读书吧"既指引了学生课外阅读的方向，又打通了课内外阅读之间的壁垒，架起了课内外阅读的桥梁。教学时，要引导学生运用课内所学的阅读方法阅读推荐书目，使方法的学习与阅读实践相结合，学有所用，读有所得，不断扩大阅读面，增加阅读量。主题为"在那奇妙的王国里"的"快乐读书吧"，安排在统编教材三年级上册第三单元"童话世界"之后，推荐阅读《安徒生童话》《稻草人》《格林童话》等中外经典童话。这一单元的语文要素之一是"感受童话丰富的想象"，学生通过《卖火柴的小女孩》《那一定会很好》《在牛肚子里旅行》《一块奶酪》几篇课文的学习，了解了童话的特点，感受到了童话故事充满着丰富而奇特的想象。教学时，教师要引导学生把课内习得的阅读方法迁移到"快乐读书吧"推荐的阅读书目中，以巩固课内所学。同时，在小贴士"可以把自己想象成童话中的主人公"的提示下，引导学生设身处地、感同身受地去阅读，使学生感受到读书的乐趣，走进更加广阔的童话世界，养成持续阅读的习惯。

5. "阅读链接"——开阔学生阅读视野

从三年级开始，统编语文教材在一些课文后编写了"阅读链接"的内容，选编了与课文同主题的篇章或片段节选。这些材料既是学生学完课文后的巩固运用材料，也是学生拓展阅读的材料，承载着丰富的阅读功能。统编教材三至六年级共编写"阅读链接"31个，旨在引导学生从课内阅读走向课外阅读。统编教材三上的三个"阅读链接"，即汪曾祺的《自报家门》片段、德国乌纳·雅各布的《太阳时钟》片段、叶圣陶的《瀑布》分别安排在《铺满金色巴掌的水泥道》《秋天的雨》《大自然的声音》之后，教学时既要比较短文与原文有什么相同之处和不同之处，又要引导学生明确描写秋天的景色、秋天的雨、水的壮观可以选取不同事物来写，同时在阅读中拓宽学生对同一主题文本的认知视野。这样由单篇带动多篇，"阅读链接"成为支点，使课外阅读方法多元化，课程系列化。

6. "资料袋"——增加学生阅读深度

统编教材也是从三年级起在某些课文后安排了"资料袋"的内容，三至六年级共编写了12个。拓展的资料有些是课文涉及的内容的外延，有些是对作者、作品的介绍。教师在教学时恰当地引入这些资料既能帮助学生更好地理解课文内容，又能发现一篇文章与一本书的关联，了解作者的生平以及作品的主题、风格，使学生对节选课文的原文、书目或作者的其他作品产生浓厚的兴趣。统编教材三上共安排了两个"资料袋"，分别在《大青树下的小学》和《花的学校》两篇课文之后。《大青树下的小学》的课后"资料袋"中呈现了傣族、景颇族、阿昌族、德昂族的图片，形象直观。教学《大青树下的小学》第一段时，可以结合文字，帮助学生理解"绚丽多彩"的意思；可以在学完课文后出示图片，激发学生课后更多地了解这些少数民族资料的兴趣。实际上，学生查找资料了解的过程也是学生拓展阅读、拓宽知识面的过程。

（三）论文汇总

1. 论文：《一起"悦读"》发表于《长春教育》2020 年第 3 期；

2. 论文：《依托统编教材 推进课外阅读》发表于《长春教育》2021 年第 5 期；

3. 论文：《统编教材背景下培养小学生课外阅读兴趣的策略》发表于《家庭·教与学》2021 年第 15 期。

这些论文总结了几年来本课题研究的实践性成果，对推进课外阅读教学工作有一定的借鉴作用。另外，论文的发表也有助于成果在区域内及更广范围内的推广。

四、下一步设想

受不可控的因素影响，本课题研究比原计划推后半年多才完成，此时正值教育部《义务教育语文课程标准（2022 年版）》颁布之际，下一步会按新课标的要求，重新整理研究资料，并以新课标为依托，将此课题研究继续深入开展下去。

小学语文课堂中有效利用学生错误资源的研究

绿园区正阳小学　张洪玲

一、课题概况

在语文课堂教学过程中，存在着这样一对矛盾体，即学生之所为往往并非教师之标准。的确，大部分教师都希望学生能按照自己的教学设计进行合理的反馈和正确的回答，不出现或少出现各种错误，以保证教学任务的顺利完成，从而取得圆满的教学效果。但是，在实际课堂教学过程中，学生失误或出错是不可避免的事情。面对学生在学习过程中出现的错误和偏差，教师如何解决和应对，既是教育教学智慧的体现，也是提高教与学的技能和效率的关键。

反思以往的教学我们会发现，部分教师缺乏有效的应对技巧和措施，面对学生在课堂中出现的错误，教师的反应五花八门：有的老师将错误视为课堂教学中的"拦路虎"，立即予以否定甚至批评；有的老师比较宽容地将错误视为学生的个性化理解，予以默认或迁就；有的老师在否定学生错误的同时，马上给出正确答案以保证教学顺利进行。当然，也有一部分老师能够在课后及时地针对错误分析原因、研究对策，将错误视为课堂上极有价值的生成。

事实证明，学生的学习过程是一个不断出现错误的过程，又是一个不断反思错误原因并逐渐消除错误的过程。在语文课堂学习过程中，这些错误本身就是一种课堂资源，甚至是很有价值的资源。利用好学生出错的时机，挖掘错误背后的价值，引导学生拨开云雾、走出迷宫，是指导学生有效学习的一种途径，也是教师课堂教学智慧的一种体现。针对"课堂教学中教师如何面对学生错误和偏差"这一普遍困惑，笔者进行了深入思考，将"小学语文课堂中学生的错误资源"作为研究对象，深入研究有效利用错误资源的策略和方法，以此提高学生学习质量，提高课堂教学效果。

结合课堂教学实际情况，确定如下研究目标：一是分析小学语文课堂中学生错误资源的类型和成因；二是筛选可以作为教学资源的学生课堂错误类型，研究可以有效利用的策略和方法，提高学生的学习质量和课堂效率；三是通过研究，提高教师分析和利用学生课堂错误资源的能力，提升教学智慧和思辨能力。

二、研究步骤与措施

本课题围绕小学语文课堂教学中学生课堂错误资源的价值和意义、类型和成因、有效利用的策略和方法等展开研究。

（一）研究步骤

小课题立项后，课题组成员制定了切实可行的研究方案，计划利用一年的时间，采取行动研究法，分三个阶段完成研究：

1. 准备阶段

围绕问题进行反思与学习。反思教师在语文课堂教学中对学生课堂错误资源的有效利用情况；学习专家和同行对学生课堂错误资源的利用方法，借鉴已有的成功经验和做法。

2. 实施阶段

结合实际进行实践和研究。对课堂上学生出现的错误进行归类和分析；针对不同类型的错误资源，研究可以有效利用的方法和策略，并应用于课堂教学中；及时记录学生出现的各种错误，积累研究材料。

3. 总结阶段

对照目标进行整理和提炼。搜集整理实验过程中的各种原始资料和过程材料，反思整个实验过程，总结成败得失，形成小课题研究报告；将研究经验和成果推广到其他学科。

（二）研究措施

研究过程中，注重理论与实践相结合，以语文课堂教学为载体，以发现和解决问题为目标，搜集学生在课堂学习过程中出现的各种错误，筛选可以作为课堂资源的错误类型，研究可以有效利用的策略和方法，提高学习质量和课堂效率。通过研究，提高教师分析和利用学生错误资源的能力，提升教学智慧和思辨能力。在整个研究过程中，按照研究方案重点采取了如下有效措施：

1. 充分学习，有"备"而研

在确定了研究主题和学科领域后，我带领相关教师围绕课题研究目标进行了广泛而深刻的理论学习。一是学习了语文课程标准中关于课堂教学资源开发与利用的相关理论，使教师们认识到学生在课堂教学中出现的错误和偏差从某种意义上说也是一种难得的课程资源；二是搜集了诸多同行教师对此项内容的研究成果，从中汲取精华，引石攻玉；三是反思日常课堂教学情况，进一步明确本课题的研究内容、研究目标，确定研究方法和措施，形成切实可行的研究方案。

2. 围绕目标，有"的"而研

首先，从学校低、中、高三个年段选定 6 个班为实验班级，力争使课题研究具有范围的广泛性和群体的代表性，同时调动多名语文教师参与研究；其次，围绕实验目标，广泛搜集不同年段学生在语文课堂中出现的错误，对错误进行梳理和归类；最后，筛选典型错误类型，进行应对策略和方法的研究，研究如何有效利用学生的错误，引导学生改正错误、优化方法、提高能力。

3. 立足实践，有"效"而研

通过多种形式的课题研究活动验证设想，指导教学，提高课堂教学质量。实验教师掌握了大量的第一手材料，进行了有针对性的教学设计，围绕"有效利用错误资源，提高课堂学习质量"这个主题，每位实验教师都进行了一节实验课教学，并于课后充分交流研讨，总结经验，反思不足，提高教学水平。学生也通过出错、纠错、改错一系列学习过程，巩固了知识，提高了能力。

（1）活动一：教师课堂"捉虫"手记

每位实验教师设置一本课堂"捉虫"手记，要有目的地、广泛地搜集课堂教学过程中学生出现的各种错误和偏差，及时记录、分类，搜集共性问题，分析典型问题，梳理出现错误的原因，研究解决问题的策略和方法。

（2）活动二：学生"看我变错为宝"

鼓励学生设置"变废为宝"错题本或问题记录本，以日记的形式记录每天在语文课堂上出现的错误和问题，及时进行错误修正，并反思出现错误的原因，记录改错后的成功和喜悦。

（3）活动三：教师"我的教学故事"征集

在语文教师中集中开展"我的教学故事"征集活动，以语文课堂教学为背景，捕捉精彩瞬间，记录成败得失，着重描述在课堂教学过程中如何引导学生化解错误、纠正偏差，从错误资源的利用过程中启智增慧、优化教学。要求：记录真人真事，进行真思考，展现真智慧，能从一个简单朴实的教育教学现象生发出深刻而有意义的教育哲理；既要有情境的描述，又要有反思所得出的教育教学理念的阐述，力求通过教育教学故事的叙述交流，实现教学思想的交融和教学智慧的碰撞，在自我反思和互相学习中实现教学能力的提升和发展。

三、研究的成果与成效

通过一年的实践研究，课题组成员系统梳理和提炼了小学生在语文课堂中出现的典型问题，探索了有效利用学生课堂错误资源的方法，在语文课堂教学中实现了对师生正确错误观的引导，引导学生正确面对错误、合理转化错误及解决错误，在改错纠错中进步。

1. 明确了学生在语文课堂中出现的错误类型，分析了原因

课题组成员将小学语文课堂中学生错误的类型按照角色源头分为生源、师源、文本源三种。生源性错误即由于学生心理、年龄等而产生的认知和感知缺陷，或者因细心、专注力不够而产生的错误。师源和文本源错误，即由于教师教学行为不当或者文本的内容生涩、背景久远等而致使学生出错。

2. 探索了有效利用错误资源的方式方法

正视错误、化解错误、反思错误，以错误成就课堂，提高教学实效。如，"适当引导、巧妙化解""将错就错、以错启智""巧借错机、鼓励自信"等一系列新颖有效的应对策略得到了同行的广泛认可。

3. 学生和教师都树立了正确的错误观

学生不再惧怕出错，因为他们知道小学生受认知水平的限制，出错是不可避免的。而教师们本着以生为本的教育观，能够做到尊重、理解并正确对待出错的学生，教学氛围民主、宽松、和谐。通过发现错误、应对错误等行为，学生提高了反思能力、判断能力、应变能力，学习效率有所提高，而教师的教学能力和教学智慧也得到了提升。

4. 研究过程中积累了丰富的教学资源和过程材料

教师课堂"捉虫"手记、学生"看我变错为宝"错题本、教师"我的教学故事"征集活动（即"两本一集"）取得一定成效。在课题研究

成果展示活动中，这"两本一集"的创意和实效得到了同行的赞誉。特别是搜集课堂教学中有效利用学生错误资源的成功案例汇编成的《我的教学故事》文集，在语文教师中广泛传阅，一些有效的经验和做法为其他教师的教学提供了良好借鉴。

5. 撰写了课题研究成果

撰写了论文《利用学生错误资源提高课堂学习质量》，文章从"允许出错，树立正确的错误观""随机应变，以错误成就课堂精彩""反思错误，实现师生共同成长"三个方面阐述了如何有效利用学生课堂错误资源，提高其学习质量。

四、下一步设想

当然，本课题在取得了预期成效的同时，也在研究过程中发现了一些新的问题。本课题研究只是着眼于小学语文学科课堂教学中学生课堂错误资源的有效利用，如果在此基础上，由点及面、由浅入深，将研究成果延伸到其他学科领域，将会取得更好的成效。下一步，我们将在日常教学中定期开展专项的有效利用学生课堂错误资源的问题研究和教学研讨，在不断总结和反思中进步。

微型日记促进小学生语文读写素养提升的研究

双阳区南岗小学　王　晶

一、课题概况

（一）课题研究的意义

在小学语文教学工作中，提高学生习作能力的方法和手段很多，其中的一个重要方法就是鼓励学生写日记，并养成写日记的习惯。但从调查情况来看，小学生在实际学习过程中，愿意写日记的很少，会写日记的也很少，能够坚持写日记的更少。究其原因，主要有以下几个方面：一是学习任务重。课后作业、课外作业等占用了小学生大量的课后时间，学生写日记的时间有限。二是不会写。特别是中低年段学生生字和词汇积累少，遣词造句困难，语言组织能力差，写日记比较困难，无从下笔。三是兴趣不浓。一些比较负责的老师和家长对学生的日记质量要求比较高，在语言组织、词汇运用、段落编排、思维逻辑、书写质量等方面制定过高目标，难以激发学生写日记的兴趣，导致学生普遍对写日记比较抵触。四是无内容可写。小学生观察力不强，对待事物的感悟能力有限，一些稀松平常的小事难以"长篇大论"，无法调动学生写日记的积极性和主动性。此外，还一种情况，就是多数老师和家长对学生日记不够重视，甚至是漠不关心，学生也就可写可不写了。从小学生写日记的现实困境来看，要想培养学生写日记的习惯，激发学生写日记的兴趣，以促进其语文读写素养的不断提升，指导学生写微型日记是最佳的选择。

基于上述原因，为进一步研究和探索微型日记的相关理论，有效总结微型日记实践经验和方法，结合具体工作实际，现提出"微型日记促进小学生语文读写素养提升的研究"课题。

（二）课题界定

微型日记有别于常规日记，微型日记的主要特点是字数少、篇幅小、内容丰富、载体多样，且形式灵活。在字数上，微型日记没有强制规定，根据内容可多可少，少则一句话或几句话，多则一段话或几段话，从几十个字到一二百个字或者是几百个字都可以。在载体上，微型日记也不受限制，日记本可大可小，可簿可厚，只要便于翻阅、便于携带、便于保存即可。在内容上，可以写一个内容，也可以写两个或是更多内容，随心所欲。在文章体裁方面，它也没有限制，可以是任何文体。在日记写作时间和空间方面更是灵活，只要有时间和空闲，空间场地允许，都可以写微型日记。微型日记的"微"不仅是形式上的微小，有时也指学生写日记时思想压力与负担的微小。

（三）研究目标

1. 学生的发展

（1）引导学生产生写微型日记的兴趣，养成良好习惯。

（2）指导学生写微型日记的方法，提高学生写微型日记的能力。

（3）通过坚持写微型日记，进一步提升学生习作水平。

（4）消除学生对写作的心理障碍，让学生逐渐热爱写作。

（5）以微型日记为载体，促进学生语文素养的提升。

2. 教师的提高

（1）进一步明确微型日记写作内容、形式等要求，让微型日记成为教育教学的一个重要手段和方法。

（2）进一步优化语文课堂教学效果，提高语文课堂教学效率，推进高效课堂建设。

（3）研究、探索和总结微型日记推广和应用的方法和策略。

（4）进一步开拓教学思路，创新教学思维，丰富课堂教学形式，促进教法、学法与教育教学实践的有效融合。

（5）对微型日记促进学生习作水平提升效果进行分析，得出研究结论。

二、研究步骤、方法与策略

（一）研究步骤

1. 准备阶段

一是召开课题研究讨论会，确定课题研究内容；二是制定课题研究方案，形成课题研究计划；三是做好课题研究前期相关数据的调查与搜集和整理工作。

2. 实施阶段

一是落实课题研究内容，落实课题方案要求，指导学生学会写微型日记；二是加强微型日记的培训与指导，开展微型日记相关活动，丰富微型日记载体，营造写微型日记的浓厚氛围；三是对微型日记活动进行总结，不断调整和改进工作机制，推进活动有效开展；四是开展课题研究讨论，总结工作经验，撰写工作体会。

3. 总结阶段

一是对课题研究过程资料进行整理，建档归案；二是对课题研究资料进行分析，形成研究结论；三是撰写课题研究结题报告，上报工作成果；四是在总结课题经验教训的同时，确定后期工作改进措施和办法，进一步完善工作推进机制。

（二）研究方法

1. 调查研究法

组织人员对课题相关要素进行调研，主要是采用观察与问卷、访谈等方法，为研究提供基本依据。重点是对研究过程前期、中期及后期相关活动效果进行调查，通过调查及时了解研究进展情况。

2. 行动研究法

重点是对教师课堂教学行为进行指导，对教师研究课题的思想理念进行培训，进一步统一思想、统一行为，形成工作合力，共同推进课题研究有效进行。

3. 对比研究法

在研究当中，认真建立实验相关对照样本，对数据进行分析。

4. 归纳研究法

对实验研究的相关数据进行搜集整理，从中分析定量与定性内容，发现并总结研究规律。

（三）研究策略

1. 指导学生掌握写微型日记的方法

一是结合词汇积累写微型日记。一方面，给学生提供词汇内容，要求学生进行积累；另一方面，指导学生自己找词汇，自行积累，要求学生在规定时间内积累一定的词汇，为写微型日记打下坚实基础。二是结合阅读教学进行指导。要重点突出具有微型日记特征的语句、段落，并进行重点阅读和讲解，要让学生在阅读与感悟中，领会微型日记特点，掌握微型日记撰写要求。三是结合文章学习如何写微型日记。在学习"大文章"的同时，要让学生懂得"小文章"的内涵，从语法应用和语言逻辑、段落结构等方面引导学生学写微型日记。四是结合习作评改提高学生写作能力。教师要以习作教学为重点，以会写微型日记为目标，在指导作文教学过程，适当融入微型日记的写作指导，以微型日记指导促进习作教学。同时，还要重点指导学生对习作和相关语句进行批阅，掌握习作评改方法，既能够对他人的习作进行评改，也能对自己的习作进行评改。

2. 激发学生坚持写微型日记的兴趣

教师要牢牢把握微型日记"四个一定"原则。一是篇幅一定要短。微型日记重点在微和小，一定要从一句话微型日记起步，逐步激发兴趣。对于基础较好的学生，则可以从一句话扩展到几句话、一个自然段；对于写作能力和写作意愿强的学生可不受限制。二是字数一定要少。微型日记不求长篇大论，也不求洋洋洒洒，只求短小精悍，哪怕是一个词或一个精彩的短语，都应该予以表扬和鼓励，鼓励学生从字、词、句、段开始写微型日记，从小处着眼写微型日记，从一点一滴中积累习作经验。三是写作时间一定要灵活。除规范指导微型日记习作技巧的课堂教学外，不能统一规定学生的微型日记写作时间，要让学生随时随地和随心所欲地写，可以在学校写，可以在家里写，可以在路上写，也可以在出行的旅途中写。教师要鼓励学生随身带微型日记本，根据随感随想，随时写微型日记。在时间上，学生可以在课间写，可以在课后写，甚至是在语文课堂上，完成了听讲等学习任务后，也可以写微型日记。此外，应鼓励学生在有灵感的时候随时写微型日记，捕捉生活感悟瞬间，为学生日常学习积累方法和技巧奠定基础。四是评价要求一定要宽松。对微型日记的批阅和评价，一定把标准降低，把衡量的尺度放宽，要让所有的学生都能积极主动参与写微型日记活动，增强其学习的自主性。

3. 引导学生养成写微型日记的习惯

一是经常指导。教师应把微型日记指导纳入日常教学工作日程，合理安排教学，要让微型日记指导工作成为语文教学工作的一项重要内容。二是及时批阅。教师应根据学生完成情况等随机批阅，一个周期内的批阅的覆盖面可大可小，批阅数量可多可少。三是倾情关注。无论是教师还是家长，都要对学生的微型日记倾注感情，要对学生的微型日记给予积极评价和评论，让学生感受温度，促进心灵沟通。四是坚持恒久。教师应引导学生养成写微型日记的习惯，要让写微型日记成为学生学习和生活的一部分，要让微型日记逐步过渡到常规日记，使写日记的习惯成为学生人生成长的重要组成部分。

4. 努力营造写微型日记的良好氛围

教师应充分利用学生从众心理需求特点，营造写微型日记的良好氛围，激发学生写微型日记的兴趣。一是全员参与。让更多的学生参与微型日记活动，扩大参与面，使其成为学生学习生活的重要内容。二是典型示范。对在微型日记活动中表现突出的学生，及时给予表扬、表彰和鼓励，增强学生的成就感和自豪感，树立学生学习的榜样。三是强化组织。经常组织微型日记展览、微型日记比赛、微型日记展播、微型日记观摩等活动，丰富微型日记活动。四是丰富载体。创新形式，推广和宣传学生微型日记，办班报班刊、校报校刊和编汇微型日记专辑等，展现学生微型日记成果，营造良好的微型日记活动氛围。

三、研究的成果与成效

（一）学生层面

在课题研究过程中，重点采取对比法、调查法、综合分析法，对课题研究成效进行了全面总结。

1. 微型日记能够有效激发学生的写作兴趣

微型日记由于短小精悍、篇幅不长，在写作训练上未给学生增加明显负担。相反，在课题实践过程中，学生从认识到实践，从了解到深入，逐渐对微型日记产生了浓厚的兴趣。通过实验前后对比，全班 50 名实践对象中，对微型日记产生浓厚兴趣的由实验前的 11 名，增加到实验后的 31 名，增幅明显。形成微型日记写作习惯的由实验前的 4 名，增加到实验后的 36 名，能够坚持不懈地写微型日记的学生由实验前的 4 名增加到实验后的 21 名。具体见表 1。

表 1 微型日记写作兴趣调查统计表

	产生写作兴趣（人）	形成写作习惯（人）	能够长期坚持（人）
实验前	11	4	4
实验后	31	36	21

2. 微型日记能够有效提升学生的写作能力

微型日记虽然篇幅短小，但是，要写好微型日记也不是一件容易的事情。在课题实践过程中，课题组实验老师结合语文课堂教学，采取多种手段和多种方式，在潜移默化中引导学生掌握了写微型日记的方法和技巧。通过实践活动，学生的写作能力得到显著提升。此项实践数据通过平行实践对象参照对比得出，具体见表2。

表2　学生微型日记写作能力调查统计表

	实验前期作文平均分数（30分满分）	实验中期作文平均分数（30分满分）	实验后期作文平均分数（30分满分）	实验前期写作困难人数	实验中期写作困难人数	实验后期写作困难人数
实验对象	17	21	26	41	26	16
参照对象	17	20	21	40	35	31

3. 微型日记能够有效丰富学生的写作表达方式

在课题实验过程中，课题组成员除了进行常规的写作训练以外，还积极尝试将微型日记与博客、微博、QQ日志等网络新媒体结合，鼓励学生以微型日记的方式记录生活和感受，在激发学生兴趣的同时，进一步丰富学生表达情感的方式。此外，指导和鼓励学生以书信和留言的形式给父母、同学、老师写话语，表达自己的所思、所想、所感，使学生抒发情感的方式更加丰富，使学生的表达欲望更加强烈。具体见表3。

表3　学生写作表达方式的调查统计表

	主动言语倾诉（人）	网络新媒体（人）	书信或纸条（人）	人均拥有网络新媒体账号数量
实验前	11	2	4	0.12
实验后	38	46	31	2.5

4. 微型日记能够有效提升学生的语文读写素养

通过微型日记课题实验，学生的语文素养得到明显提升，突出表现在语言表达能力、阅读理解能力、思维逻辑能力、审美情趣和个性品质等方面。在实际个体表现方面，学生的语言表达、阅读理解等能力有了明显提升。具体见表4。

表4　学生语文读写素养调查统计表

	语言表达能力较强（人）	对读书感兴趣（人）	喜欢演讲（人）	黑板报和手抄报制作能力较强（人）	文学创作（人）	辩论能力较强（人）	阅读理解能力较强（人）
实验前	8	10	4	5	0	6	15
实验后	25	41	15	37	5	16	32
实验前	9	13	5	5	0	5	12
实验后	15	24	8	21	1	10	21

5. 微型日记能够有效促进学生的身心健康

微型日记作为一种语言和情感的表达方式，在很大程度上能够提高学生的表达能力。微型日记能力的提升，有利于学生在生活和学习过程中进行合理表达，可增强其沟通交流效果，使得老师、家长、学生之间能够更加恰当、更加融合地交流，能够有效解决学生与他人之间的矛盾与纠纷，有利于促进学生的身心健康。

（二）教师层面

在课题实施过程中，实验教师边实践边总结、整理实验成果。本课题的主要研究成果如下：

1. 教学课例

实验教师在课题实践研究过程中，认真钻研教材，与文本对话，精心设计教学课例数十篇。其中，教学课例《母亲的账单》获得长春市二等奖，作文指导课《有趣的实验》在区级研讨课中获得优秀奖。

2. 教学案例

实验研究中涌现出了很多有典型意义的事例，实验教师们也都积极进行了记录和分析，形成了十几篇成型而且有借鉴意义的案例。例如，王晶老师的《网课手工制作感受引发的思考》、郭爱华老师的《心理描写》、张歆航老师的《观察的乐趣》、刘丹老师的《特殊学习模式，记下别样的感受》、赵胜男老师的《让写作快乐起来》等。

3. 教学论文

在课题研究过程中，实验教师能够积极参与实践并总结经验，形成论文十余篇，其中，论文《微型日记的主要特征及在小语课堂教学中的写作指导方法》和《浅谈小学生微型日记写作习惯的培养》发表在《新教育时代》上，并被多次引用。

4. 学生微型日记集

在实验过程中，实验教师为学生搭建平台，并把学生的优秀作品结集成册，同时把优秀的作品推向适当的参赛平台。其中，王晶老师班级的20篇学生优秀作品在"敢想敢言"征文活动中获奖，王晶老师获得优秀指导教师称号。

四、存在的问题与设想

课题研究虽然取得一些成效，但仍存在一些问题。一是教师的微型日记教学观念仍需改变和更新。一些老师对微型日记认识不够，甚至有些教师对微型日记是什么都不清楚，即使有的老师了解微型日记，但其对微型日记的重视程度也不够，导致微型日记实践少。二是微型日记教学理念仍需提高。这一点突出表现在个别教学业务指导层面，教师对微型日记的理解有一定的不足和偏差，导致微型日记教学氛围不够浓厚，在一定程度上制约了实践的有效开展。三是微型日记的实践理论参考较少，总结的经验也不多，这给实践研究工作带来了不小的难度。四是微型日记与小学语文课堂教学特别是作文教学的融合机制还不够成熟，不够完善。五是微型日记与学生生活和新媒体的融合尚存在一定困难，其融合机制需要进一步探索和研究。在后续课题研究工作中，着力点有四个方向：一是微型日记与常规作文教学的有效融合，二是微型日记与新媒体的有效融合，三是微型日记与语文课堂教学的有效融合，四是微型日记教学氛围和教学机制的构建与发展。

提高乡村高年级小学生有感情
朗读水平的实践研究

九台区卡伦中心小学　李春玉

一、课题概况

（一）研究的问题

语文是一种语言的美、文字的美。古语云，"三分诗，七分读"，"书读百遍，其义自见"，"闭门谢尘鞅，展卷自朗读"。朗读是一种出声的阅读方式，是初级教育中小学生阅读的基本功。新课标的要求是让学生充分地读，在读中整体感知文章，在读中感悟文章的内容，在培养学生语感的同时，使学生的思想情感得到升华。可以看出，小学阶段对朗读的总体要求是能够用普通话正确、流利并有感情地朗读课文。对于小学阶段的高年级学生来说，不仅要会朗读，还要有感情地朗读。我所在的学校是一所乡村小学，受地域等多方面因素影响，孩子们多用方言，普通话水平一般。因此，学生的整体朗读水平普遍不高。因为有感情朗读是理解课文的重要手段之一，也是学生获得思想熏陶的重要方式，所以本研究围绕提高乡村高年级小学生有感情朗读水平问题展开实践研究。

（二）研究意义

小学高年级作为小学和初中的重要衔接，学生必须具备一定的朗读和阅读理解能力，为初中阶段的学习奠定基础。本研究探讨的内容是如何正确地指导学生有感情朗读，进而提高乡村高年级学生的朗读水平，这不仅有助于充分培养学生的语文素养，也是帮助学生掌握基础知识、获取学习技能，并形成优秀的道德品质以及健全的人格的重要方法。

（三）研究现状

在有感情朗读教学方面，国内有很多的研究，如汪潮（2006）在《"有感情朗读"的环境条件和指导方式》一文中指出，影响有感情朗读效果的因素是众多的，需要"情境性"和"感染性"作为其基本的条件；李功连（2015）发表在《课程·教材·教法》上的《有感情朗读：教学困境及其突破》指出，由于情感共鸣缺失和教师指导无效导致"有感情朗读"存在现实的教学困境，这需要语文教师在文本解读上实现声音、画面与内容的融合，在教学活动上实现思维过程具象化，通过有感情朗读的教师指导提高朗读教学有效性；沃海珠（2021）等探讨了语文教学中的有感情朗读方法问题，认为正确的阅读方法在语文学习中是极其关键的。

现有的研究中，针对乡村高年级学生有感情朗读实践研究的文献相对较少。本研究将乡村高年级小学生有感情朗读作为研究对象，是对已有研究的有益补充，可以为一线语文老师如何提升学生朗读能力提供一定的借鉴和参考。

（四）研究目标

本研究的总体目标是提高乡村高年级小学生有感情朗读水平，具体目标如下：

一是在提升教师自身朗读技能，促进教师专业成长的基础上，分析小学生有感情朗读出现问题的基本原因，找到影响小学生有感情朗读的主要因素。

二是培养学生良好的朗读习惯，使学生能够形成良好的语感，逐步掌握朗读的基本技能，掌握一定的朗读技巧，提高学生的朗读水平。

三是探索出指导学生有感情朗读的练习方式，让学生加深对语言文字的理解，使学生对语言文字的理解能力得到显著提升。

二、研究对象、方法、内容与实施过程

（一）研究对象、方法

本研究的主要对象为乡村小学高年级学生。

在具体研究过程中，采用的主要方法有：

1. 查找文献

搜集与本课题研究相关的文献资料，为本研究提供有价值的信息，并通过对资料的筛选、整理和分析，对本研究形成全面的认识。

2. 实践探索

积极地开展朗读训练，在有效教学实践过程中发现问题和解决问题，使乡村小学高年级学生的朗读水平得到提高。

（二）研究内容

1. 有感情朗读的基本概念和核心内容

有感情朗读是学生在理解和感受作品思想感情的基础之上，将文字所传达的情感转换为有声的语言，通过联想与想象的方式，将作品所蕴含的情感融入学生自己的内心中，使自身的情感与作品产生共鸣，提高作品的感染力。

2. 乡村小学生在朗读方面存在的主要问题

乡村小学生总体使用方言者较多，普通话水平低，学生在朗读时语调、语速、重音、停顿和情感等多个方面把握得不好，不能够在理解文本内容的基础上进行有感情朗读，等等，这些都是乡村小学生在朗读方面存在的问题。

3. 解决策略和方法

（1）教师参加朗读培训学习

作为乡村小学生语文学习的重要引路人和示范者，教师要提高自身的朗读技能和朗读水平，才能引导、教育和启发小学生。

（2）激发学生的朗读兴趣

教育家陶行知先生说过，学生有了兴趣，就会用全部的精力去做事。对学生进行朗读训练，尤其是进行有感情的朗读训练，必须想方设法地调动学生，使其全身心地投入到朗读中。在与乡村小学生的交谈过程中，我了解到，有的高年级学生对自己喜欢的课文能够做到专心投入，也乐于朗读；还有的乡村高年级学生不愿意有感情朗读，担心会被其他同学笑话。针对这些情况，重要的是从培养兴趣入手。教师在平时的朗读训练中，应让学生自己选择喜欢的文章，鼓励他们大胆朗读，树立学生自身的信心；在讲授课文时尽量创设阅读情境，激发学生的朗读热情。如，学习《草原》一课时，可以利用多媒体课件播放优美的背景音乐，让学生欣赏草原美丽的风光，当学生有兴趣后就会迫不及待地朗读起来。

（3）指导学生掌握朗读技巧

第一，要把字读准。首先，需要把课文读正确，做到不丢字、不添字、不错字、不重复、不读错句子，这样才能养成良好的朗读习惯；其次，用普通话朗读，掌握一些音变规律，包括轻声、儿化、变调等；最后，要读准多音字，正确区分在不同的语言环境中字音的变化特点，在积累词汇的同时掌握朗读技巧。

第二，把句子读生动。准确把握句子的停顿、重音、语调和语速是衡量对文本的理解水平与语文表达能力的重要标志。一是把握好并读准标点符号的停顿。为了突出某一具体事物和强调某一特殊意义时，可以延长和缩短停顿的时间；在表达复杂的思想感情时，为了增强感情色彩，也可以变化停顿的时间。二是把握好朗读的重音。在朗读起重要作用的词语时要读得重一些，而重音一般是把声音加重以及延长配合的音节，有时为了突出某些词语，还需要一字一顿地读。另外，在表达幸福、温暖、欣慰、体贴的情感时，有时会把重音轻读，也就是读得反而比其他的句子要轻柔。三是把握好朗读的速度。在一篇课文中，速度也是有变化的，要根据内容决定朗读的速度，对于紧急、热烈、愉快和兴奋的内容要朗读得稍快一些，而庄严、沉痛和悲伤的内容要读得稍慢一些。

（4）在理解文章并充分想象的基础上有感情地朗读

只有在理解文本的基础上，才能准确把握文章的思想情感。只有真正体会课文表达的中心思想，才能有感情地朗读。要有感情地朗读，还要充分调动和努力激发学生的想象力，因为出色的朗读一定要有心领神会的体悟，以及合情合理的想象。在理解文本的基础上，应鼓励学生展开想象的翅膀，与作者产生情感共鸣，只有这样才能真切地领悟并体会文中的精微意蕴和文章的无穷韵味。

（5）利用晨读以及课堂教学，培养学生有感情地朗读的能力

创设情境以助力朗读。教师可以利用多媒体生动直观的特点，创设与课文相应的教学情境，以激发其学习的兴趣。如《草原》《月光曲》《开国大典》等课文的学习，教师需要设定情境。

教师通过范读引导，充分调动学生的情感。教师声情并茂的范读，能更快地将学生带入课文的意境中。如《桥》这篇小说的开头部分，教师范读时，可以用低沉的语调，以及由缓到急的语速，来表现灾难转瞬即至，这样学生就可以很快进入到情境之中来。

充分调动想象以产生共鸣。例如，古诗词都是高度凝练的内容，要把其中的韵味读出来，需要启发学生展开充分想象，才能与作者的情感产生共鸣。如古诗《十五夜望月》，可以让学生一边读，一边想象诗人在中秋之夜思念友人的情景，这样就能准确地把握朗读的思想情感。

采用多种形式来朗读。根据课文内容的不同，可以采用学生个人读、分角色朗读、表演式朗读以及配乐朗读等不同的形式，以获得良好的朗读效果。

（6）开展朗读比赛，有效激发学生的朗读热情

在班级中开展朗读比赛活动。通过朗读比赛来满足学生的表现欲，也让学生将自己的朗读和同学的朗读进行对比，在对比中使学生互相学习，进而有效激发学生的朗读热情。

（三）实施过程

第一阶段：搜集资料，查找文献。

查找小学生朗读方面的相关文献，通过整理和分析文献资料，明确有感情朗读的定义、如何进行有感情地朗读、有感情地朗读对于语文学习的重要作用等。

第二阶段：发现问题，分析问题。

朗读时，学生存在的问题有：学生普通话水平较低；课堂上，学生朗读课文时，缺少对文章的品读和感悟，学生的朗读大部分是走马观花、蜻蜓点水，未能体现文章所蕴含的感情；学生朗读时或摇头晃脑、眉飞色舞，或声调忽高忽低，努力做出有感情的样子，等等；部分学生在有感情朗读时朗读腔、表演腔较浓，语气较为夸张，或朗读时语调统一，缺乏个性。

分析原因：教师方面——教师自身的朗读技巧一般，专业朗读水平不高，不重视学生的有感情朗读问题，朗读的训练时间偏少；学生方面——学生朗读能力弱，缺乏朗读的兴趣，缺乏朗读技巧。

第三阶段：解决问题。

首先，培养学生有感情朗读的兴趣。①让学生认识到朗读的重要性。②开展经常性的朗读比赛，让学生有表现的舞台，有利于学生之间的比学赶帮，有利于进一步提升朗读水平。③采取激励机制。抓住学生朗读时的优点，及时表扬，以充分激发学生的进取心。

其次，做好示范。对于小学生来说，示范朗读能够促进学生理解课文，让学生产生身临其境的感觉的同时，体会到文章中所蕴含的思想感情。教师在练好自身朗读基本功的基础上，应努力学习朗读技巧，提高自身朗读水平，更好地给学生树立榜样。教师应用精彩的朗读打动学生的心，用出色的朗读技巧吸引学生，唤起学生的朗读欲望。教师还可以在课堂上将优秀的朗读视频展示给学生，也可以在课前通过微课程的方式为学生提供名家示范朗读视频。

最后，指导学生朗读的技巧。朗读技巧是指为了准确地表达文章的思想内容和感情，对有声语言进行的设计与处理，包括语调、重音、停顿、语速等多个方面。备课时，教师应从理解课文入手，准确把握文章的内

涵，感受课文情境，而这需要反复地朗读课文，对速度、重音、停顿以及体态语言等方面的技巧都做好处理，力求朗读时声情并茂，用生动的语言再现文章情境。

三、研究的成果与成效

（一）取得的成果

研究形式、内容及价值见表1。

表1　研究形式、内容及价值

形式	内容	价值
论文	《小学语文阅读教学中学生核心素养培养研究》等	阐释课题的研究目标，提升教师自身的朗读技能，培养学生养成良好的朗读习惯
课例	《步行18里》《出塞》	为教师提供较好的案例
微课	古诗《村晚》《望洞庭》	示范并指导古诗应如何有感情地朗读

（二）课题研究的成效

本课题研究取得了较为丰富的科研成果，对本校及本区域教师的教学模式、开展教学活动的方式和方法等都具有较好的影响。

1. 教师方面

论文方面，《小学语文阅读教学中学生核心素养培养研究》等，阐释了课题的研究目标，是教师指导学生有感情朗读的实践。课例方面，《步行18里》为教师提供了教学示范，这使得教师在分析学生朗读中存在的问题、解决相应的问题和个人反思中，教学能力和专业素养都得到了显著提高。微课方面，古诗《村晚》《望洞庭》的教学改变了传统的模式，为翻转课堂的教学方式提供了较好的素材。

2. 学生方面

学生了解了新的学习方法，转变了传统教学中学生被动听课的模式，能够有兴趣地学习。同时，学生有感情朗读的方式有了可借鉴的范本，改变了传统的活动模式。学生在学习中有感情朗读的水平能够得到提高，学生喜欢有感情地朗读，语文课的参与积极性大大提高。朗读活动等新的活动模式也使学生的个性得到张扬，提高了学生的自信心。另外，学生学会了如何感受语言之美，享受朗读学习中的无限乐趣，明显提升了乡村小学生的语文素养。

拓展课外阅读　提升小学生语文素养

九台区城子街中心学校　王吉祥

一、课题概况

（一）课题提出的背景

《义务教育语文课程标准（2011 年版）》要求："要重视培养学生广泛的阅读兴趣，扩大阅读面，增加阅读量……多读书，好读书，读好书，读整本的书。"新课程改革以来，各级各类学校十分重视学生课外阅读能力的培养，在提升学生课外阅读能力方面的研究颇有成效，研究重点基本都是如何激发学生阅读的兴趣、学生阅读能力的培养，有以课内阅读为基础的，也有以课外阅读为基础的，但是以农村小学生为研究对象的颇少。因此，本课题以农村小学生为研究对象，研究提升农村小学生课外阅读能力的策略。

我国著名的语言大师吕叔湘先生说过，语文学得好的人，无一不得益于课外阅读。大多数农村小学生对课外阅读缺乏兴趣，甚至排斥课外阅读。一方面，大多数家长文化水平低，对开展课外阅读能够提升小学生语文综合素养的实际意义没有意识到位；另一方面，受到家庭条件的影响，家长没有更多的经济资源去给学生购买课外书籍。另外，部分家长只重视学生的成绩，认为在小学阶段只要学好语文、数学就可以了，读课外书对提高成绩并没有太大用处。这种思想观念直接导致了语文教学与课外阅读的脱节，学生的课外知识贫乏，阅读理解能力很低，进而导致语文学习能力薄弱。总之，学生阅读意识差，阅读量少，不能自主探究，没有养成良好的阅读习惯，阅读方法不正确，自主阅读能力还远远不能达到新课标的要求。因此，为了适应语文教学深入发展的需要，进一步提升小学生的课外阅读能力，提高小学生的语文综合素养，笔者在班级开展了"创建书香班级　打造书香家庭"活动，进行了"拓展课外阅读　提升小学生语文素养"的课题研究。

（二）课题研究的目标

1. 通过课题研究，探索激发小学生阅读欲望的有效途径，形成行之有效的激发小学生课外阅读兴趣的方式方法。

2. 通过课题研究，构建"家校一体化"阅读平台，营造良好的阅读氛围，培养小学生爱读书、勤读书、读好书的良好习惯。

3. 通过课题研究，实现课内阅读与课外阅读的有效衔接，拓宽学生的阅读渠道，提升小学生的语文素养。

（三）课题研究的内容

1. 探索激发农村小学生课外阅读兴趣的有效途径，提升农村小学生自主进行课外阅读的能力。

2. 开展多元化阅读活动，拓宽学生课外阅读的渠道，提升学生的语文素养。

3. 整合课内外阅读资源，充分发挥家校合一的作用，打造书香班级，创建书香家庭。

（四）课题研究的意义

1. 践行课程标准理念，适应时代发展需求

语文素养的培养是学生学好其他各门功课的基础，是学生全面提升和终身发展的奠基石。现在的语文阅读教学，远远满足不了时代发展对语文阅读教学的要求，实现不了学生终身发展的目标。开展语文课外阅读，拓宽课外阅读的渠道，给学生提供多样化的文化教育，帮助学生提高语文素养，是语文教学改革的需要，是提升小学生语文综合素养的重要手段。

2. 培养良好阅读品质，提升学生综合素养

提升小学生课外阅读能力和提高小学生语文素养的研究，能够培养学生养成良好的阅读习惯。

在研究过程当中，开展多种阅读活动，激发学生阅读兴趣，拓宽学生阅读渠道，指导学生大量阅读，能够提升学生的综合学习能力，为学生的终身发展奠定基础。课题的研究与开展，有利于不断提升学生自主阅读的能力，提升学生的人文修养，使其在浓郁的文化浸润下茁壮成长，在书香氛围中成长，塑造美好的心灵，汲取知识的琼浆，丰富文化底蕴，进一步提升小学生的综合素养。

3. 增强教师责任意识，提高教师能力

教师作为课题研究的实践者和引领者，需要具有丰富的文化底蕴和阅读素养，更需要在课题研究中探索行之有效的实施策略和方法。在教学时要想游刃有余，就需要持之以恒地读书，不断地丰富自己的知识。

在课题的实践研究中，教师需要不断地学习与交流，进而逐步提升自己的专业素质。因此，对小学生课外阅读的研究，也是提升教师专业素质、促进教师专业发展的有效途径。

二、研究方法、思路与实施策略

（一）研究方法

课题研究采用了调查研究法、行动研究法、个案研究法和经验总结法，各种方法相辅相成，有效促进了课题研究的开展。首先，运用调查研究法调查学生课外阅读的情况，结合调查结果拟定切实可行的研究策略及实施方法；其次，运用行动研究法开展课题研究，逐步优化阅读指导行为，完善"书香班级"和"书香家庭"建设过程中的操作策略，并通过个案研究法观察记录学生在课外阅读研究实验中的发展和成长，打造典型，激发学生阅读欲望，引领全体学生共同提升课外阅读的能力；最后，运用经验总结法，总结在研究实践过程中的经验与得失，形成行之有效的实践成功经验，为同类课题的研究提供可借鉴的成果材料。

（二）研究思路

首先，认真研读长春市教育局《关于深入开展小课题研究的实施意见》文件要求，选定课题研究项目，组建课题研究小组；其次，调查了解小学生课外阅读的情况，根据调查结果拟定课题研究方案和实施策略，并开展系列实践研究活动；最后，总结课题研究的经验与得失，撰写结题报告。

（三）实施策略

1. 调查了解，掌握学生阅读现状

下发关于小学生课外阅读情况的调查问卷，对学生的自主课外阅读情况进行调查，了解学生对于课外阅读的兴趣如何、是否知晓其重要性、是否能够主动阅读等等，完成相关的调查研究报告，评估制约学生阅读的瓶颈，为课题研究提供基础性材料。组建课题研究小组，明确研究内容与方向，制定实施方案，有组织、有计划地进行课题研究。

2. 广泛宣传，营造良好阅读氛围

一是召开班会等，晓之以理，动之以情，向学生讲解广泛阅读的意义和好处；二是召开家长会，向家长宣传学生阅读的意义，争取得到家长的支持和配合，努力形成"学生主动、家长支持"的阅读氛围；三是利用黑板报、墙报等形式，营造多维立体的班级读书氛围。

3. 拓宽读书渠道，丰富学生阅读资源

一是开放学校图书室和阅览室，以利于学生自主阅读课外书籍；二是及时更新走廊图书角，为学生阅读提供新鲜图书资源；三是丰富班级图书角，鼓励学生将自己读过的书籍拿到班级图书角，和班级同学共同分享。

4. 活化阅读形式，激发学生阅读热情

通过学生自读、师生共读、亲子共读等形式激发学生阅读的兴趣，鼓励教师、学生家长共同参与。

一是学生自读。鼓励学生依据自己的兴趣爱好选择符合阅读要求的书籍，制订阅读计划，控制阅读进度，保证每天至少阅读 30 分钟，做好读书笔记；鼓励学生间进行读书交流，共同分享读书心得，共同提升，共同进步。二是师生共读。教师在积极引导学生进行课外阅读的同时，要积极参与阅读，做好读书笔记，适时和学生分享读书心得，充分发挥教师的引领作用，进而达到教学相长的目的。三是亲子共读。鼓励家长积极参与课外阅读活动，每天安排时间和孩子一起看课外书，利用节假日带领孩子购买课外书籍，从行动和实践上去引领孩子读书。

5. 优化交流形式，提升学生成就体验

一是鼓励学生及家长在班级微信群里交流读书感悟，相互推荐好的课外书籍，相互督促、相互学习，进而提升孩子阅读的兴趣。二是定期开展读书分享、心得交流、经典诵读比赛及读书笔记展评等活动，让学生在交流活动中体验阅读的快乐，感受阅读带来的幸福，获得阅读成就感，进一步激发学生阅读的兴趣。

6. 及时总结表扬，促进学生阅读常态化

教师对班级课外阅读活动定期进行总结，及时对课外阅读开展比较好的学生个人及家庭进行表扬，推荐好的阅读方法和优秀的课外书籍，提升学生的自主阅读能力，促进学生阅读常态化。

三、研究的成果与成效

（一）激发了学生的阅读兴趣，提升了学生的自主阅读欲望

兴趣是学习的动力，是需求的潜在源泉。只有激发学生课外阅读的兴

趣，学生才会乐于阅读，从中获得滋养，得到阅读的满足。只有乐于阅读，才会促使学生将老师的"要我读"转化为"我要读"，从根本上改变学生被动阅读的局面。在课题研究中，通过优化读书资源，活化阅读方式，在多种措施的引领下，学生对课外阅读的兴趣得到了激发，形成了良好的课外阅读习惯，激发了学生的自主阅读欲望。

（二）培养了学生良好的读书习惯，提升了学生的自主阅读质量

学生每天在家长的监督和老师的鼓励下形成了热爱读书的习惯。一是培养了学生每天阅读的习惯。学生每天利用课余时间自然而然地就拿起了书本，汲取书中的营养。二是培养了学生写读书笔记的习惯。学生记录书中的经典语句，积累了丰富的语言材料，为提升写作和表达能力奠定了基础。三是培养了广泛阅读的能力。学生在教师的引导下，学会了甄选书籍进行阅读，能够在不限学科的基础上进行广泛阅读，拓宽了学生的视野，提升了综合素养。

（三）实现了课内与课外知识链接，拓宽了学生的阅读范围

挖掘课内知识的阅读资源，培养课内阅读的兴趣，是激发学生热爱阅读的有效方式。教师在日常的语文教学中应创造情感教育情境，拉近与学生的距离，让学生产生"亲师感"，并营造融洽的语文课堂氛围，让学生热爱语文，热爱语文阅读。在教师的引导下，学生依据课内学习的内容，甄选相关的课外书籍，做到了课堂学习的自然延伸。比如，学习了课文《草房子》之后，教师推荐学生阅读《草房子》整本书，详细编写了引导学生阅读整本书的教案，指导学生如何阅读，学生阅读的面得以扩大，自主阅读能力逐步增强，实现了知识的延伸，极大地拓宽了学生的阅读范围。

（四）课题研究提升了教师的专业素养及能力

作为课题研究的实践者和引领者，教师需要有丰富的文化底蕴和阅读素养，更需要在课题研究中探索行之有效的实施策略和方法。教师作为学生学习的榜样，需要持之以恒地读书，不断地丰富自己的知识，使自己的知识海洋变得越来越宽广，让自己的"一桶水"永远取之不尽、用之不竭。因此，对小学生课外阅读的研究，也是提升教师专业素质、促进教师专业发展的有效途径。

（五）教师整理了体现研究过程与效果的文字材料

通过此项小课题的研究，形成了《小学生课外阅读现状调查报告》

《小学生课外阅读阶段性研究报告》，形成了《草房子》阅读指导课教学案例，撰写的论文《拓展课外阅读　提升小学生语文素养》在《学生之友·创新教育》刊登发表，荣获优秀论文一等奖。这些课题研究成果，不仅体现了课题研究取得的实质性进展，阐明了拓展课外阅读对于提升小学生语文素养的意义和作用，更为同类课题的研究提供了宝贵经验和可借鉴的研究材料。

四、存在的问题与下一步设想

（一）存在的问题

1. 阅读资源有限

由于我校是农村学校，班级的学生都是农村家庭孩子，受家庭条件的限制，部分家长舍不得给学生买书，不能满足学生对阅读的需求。虽然学校有图书室，但资源和种类有限，也满足不了学生对阅读的需求。

2. 学生甄选课外阅读书目能力不强

学生缺乏对课外阅读资源的鉴别，尤其是在学生自主选择课外读物的时候，不会选择适合自己的读物，缺乏鉴别能力。

3. 家长对开展课外阅读的认识不到位

家长的教育观念还没有完全得到转变，大多数家长重课内轻课外。怎样转变家长对课外阅读的态度，提升家长的认识是我们亟待解决的问题，这需要在以后的实践中逐步解决。另外，课外阅读对提升孩子成绩是潜移默化的过程，不能立竿见影，所以家长看不到读课外书所带来的好处，感受不到课外阅读对孩子的成长有着长远的意义。

（二）下一步设想

继续开展课外阅读活动，从思想上转变学生及家长对课外阅读的认识；积极开展丰富多彩的课外阅读活动，以活动促养成，以养成促持久，激发学生积极阅读的兴趣，促进学生进行有效的阅读。同时，以本班为圆心，辐射带动其他班级开展课外阅读活动，营造师师倡导阅读、生生积极阅读的良好氛围。通过课题研究，探索出更为有效的提升小学生课外自主阅读能力的方式方法，挖掘潜在的激发学生阅读兴趣的有效途径，提升学生的人文综合素养。

小学语文学科语言文字训练的策略研究

长春汽车经济技术开发区教师进修学校　高　飞

一、课题概况

指导学生正确理解和运用祖国的语言文字，使学生具有初步的听说读写的能力，这是小学语文教学的首要任务，而全面提高学生的语文素养也是新课标的一个基本理念。小学语文课堂是语文教学的主阵地。在语文教学中，培养学生正确理解、运用祖国的语言文字，积累语言材料，掌握语言规律，发展语言能力，培养学生对祖国语言文字的热爱，这些是语文这门学科的特殊使命，也是其他学科不能替代的。那么，如何利用有限的教学时间，找准语言文字的训练点，采用恰当的方式方法进行训练，让学生在听说读写中，学会语文知识，习得语文方法，形成语文能力，这对学生语感的形成和语文素养的提高至关重要。

近年来，随着基础教育课程改革实施的不断深入，在现代化教学手段的广泛应用和网络化教学的推动下，语文课堂教学理念发生了巨大的转变，我们的课堂教学导向和学生的学习方式也都发生了本质上的变化。但在改革的过程中，小学语文教学也凸显出很多问题。

问题一：忽略了语文学科的本体性价值。语文教学普遍存在重教材内容理解，轻语言文字训练的情况。一情到底的人文课、内容理解课、五花八门的综合课等，我们的语文课堂已经偏离语文学科的本体性价值太远了。语文这门学科不同于其他学科的最本质的特征，是教会学生运用语言文字来进行口头表达和书面表达。这也是语文教学的主要目的。因此，必须围绕语言文字的训练，通过课文来教会学生如何运用语言，而不是把大量的时间用在挖掘教材、理解内容上，这是方向上的偏差。

问题二：盲目追求语文教学个性化。个性化的语文课堂教学是每位语文老师的不懈追求，如果能够通过教材内容的处理、教学活动的安排、教学手段的优选，彰显语文教师教学的个性化和风格特点，当然是难能可贵的，但也非一日之功。部分教师在个性化教学方面出现了误区，有照搬教学设计、刻意模仿的问题。实际上，心中没有对学科性质的准确定位，没有教学策略的合理选择，课堂只是表面上看起来热热闹闹的。

问题三：语言文字训练随意化、碎片化。语言文字的训练要根据课程目标的具体要求循序渐进地开展，不同年段各有侧重。但是，部分教师不能做到高屋建瓴、统筹规划，仅凭借教师个人经验性的判断，导致语言文字训练零散、随意，缺乏系统性。没有结构化的课程内容是语文教学长期低效的症结所在。

基于以上的反思，新课程实施无论从语文教学、语文教师还是学生发展的角度来说，我们都应该格外重视语言文字训练这个薄弱点，选准语言文字训练的落脚点，通过教师的有效指导，培养学生自主学习的能力，激发学生对语文学习的兴趣，通过听、说、读、写、思的综合训练，将语文的工具性和人文性有机地结合起来，最终提高课堂教学效率，提升学生的语文素养。

二、研究目标

1. 研究小学语言文字训练的策略，实现语文课堂教学的高效性；探讨语言文字训练的方法和途径，实现课堂教学内容和课堂教学手段的有机融合；打造认知与情感共生的语文课堂，有效提升学生的语文素养。

2. 培养学生对祖国语言文字的热爱，培养学生的语感，加强语言文字的积累，提高运用语言文字的能力。

3. 转变教师观念，提升教师科研能力，促进教师实践智慧的生成与发展，促进教师专业发展。

三、研究过程

（一）进行理论研究，探究小学语言文字训练的内涵

进行文献研究，探索小学语言文字训练的内涵。语文文字训练是指对语言的训练。语言文字是表情达意的工具，指导学生在听说读写中感受、领悟、积累、运用语言，实现知识与技能、过程与方法、情感态度与价值观的有机融合，从而使学生形成语感，提升语文素养，彰显语文学科的本质特点。这一基本观点在研究过程中发挥重要的领航作用。

1. 个人研修

以吴忠豪系列文章等作为必读书目，阅读摘记，形成自己的基本理论框架。

2. 聆听专家讲座和视频

学习支玉恒、于永正、吴忠豪等语文专家的专题讲座视频，为课题研究奠定坚实的理论基础。

3. 寻求学科指导

向学科教研员求教，提高课题研究的具体实践能力。

4. 进行团队研修

组建年级组研修团队，以自学和论坛等方式研读相关书目，明确本课题研究的目的、意义，转变教学观念。

（二）进行行动研究，探索小学语言文字训练的策略

1. 学科团队研究

学科组长带领组员开展语文教师课堂教学行为和教学有效性现状分析，对本课题进行论证。梳理小学语文学科教学中的关于语言文字训练的瓶颈问题，进行会诊。确立小课题研究方向，如"语言文字训练的切入点""如何保证语言文字训练的系统性""如何实现语言文字训练和阅读教学的有机融合"。

2. 指导和进行论证

教研员对课题研究进行指导和论证，形成课题方案。

3. 建立行动研究模式

通过观察、调研，确定存在的共性问题，并将其作为研修主题，借鉴行动研究的程序，开展团队研修活动。

研修流程：发现问题—个人研修，寻找对策—团队互助，形成计划—行动实施，改进教学—反思交流。

行动研究以解决教学问题为目标，有机整合了反思、学习、研究、实践四要素，调动了团队所有成员的智慧。

4. 教师主体研究

针对自身在语文课堂教学中语言文字训练环节遇到的问题，开展个人行动研究。结合教师的实际，制订行动研究的计划，从解决瓶颈问题入手，积极组织教师选择自己感兴趣的研究点，确立小课题，扎实开展行动研究，追求语文课堂的精细化、语文化，从而有效提高课堂教学效率。确

立的小课题有"小学低年级语言文字训练的方法""中年级语言文字训练体系的研究""在语言文字的训练中破解教学重难点的策略研究"等。

5. 定期召开课题组会议

讨论研究阶段性目标，明确研究方向，落实研究任务。

第一阶段：剖析《义务教育语文课程标准（2011 年版）》，按年段制定语言文字训练目标。

第二阶段：深入钻研教材，结合年段特点合理安排语言文字训练内容。

第三阶段：规划板块主题，确定语言文字训练主线。

第四阶段：精心设计教学，积累语言文字训练方法。

第五阶段：开展课题活动，认真总结研究经验。

以语文课堂为主阵地，以加强语言文字训练为核心，以行动研究法为主要手段，辅以观察法、文献研究法、个案研究法、叙事研究法等多种方法，实现了三大整合，即课堂教学与课题研究的整合、教研活动与课题研究的整合、教师的个体研究和课题研究的整合，保证了课题研究的客观、合理、有效。

四、研究成果及成效

（一）以文字等形式表现的研究成果

1. 形成了《小学语文学科语言文字训练的策略研究》课题结题报告，界定了语言文字训练的内涵，明确了语言文字训练的重要意义和具体方法。此课题研究成果获得了长春市教育学会小课题研究成果奖。

2. 课题组成员的多篇研究成果已汇编成《小学语言文字训练论文集》。

3. 师生共同努力，及时总结分析，形成了针对性的课堂设计环节、课后反思、随笔，利用研究课、录像课进行展示，形成了《小学语言文字训练课例集》。

（二）形成课堂语言文字训练的六个策略

经过两年的实践，课题研究成员达成共识，总结提炼了小学语言文字训练策略，找准了语文文字训练的切入点，总结出课堂语言文字训练的六个策略，为今后深化课题研究与实践提供了支持。

1. 关注语文学科本体价值，确立语言文字训练框架

新课标修订稿对语文知识有了新的解读，关于"语文素养"和语文学科功能的争议也有了更加明晰的态度。这使得近年来语文课堂脱离语文本

位，缺少知识、训练，工具性一定程度上被削弱的问题得以修正。学习语言文字运用是语文课程本质的回归，是对语文教学改革方向的把控。我们也应该以全新的态度和眼光，对日常教学中的语言文字知识予以理性审视和科学评估，构建符合现代社会发展需要的新的语言文字知识框架和体系。经过实践，课题组研究确定了小学阶段语言文字训练的基本框架，见图1。

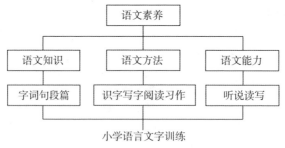

图1　小学阶段语言文字训练框架

2. 关注学生年段特点，明晰语言文字训练重点

课程标准对各个学段的目标要求都做了具体的说明，教师要准确把握不同学段的目标。

第一学段：重在激发学生对语言文字的兴趣，做到"四好"，即认好字、写好字、学好词、读好文；识字写字、学词学句重在方法的学习与指导；字词句训练要抓住关键点，抓对阅读理解有帮助、有启发、可以迁移运用的点；字词句式的理解与运用要联系学生生活经验，打开学生的思路。

第二学段：重视围绕听说读写开展语文教学活动；教学目标以段为主，逐步向篇章过渡，同时渗透学法指导与运用；逐步树立训练意识，重视从文本中发现、挖掘语言文字训练点（训练点宜小不宜大，宜具体不宜空泛）；加强语言的积累，逐步将文本语言内化为学生的语言；逐渐提高学生自主学习的能力。

第三学段：重在挖掘文本蕴含的核心价值，找到、找准语言文字训练的切入点，学会取舍，一课一得；加强体会、揣摩文章表达方法的学习，重视读写结合；注重语言学习的开放性，在生活中、大自然中学语文、用语文，不断扩大学习运用的领域；注意综合运用小学阶段掌握的阅读和习作的方法，形成综合运用能力。

3. 关注板块主题学习，形成语言文字训练体系

板块主题教学应根据课程实施目标确立若干个教学主题，教师遵循学生学习的一般规律，以主题为线索，开发和重组教学内容，进行语言文字

的训练。以往缺乏对教材整体性的研究和设计，是导致语言文字训练不扎实的一个主要原因。课题研究中，实验组教师通过板块主题式的集体备课，构建整体的语言文字训练主线，并根据板块内每篇课文的不同特点，确定语言文字训练方法，实现了训练的有序性、整合性。

4. 关注教材文体特点，丰富语言文字训练方法

教材中的课文大多用词精妙，文质兼美，是学生学习语言文字最好的范本。教师要创造性地利用好教材，用恰当的语言文字训练方法，帮助学生感受、理解、积累和运用好语言。

（1）抓住重点的词句

课堂教学中不要一味地追求讲全讲透，备课时只要抓住了教学的重难点，精心揣摩，精巧设计，突出训练的重点，牵一发而动全身，一课一得，就已经非常难得了。

例如，《只有一个地球》这一篇课文，文中有一个中心句，"我们这个地球太可爱了，同时又太容易破碎了"，两个中心词"可爱"和"破碎"统领了全课的学习和训练，学生通过围绕中心词句的研读和诵读，厘清课文脉络，又体会了词句的内涵，进而以"……太……也太……了"为中心句，进行句段的练笔，落实表达能力的训练。

（2）留心恰到好处的用语

言为心声，语言的学习和心灵的丰富是同步的。教师应抓住课文中的好词佳句进行语言文字训练，让学生去品味、揣摩，感受语言的独特魅力，并为习作运用打下坚实的基础。例如《荷花》一课中，"白荷花在这些大圆盘之间冒出来"，这个"冒"字用得别具匠心，所以可在引导学生进行词语的比较和反复的朗读中，使学生感受到荷花生机勃勃的生长状态，更体会到词语的生命力，可以通过静态的语言文字让人感受到动态的情境。

（3）关注独特的句式表达

小学语文课文中，具有独特句式表达的文章有很多，如《桂林山水》《詹天佑》《趵突泉》等。在《趵突泉》一课中，有一个句式就很优美，描写泉水"永远那么纯洁，永远那么活泼，永远那么鲜明"。教师可以引导学生体会这个句式的表达特点，既可以感受到泉水的特点，又可以感受到作者对泉水的喜爱，并通过情景图的方式引导学生用这样的句式去描写和抒发自己的情感，学习句式运用。

（4）提炼精妙的修辞手法

小学语文课本中有大量的使用修辞手法的语句，这些语句在文从字顺的基础上，对语言进行了更高层次的运用，不仅准确表达内容，而且表达更精彩。教师要抓住这些语言的形象、生动、富有艺术性和感染力的特点，通过语言文字的训练，让学生感受祖国语言文字的变化美、幽默美、音律美、含蓄美等。例如《富饶的西沙群岛》中"正像人们说的那样，西沙群岛的海里一半是水，一半是鱼"。这个夸张修辞手法的运用明显突出了西沙群岛鱼多的主要特点。教师可以让学生把文中的这句话换掉，围绕鱼多用一句话来描述。在对比和替换中，学生感受到语言不是单调的平铺直叙，有的时候夸张可以把自己的感受表达得更突出。

（5）注意丰富的脉络层次

例如，一位高年段的实验教师在《船长》一课的教学中，请学生简要概述课文主要写了件什么事，然后概括为三句话，最后提炼为三个词——遇险、自救、殉职；重点学习小说中最有特色的描写——人物的语言描写，体会人物语言是怎样准确表达人物内心品质的。

5. 关注课堂评价，激发学生语言文字学习兴趣

教师的课堂评价具有很强的导向性，关注学生在课堂中语言文字学习方面的亮点与进步，及时鼓励和引导，对于强化语言文字训练是非常重要的。例如："××同学在他的表述中，用到了'全神贯注'这个词，他的表达非常准确。文中有一段描写对这个词语做了很好的解释，你们找找看。"又如："××同学不仅观点鲜明，而且他的这段话既精辟又优美，可与原文媲美，我建议我们把它写到黑板上，一起学习一下。"这样持之以恒的鼓励，可使学生有语言文字方面自主学习与努力的欲望。

6. 关注课外延伸，巩固语言文字训练成果

语文是实践性很强的课程，一堂好的语文课应该让学生将课堂中所习得的方式方法延伸到课外去。教师应该有意识地拓展学习资源，将课内与课外的学习结合起来。课题组的老师们常常引导学生对课外读物中的好词好句进行批注、摘抄、背诵，以好文发布会、美文欣赏、主题演讲等实践活动，拓展课堂语言文字训练，使得学生能够继续保持探究的兴趣，提升语感，进而提升语文素养，并使学生终身受益。

（三）研究的主要成效

1. 课堂成为语文教师成长的沃土

静心的揣摩、精彩的生成使语文课堂成为充满激情与智慧的灵动的课

堂。语文教师享受自己的教学过程，教学水平得到了长足的进步。在省市组织的赛课活动中，实验校的多名教师获奖。

2. 科研成为教师改革语文教育教学的主要途径

小课题研究以语言文字训练为主题，突破语文教学的瓶颈，探索语言文字训练的小策略，使教师思想活跃、勤于学习、勇于实践，提升了教师的行动研究能力，形成了浓厚的学习文化，促进了教师专业化的发展。

3. 语文教学质量显著提升

每一节课的扎实训练，使课堂有效、高效，也带来了课堂教学质量的稳步提高。在全区的年级质量监测中，实验学校的语文成绩显著提升，得到了上一级学校的充分肯定。

4. 学生的语文素养有了明显提高

课堂上，学生发言积极踊跃，课堂上的思辨、切磋成了常态。学生爱读书，爱写作，对语文学习的兴趣更浓厚了。

五、存在的问题和下一步研究方向

因为课题研究人员所教年段不同，每个年段的语言文字的训练重点又各不相同，加之老师们的基本素质并不相同，所以策略研究深浅不一，还不能做到研究的全面和深入。另外，课题研究的科学性还是欠缺的。目前，语文课程体系建设还不完整，课程体系的编排只给出了教材内容，至于每篇课文应该教会学生什么技能和方法，基本上要执教者凭个人经验来选择，所以这样就不可避免地造成了语言文字训练的盲目、随意、零散。下一步，我们将对各个年段的语言文字训练目标和内容进行进一步细化，使低、中、高年段各有重点又互相衔接，把语言文字的训练做到精细化。

叶圣陶先生曾经说过，语文课一定要紧紧抓住课文的语言文字，突出语文教学的语文味。教师要引导学生深刻理解课文，在感知写什么的基础上，揣摩怎样写、为什么这样写；理解语言文字表情达意的功能，领会作者运用语言的匠心，这样，语文教学才不会迷失方向，才能符合语文学科的特点。语言文字训练是一个不断反复、螺旋式上升的过程，不可能一蹴而就。所以，在日常教学中，教师要持之以恒，重视语言文字训练，在不断的反思与实践的过程中，拓宽课题研究的深度和广度，为学生语文素养的提升和终身学习打下扎实的基础。

中学生名著阅读策略研究

长春市东光学校　王柳燕

一、课题概况

经典名著是人类文明的结晶，是前人智慧的积淀，凝聚着中外文化不朽的精华，有着显著的德育功能。文学名著的魅力，也往往影响一个人、一代人甚至一个民族的发展。我本人特别喜欢阅读，尤其是古典名著。走进经典，我们一次又一次地感受到古人的聪明和智慧；走进经典，我们感受到了中国古典文化的博大精深，也让心灵得到了洗礼。如果能引导孩子们走进经典，在与经典的碰撞与对话之中感受民族文化的精髓，陶冶心灵，涤荡情操，一定会为他们的终身学习打下良好的基础。

（一）名著本身的厚重的文化底蕴

四大名著是中华民族的文化瑰宝，是中国乃至全人类共同拥有的宝贵文化遗产。

四大名著在我国文学史上的地位是无可比拟的，人们对它的热爱程度可以说是经久不衰的。它的艺术魅力是无穷的，体现了古典小说的最高成就，对后世的影响也是巨大的。

（二）学生名著阅读的现状

对当今的学生来说，电脑、电视、手机等充斥他们的生活，部分学生的文化积淀越来越少，对经典的兴趣越来越淡漠。

每届学生入学初，我都会首先做个四大名著内容的测试，但结果并不理想。造成这种情况的原因是多方面的，比如家庭对阅读不够重视等。我任教的班级，大部分同学来自周边郊区，还有一部分孩子来自农村，阅读能力很弱，加上很多家长仍然受传统教育的影响，认为学好语文，只要会认字、会读文章就行，不重视学生的课外阅读。因此，我常常思考如何让孩子们在学校学习期间能够爱上名著阅读，并且教给他们自主阅读名著的方法，也就有了专题研究的想法。

（三）学科要求和学生继续学习的需要

这四部书从写作手法来说都很有特色，极富创造力，具有很强的文学艺术价值。处于初中阶段的学生，他们思想活跃，所以初中阶段是他们开阔视野的时期，也是读书的黄金时光。这时的孩子有了一定的语言积累，可以自行阅读一些故事性强、浅显易懂的名著，因此教师及时有效地进行指导非常有必要。

在初中语文教材中，选入四大名著的名篇有《大闹天宫》（出自《西游记》）、《武松打虎》（出自《水浒传》）、《香菱学诗》（出自《红楼梦》）等文章。学生升入高中后，语文教材会增加古典名著的分量，而且很多内容节选自四大名著原著。比如，高中教材把《红楼梦》《三国演义》中的很多内容按章回选入教材。如果初中没有一点印象、概念的话，会增加学生的学习难度，理解起来就会缺少整体性，很难从整体上把握文章，只能断章取义。

（四）中考关于名著阅读题型的要求

目前，吉林省的中考说明中明确提出名著阅读一题重点考核中国古典四大名著的内容。

在学生入学之初，我做了测试，结果显示，孩子们竟然不知道四大名著的作者都是谁。实际上，用简洁的语言概括这类题，如果对原著的内容缺少了解，学生做起来就非常有难度。

如果不进行专题学习、探究的话，可想而知后果会怎样。因此，教师有必要进行专题指导，引领学生走进名著、爱上名著，教给学生名著阅读的方式方法。

在教学中，我反复尝试用各种方法引导孩子们走进经典，但是都是事倍功半。2012 年，我确立了小课题《中学生名著阅读策略研究》。其研究目标为：通过系统的研究，形成较为完善合理的名著阅读的策略，形成有效的名著阅读的研究模式，从而使学生喜欢名著阅读并掌握阅读方法，提高学生的名著阅读成绩。

二、研究策略

（一）进行摸底测试

为了了解学生的名著阅读现状，进行名著阅读研究之前，我进行了一次测试，内容涵盖了四大名著的内容。对此，同学们叫苦连天。我于是留下作业：课下通过查找工具书寻找正确答案。第二天上交作业后我进行了统计，具体情况见表1。

表1 名著阅读题答对人数及平均得分统计表

班级	人数	作品作者	内容概括	主要人物	对内容或人物的评价	平均得分
三班	51	6人	3人	5人	2人	12分
四班	56	8人	7人	9人	3人	18分

从以上表格内容可以看出：准确了解作品作者的，两个班只有14人。个别同学虽然知道，但是不准确，如曹雪芹、罗贯中、施耐庵、吴承恩四个名字，有同学写错别字。内容概括一项，有10人答对。对于选文中的主要人物，有14人了解。对内容或人物的评价，由于不了解原著内容，只有5个同学能做简单的分析。几项内容放到一起，三班平均得分为12分，四班平均得分为18分，两个班平均得分为15分。

（二）访谈了解阅读情况

通过课上、课下与同学们沟通，我了解了孩子们阅读名著的情况：大部分同学只是停留在对影视剧的了解，对于原著大都知之甚少。问起其中的故事情节，同学们只能说出其中一点点，可谓只知其一不知其二。为了不增加难度，课题确立之初，我提出了名著阅读策略和目标：每半学期引导孩子们专题研究四大名著中的一本，孩子们在此基础上拓展其他的阅读内容。

（三）制订计划，探究学习策略

根据中考关于名著阅读的要求和孩子们终身学习的需要，我初步设计了阶段性的方案。我把我任教的两个班的107名同学分成12个小组，每班分成6个学习小组，并结合学习的积极性和个人能力，选出小组长。然后，按步骤进行研究，探究学习策略。

策略一：知人论世，走近作者。

每一部经典名著的作者都是智者，都有自己不平凡的经历和思想高度。所以，引导孩子们走近他们，就是和他们进行思想和灵魂的对话。

例如，施耐庵博古通今，才华横溢，事亲至孝，为人仗义。学生在研究的时候，常常对其产生敬佩之情：敬佩他的才华横溢，敬佩他的远见卓识，等等。

策略二：总体把握，了解全书。

这样能激发孩子们阅读的兴趣，并能从总体上掌握本书的内容。因此，教师的引导很关键。我首先用故事的形式激趣，然后印发相应的资料引导学生阅读。

策略三：回目识记，抄写积累。

四大名著都是章回体小说，回目的内容能概括本回的内容，并且句式上很工整。我引导学生们抄写回目，了解内容，并且背诵下来。

这既锻炼了孩子们的记忆，又增强了语文性、趣味性。很多同学通过抄写、背诵回目了解了本章节的内容，有利于深入阅读。

策略四：精彩内容，学会概括。

孩子们背诵回目的时候就对很多精彩的内容很感兴趣，教师再及时引导学生进行内容概括，采用抓关键词、关键句的方法，把内容概括出来。引领孩子们概括文章的章节内容，有助于孩子们继续学习。

例如《水浒传》，同学们是这样概括鲁提辖拳打镇关西这一情节的：一日，鲁达、李忠并史进三人到潘家酒楼喝酒，听到隔壁阁子有人啼哭，鲁达差酒保带来询问原因。听到金家女被镇关西强媒硬娶，强占翠莲，又将她赶出，还向金家追要典身钱的血泪控诉，鲁达大怒，当即赠送银两。第二天一早，鲁达赶到金家父女住宿的客店，亲自保护金家父女逃出虎口。然后，他径自到郑屠肉案前，先借买肉故意刁难郑屠，激怒他，挑起打斗，继而三拳打死郑屠，为民除害。鲁达打死郑屠后，为避官司，奔出南门出走。

这样的故事情节有很多，如豹子头误入白虎堂、鲁智深大闹野猪林、武松醉打蒋门神、吴用智取生辰纲、林冲雪夜上梁山、武松除恶蜈蚣岭等。

策略五：经典人物，引导分析。

小说以刻画人物为中心，每一部名著中塑造的人物形象都非常典型，要引导学生结合阅读内容分析人物的形象。《水浒传》人物众多，性格不同，要引导学生结合小说中的内容分析人物形象。例如，鲁智深疾恶如仇、侠肝义胆、脾气火爆，但豁达明理；林冲委曲求全、寡言少语、逆来顺受，但上了梁山后变得勇敢，做事坦坦荡荡，又重义气，而且智勇双全，为梁山立下大功。一提到宋江，很多同学对他的认识是有失偏颇的，需要教师的正确引导。他谦虚谨慎，疏财仗义；他具有高超的组织管理才能和军事才能，创造了梁山轰轰烈烈的事业。但宋江的性格是矛盾的，忠义是他的本色，报君是他的信念，他把起义作为实现人生理想的政治手段，将招安视为义军最完满的归宿。他是《水浒传》的灵魂，是主题思想的体现者。总之，教师应引导孩子们结合自己的阅读和理解，整理各个人物的性格特征。

策略六：读书有感，读写结合。

学生在研究名著的过程中，要及时写下感悟，形成有一定高度的读后感。读写结合，以读促写，可以提高写作的水平。

策略七：手抄报展评，增加趣味性。

研究的过程中，我引导同学们结合自己研究的内容进行手抄报创作。然后，利用班级走廊、学校大厅等明显的地方进行展评，下发证书。

策略八：奖励评价，调动兴趣。

在研究的过程中，我逐渐意识到评价的重要性，奖励、评选相结合，选出明星学生，评选周冠军组、月冠军组、年度冠军组、专项名著研究冠军组、综合研究冠军组，让学生收获知识的同时收获自信。

策略九：统一要求，集中展示。

研究中我发现，部分学生虽研究兴趣有余，但阅读不足，不能参透精髓。于是，我增加了统一书写、统一汇报及集中展示。我精心设计了每一项孩子们在研究的过程中需要写出来的内容，对孩子们进行引导，及时纠偏。

三、研究成效

课题研究已经走过了十几年，我感触很深。在引领孩子们开展名著阅读过程中，我感受到了名著阅读带给孩子们身心的变化和影响，我也认识到只要教师做好了学生阅读名著的各个阶段的工作，让学生爱上名著实非难事。

（一）学生的名著阅读成绩显著提高

通过研究，学生受益颇多，如，研究完《三国演义》和《红楼梦》后，孩子们按捺不住，自主研究起《水浒传》和《西游记》来，并自主创作了《走进〈水浒传〉》等手抄报。名著阅读带给学生们学习的信心。中考中，名著阅读的题很少有同学丢分，全面提升了语文成绩。

经典阅读会影响学生的一生，他们上了高中后对语文的学习也很自信。

名著阅读策略和模式的探索研究不仅解决了我的困惑，而且引导学生走进经典，为学生的终身阅读奠定了基础。

（二）学生形成了名著阅读的学习模式

形成了以小组为单位进行研究，互相带动的研读—整理—展示—创作的模式。同学们根据自己小组确定的目标，先进行自主研读，再进行集体研读，然后利用语文课的大课进行集中展示汇报。

教师在引导学生研究的过程中，把读和写的内容有效结合起来，这样学生的阅读时间增加了，从每天的很少的时间到用1个小时以上的时间进行阅读。学生的阅读量较以前有很大提高，阅读内容有了很大变化。另外，学生的写作水平明显提高，文章从语言到内容结构等方面都有了明显的变化，学习语文的氛围更加浓厚了。

总之，学生的语文总体素养和成绩提高了，在各项考试甚至是中考中语文成绩名列前茅。

（三）学生学会了主动去读名著

如果学生对教师所教授的内容不感兴趣，学生不会主动研究。因此，在平时的教学中我会采用多种方式引导他们主动阅读。每节课前的几分钟，我会让学生或背回目，或讲评名著内容，或评价历史人物；每周我也会安排一节学生自由阅读课；等等，这些方法大大激发了学生阅读的兴趣。另外，让学生办以名著为主要内容的手抄报，也是一个不错的办法，既培养了学生的语文素养，又代替了那些繁杂的语文作业，学生又乐于去做。

课余时间，孩子们会自主阅读原著，如，很多同学专门研究三十六计、《红楼梦》中的古典诗词等等。

（四）学生养成了写读书笔记的良好习惯

课外阅读让学生养成了"不动笔墨不读书"的良好习惯。我在指导的时候，注重方法的指导，同学们学会了用关键词、关键句、关键段串联成文的方法。读书笔记类型也随之增多，有摘抄型，即摘抄好词好句、生活常识；有提纲型，即在读完一本名著后，把其中的要点或基本内容以提纲的形式写下来，掌握该名著的内容及作者的写作思路；有感想型，即在读完一本名著后，结合现实和个人经历写出对相关问题的认识及感想，提高分析问题的能力；有想象型，主要是续编故事、改写故事，发挥想象能力，从而培养创新思维。

（五）教师的自身素养和职业荣誉感增强

2010年，我的小课题研究荣获长春地区一等奖。接过周国韬局长颁发给我的荣誉证书时，我欣喜若狂，更激发了我研究的兴趣。2012年是关键的一年，我带领全体同学参加首届全国曹雪芹杯青少年文学创作大赛，我的两个班级的同学投稿共计104篇，荣获一等奖的有16人，荣获二等奖的有37人，荣获三等奖的有22人。当孩子们接到评委会发来的奖状时，那开心高兴的表情让我至今记忆犹新。很多孩子在《新文化报》《校园文化》等刊物上投稿，并纷纷发表，我也因此很荣幸地成为作家研究会的一名成员。

我的论文也在全国多个刊物上发表。我关于名著阅读教学的内容也引起了小小的波澜：2013年，吉林省第二届初中语文课堂教学大赛，我荣获一等奖，得到了吉林省语文届前辈的指点和赞誉；2013年11月，参加第20届东北三省四城市青年教师课堂大赛，我的《走进〈红楼梦〉》荣获一等奖；2013年，参加"长春杯"语文大赛，荣获二等奖。2014年，《中学生经典名著阅读的有效策略》在《教学集萃》上公开发表，并荣获年度教学论文一等奖；2015年以来，参加全国各种大赛课，我收获颇丰；2016年，我被评为长春市"十二五"先进研究个人。

在研究的过程中我越来越感到，教师的示范作用是非常关键的。教师在读什么、做什么，我的学生是非常关注的。他们常常浏览我的QQ空间，看我提供的资料和所创作的作品。我喜欢读书，为了引导学生读书，有时候我会在QQ空间里写一些文章，点拨一些方法。在课堂上，我也常常不失时机地给学生讲上几段，最精彩的是我一口气背诵了《三国演义》第120回的内容，让学生目瞪口呆，引得学生满堂喝彩和热烈的掌声，我也成为他们心中敬佩的模范老师。

同时，每一次品读都会带给我全新的感受。所谓教学相长，我的文学素养得到了很大的提高，并能自如地运用到教学中，提高了教学水平和能力。

如今，对这些策略，我在初中部进行了推广，利用集体备课的时间给大家汇报讲解具体做法，很多班级也尝试着用这样的形式进行名著阅读研究，并以四大名著阅读研究的方法为中心，向其他名著阅读拓展延伸。

四、反思与下一步工作

我的研究探索也有很多不尽如人意的地方，比如刚开始时有学生或家长不理解：不就是中考的 5 分题，还犯得着费这么大的劲儿吗？还有很多家长不支持，甚至起到反面效果。于是，每次刚接手新一年的学生，我都会充分利用好第一个家长会的契机，尽可能得到更多的家长的支持。

另外，学习资料的有限也限制了孩子们研究的兴趣，很多问题不能及时解决影响了研究的进度和质量。于是，我想尽一切办法预设问题，把孩子们在研究的过程中可能遇到的问题想清楚。

其实想一想研究的内容，我们又何尝不是在深入研究语文教学呢？把优秀的作品带给孩子们，教会他们学习的方法，这比什么都重要啊。你看我的学生们，每次考试，无论大考小考，成绩在年级组都名列前茅。其实，在自信中成长比什么都重要，比什么都充实！

名著阅读的研究，受语文教材的影响较大，如果没有一个非常开明的学校领导，要把这项活动进行到底是很难的，有幸的是我的教育教学得到了学校领导的认可和支持。

接下来，我将继续深入研究，完善更加适合中学生的经典阅读模式，并将经验推广到中学生古诗文阅读策略、中学生现代文阅读策略、中学生作文策略以及中学生综合实践策略等课题研究上，我也正在朝着这个方向努力。

提高初中生写作技巧的策略研究

长春市第一实验东光学校　邹秀芳

一、课题概况

《义务教育语文课程标准（2011 年版）》中规定，"认识中华文化的丰厚博大，汲取民族文化智慧。关心当代文化生活，尊重多样文化，吸收人类优秀文化的营养，提高文化品位"，"培育热爱祖国语言文字的情感，增强学习语文的自信心，养成良好的语文学习习惯"，"能根据需要，运用常见的表达方式写作"。所以，这些也是对学生写作的新要求。

语文教师要根据时代的需要，发现学生在学习中遇到的困难，逐步激发学生的写作欲望，探索适合学生写作的方法和途径，使其学会观察生活、感受生活，以课文为蓝本，学会模仿和创造，用笔去描绘五彩缤纷的生活，增强文化自信心和民族自豪感。

本课题研究的目标为：一是培养学生对作文的兴趣和爱好，掌握写作技巧，探索写作规律，同时能够欣赏美文，学会写散文、记叙文和议论文，提高学生的审美能力和写作能力，构建自己的写作语言体系；二是积累和掌握写作的相关知识，关注社会，关注世界，提高自己的批判思维和思辨意识，培养正确的人生态度和价值观等。

针对以上的目标，确定了以下研究内容：

七年：先教学生学会欣赏古诗词的方法，了解其结构特点，化诗为文，并初步掌握借景抒情的方法；树立写作信心，激发写作兴趣。

八年：通过课内典型的记叙文和说明文，教给学生布局谋篇的方法，掌握记叙文的写作方法，并结合自己的生活经历抒发自己的情感；掌握说明文的说明顺序和说明方法等知识，学会写事物说明文和事理说明文。

九年：向学生出示典型的议论文范文，传授相关的议论文知识，如，提炼材料作文的主旨，对社会现象发表自己的看法和观点；学会初步写议论文，提高思辨性，为高中的进一步学习打下基础。

二、研究策略

（一）加强理论学习，提升思想高度

"凡事预则立，不预则废。"计划的制订、实施，一定要有理有据，要切实可行。为了让理论更好地指导实践，我认真学习教育理论，取众家之长，为我所用。

（二）激发学生写作兴趣，消除畏难情绪

第一，通过中英文对照，学生感受到中国语言的丰富，如下句：

I love three things in this world, the sun, the moon and you. The sun for the day, the moon for the night, and you forever.

我们学生的译文是：天地之阔，三事鄙人所爱，日则伴昼，月则唯夜，一世则恋佳人。

吉林市一中一个学生是这样翻译的：我爱这世间有三，日伴清晨，月伴黑夜，你伴一生。

最美的翻译：浮世万千，吾爱有三：日、月与卿。日为朝，月为暮，卿为朝朝暮暮。

汉语有化腐朽为神奇的力量，学生很喜欢。

第二，积累经典的古诗词和中外的现代诗，感受汉语言的魅力。

写好作文，必须有量的积累，所以学生应积累优美、有哲理的语句，对语言有一定的敏感度。同时，应理解背诵，上课考查，培养学生在诗的意境中揣摩诗人的情感。

为培养学生的语感，我自选了中外优美的诗词，要求学生背诵默写；课前组织学生进行部编版必读名著的演讲，从中外文化中汲取营养；准备了影响中国青年的100句名言和这几年"感动中国"人物的事迹，课间让学生阅读学校图书馆的杂志，并做好积累，丰富学生的素材。如果学生表现好，根据背诵、朗读情况，我会给予精神激励或物质表扬，让学生燃起学习的热情。

（三）化诗为文，丰富学生的语言积累

结合书中经典课文进行仿写训练。老师上课引导学生欣赏优美的古诗词，让学生读懂作者（作者的写作意图），用心去揣摩作品的意境和作者的情感，读懂形象（借助形象进入作者内心），读懂自己（反省自己，浸润灵魂)。阅读是人与作品的对话,在阅读中加入自己的想象和理解,化诗为文,融入自己的情感,一篇情景交融的散文就会自然写就。化诗为文的具体要求:

1. 不能找参考资料把诗词简单地翻译过来。

2. 在诗歌散文化的过程中,可以发挥自己合理的想象,大胆取舍,注意详略,采用再造创新、画面重组、扩展再现等手段,把诗词的意境呈现出来。

3. 注重诗词中对景物的描写。

4. 注重地点、季节的转换,不能改变诗词风格。

5. 化诗为文,注意选择好人称叙事的角度,尽量让读者如临其境。

6. 最关键的一点是抓住景、事、人,立意、立言、立法。

(四) 引导学生模仿名篇写佳作,构建作文框架

新入学的初中生可能不太会写作文,要想写好作文,可以先从模仿做起。古人把模仿叫"偷",古人作文者有"三偷":浅者偷其字,中者偷其意,高者偷其气。朱光潜先生的文章《谈作文》,里面谈到了初学作文应走的路径:"学文如学画,学画可临帖。"著名戏剧家曹禺曾经说过这样的一段话:"我是一个忘恩的仆人,我抽取了主人棉被里的经线、纬线,重新设计,织成了我现在这件丑陋的外衣,但我不认为这是我主人家的衣服。"这段话不仅阐明了借鉴与抄袭的区别,而且告诉我们应怎样创造性地"偷文"。从哪里模仿呢? 我觉得教材就是很好的范本。教材不仅向学生传递了知识,也是写作文的很好的例子。课本选的很多作品都是学生模仿的范文,如鲁迅的《从百草园到三味书屋》是学生写童年生活的很好的蓝本;朱自清的《背影》是亲情的流露;鲁迅的《孔乙己》《故乡》等,对人物细致的刻画、回味无穷的结尾等,都值得学生学习。学完《三峡》和《答谢中书书》后,学生写了校园的四季和长春的四季等。下面是学生的作文:

春分,碧空宛如洗,万里皆无云。雀回谈甚欢,燕归飞更喜。清竹初出笋,杨柳复吐枝。

夏至,朝阳殷勤出,波光潋滟浮,眼中尽光辉。老父仰天笑,畅歌不肯归。远见遥招手,疑是仙人回。回家方惊叹,老生亦可畏!

秋分,风清秋气凉,骤雨隐秋霜。霜击不足惧,菊花壮且狂。候鸟俯首看,遍地是高粱。枫树翻红叶,如火似骄阳。

冬至，瑞雪随风舞，翩翩天地间。平原素装卧，白衣裹身眠。雾凇江边绕，水汽覆林间。身边光影现，似在九重天。酣饮温酒寒水边，吾且畅游三百遍！

（五）传授议论文相关知识

人生活在纷繁的社会中，如何培养学生正确的人生观、价值观，也是语文教学立德树人的根本任务。教师让学生看一些杂文，看一些时事材料，提炼观点，结合古今中外的史实，布局谋篇，写好议论文。

（六）随时对学生的习作进行批改和点评

对于学生的习作，教师要及时反馈，学生才会及时改正。我采用了不同的方式，将学生分成小组，采用师生评价、生生评价、学生读后家长评价的方法，并且下发评价表，有的放矢，或口头表扬，或者发奖状，或者发积分卡，等等。多种方式的评价，激发了学生的写作热情。

三、研究的成果与成效

（一）学生的写作兴趣和写作信心有所提升

通过三年的训练，学生们坚持写观察日记和读书心得，心理上逐步减少了畏难情绪，克服了写作焦虑，逐渐对作文产生兴趣。

1. 养成了每讲完一首古诗词，学生主动地化诗为文的习惯

学生都愿意把自己想象成作者，穿越时空，真正地走进作者的心里，体会作者的情感，化诗为文。现在，学生们逐渐摸索出符合自己语言风格的借景抒情的小散文的写作方法，用词考究，提高了自己驾驭语言的能力，景中有情，描写和抒情巧妙地结合在一起。例如：

寂寞秋夜冷

独自登上西楼，仰望天空，残月如钩。这月经历了多少阴晴圆缺，见证了多少悲欢离合，怎能不勾起我的离愁别恨。秋风吹过，我低下头，看着那庭院，茂密的梧桐叶已被无情的秋风扫荡殆尽，只剩下光秃秃的树枝和几片残叶在风中瑟缩。然而，即使是凄凉的秋色，也要锁在这高墙深院内，锁住的还有我那孤独落寞的心、思乡的情、亡国的耻。

心头的思绪像丝线一样，剪不断，理还乱。丝长可以剪断，丝乱可以整理，而我这满心的离愁怎样剪断？

风袭过，我看向四周。如今，时过境迁，荣华富贵早已成了过眼烟云，故国家园，不堪回首，江山旁落，泪水顺着脸颊滑下，是苦，是悔，

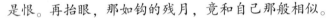
是恨。再抬眼，那如钩的残月，竟和自己那般相似。

2. 养成了善于观察的好习惯

太阳每天都是新的，每天都有故事发生，所以让学生每天观察学校或者班级发生的事情，亦或自己通过各种媒体了解到的内容，学会用自己的笔墨讲故事，发表自己的见解，为写议论文做好材料上的准备。

3. 学会了关注社会动态，发表自己的见解

对于社会时事热点、体坛赛事等等，他们都如数家珍，能够发表自己的看法。真正的读书人，不是书呆子，是家事国事事事关心。

另外，学生的多篇作文在"社会主义核心价值观，筑梦小主人"征文中获奖，更增强了学生写作的信心。同时，教师获得"筑梦小主人名师"的称号。本人撰写了《初中学生写作技巧的策略研究》一文，在全国初中语文教师教学基本功展评暨教学观摩研讨会中，荣获一等奖。

4. 课堂上的作文互评互改增强了学生的鉴赏能力

在作文互评互改课上，学生掌握了作文评改的方法和重点，关注别人的优点，学会用欣赏的眼光看待别人，借鉴了他人习作中优美的语句，避免了别人所犯的错误，可谓"见贤思齐，见不贤而内自省也"。在平时的学习生活中，学生们学会了宽容，增强同学之间的合作协调能力。这样下来，学生上课的纪律也好了，人情味很浓，学会了体谅他人，无形之中提高了学生的道德品质。

(二) 教师的写作理念有所完善

虽然教无定法，但教必须得有方法，还必须常抓不懈，日熏月染，定会有所收获。在这个过程中，教师转变了教学思想，开阔了视野，提升了教作文的能力。

每个学生都是有潜力的，都有对生活的感悟，只要适时表扬，学生写作的积极性就会提高，就会增强学生写作的信心。

教师还注意平时多搜集资料，积累素材。因为教学的需要，自己平时要看一些报刊、相关的作文集、写作方面的理论专著，如陈钱林的《新理念作文》、孙绍振的《文学创作论》等，完善自己的教学理念，让自己与时俱进，跟上时代的步伐。另外，我在班级给学生定了《青年文摘》《读者》等，看到自己认为好的文章就会做好摘抄，写出自己的心得体会。同时，还要找时间向同学们推荐阅读，让学生品味，找出令其感动或喜欢的地方，让其在文章旁边做批注，然后在课堂上进行交流，师生产生共鸣。

学生一天读一篇文章，天天读美文，学生的语感就会提升。实践证明，这种做法很有效，还培养了学生的阅读理解能力，一举多得。

教学过程中，我经常进行总结提炼，构建出适合学生的写作模式。经过多次尝试、摸索，自己注意到，在化诗为文的时候，应注意在课堂上不着痕迹地嵌入写作，让学生经过读（情感）—品（内涵）—析（句子）—赏（美点）—说（收获）—写（感悟）的过程，引导学生将诗歌散文化，扣主题、绘美景、抒情感、评优劣、改缺点。这样，学生多品悟，发挥自己的联想和想象的能力，把自己想象成诗词里的主人公，和他们一起忧伤快乐，学会铺陈和点染。"点"，指画龙点睛的主句（或中心词），在适当的地方（或开头或结尾）点明诗歌主旨。这样点与染结合运用，可以营造出优美的意境，借景抒情，增强文章的感染力。久而久之，学生语言的丰富性就会提高。

教学过程中，我探索出仿写训练的写作思路。叶圣陶先生曾说过，看整篇文章，要看明白作者的思路。学生在仿写之前，要弄清文章的"路"，首先抓住的是立意，然后是立言，最后是立法。学生应明白这篇文章写的是什么主题，主要运用了哪种表达方式，是如何开头结尾的，是怎样起承转合的，这样一次模仿一点，找准切入点，作文的结构布局就会形成自己的风格。遵循的规律是：寻（美文）—探（选材）—思（布局）—设（首尾）—仿（语言）—展（文章），紧扣立意、立言、立法。这六步法一气呵成，只要长期坚持，就会有收获。教学相长，教师在这一过程中也提升了自己的业务能力。

到了九年级，学生学习了议论文的相关知识，知道了议论文的三要素、议论文的论证方法、议论文的结构。老师讲了例文之后，再出具几篇议论文，学生仔细品读，绘制这篇文章的思维导图，探索议论文的写作模式以及语言特点，引导学生结合中考材料作文的审题立意构思成文。

写作是一项系统而复杂的工程，需要积淀。今后，要根据教材的内容，引导学生学写游记，创作小说，改编剧本，学会表演，把学生培养成多面手，要让学生有信心：我能写，我愿写。教师的任务是让学生努力写好中国文，说好中国话，做好中国人。

从"文学阅读"的层面开展古诗文教学的实践研究

长春市朝阳区教师进修学校　王　丹

一、课题概况

作为文化传承的载体，古典诗文以其丰富的人文内涵而经久不衰。它篇幅精练，格式严谨，形象生动，意境优雅；它博大精深，源远流长，意存高远。它是传统文化中的瑰宝。品读古典诗文，可以丰富语言，开启智慧；可以提高修养，增强民族自豪感。

在中学教材中，古典诗文占有重要一席，篇目颇多。综观整个中学的古诗文教学，几乎是围绕考试内容开展的单一的对文言句读的阐释和篇章结构的分析，忽视了古典诗文在文学层面的价值。一首首生动鲜活的诗词，一篇篇文质兼美的文章，被解析得中规中矩，仅成了古人的文字标本，而非有生命的文学作品，因此，学生对古典诗文的阅读渴求也会在千篇一律的讲解中被扼杀殆尽。不当的阅读取向具体表现如下：理性分析代替感性体悟；功利思想影响审美活动；文句的阐释误导教学的审美目的；单一武断的结论打压学生的创造性阅读兴趣。

语文课程标准强调语文学习要培养学生热爱国家通用语言文字，培养高雅的审美情趣，注重学生欣赏语言文字的能力的习得及独特的阅读感受和体验的养成。中学语文教科书中的古诗文都是经典名篇，正如朱自清所说："在中等以上的教育里，经典训练应该是一个必要的项目。经典训练的价值不在实用，而在文化。"在他看来，学习古典诗文最终的落点是文化的传承与反思。如果仅是对古典诗文进行字面的串讲，而没有探究遣词用句之妙；如果仅是牵强附会出作者的情感态度，而没有品其言、会其意，这样的教学只会抹杀古典诗文的教学功用，不利于文学素养的培养。因而，在只重"文言句读"的大环境下，教师在古诗文的阅读教学中还应兼顾"文学"和"文化",这是帮助学生透彻领悟作品的关键,是感受作品个性之美的有效途径,是提升学生阅读兴趣的有效方法,更是培养学生文学素养和审美能力的必然要求。

目前,在中小学阶段,古典诗文方面的课题研究主要倾向于教学方法、诗文诵读等方面的探索。总结起来,这些研究多是围绕文本的呈现方式、感知方式来进行的,并没有从诗文本身来构建知识。我们说,汉字之美,不只美在形,更美在意蕴,美在风骨,如果不能在"字"中感知语言的精妙,不能在"文"中领略思维的智慧,不能在"篇"中体会表达的精彩,古诗文的教学就只能停留在表层的认识上。

本课题的研究致力于对古典诗文教学内容的开发和创新,力求用语文的视角去审视,用语文的知识去研习,用语文的方法去赏读,让教与学依托于古典诗文的用词、造句、布局、谋篇,将古诗文教学真正提升为一种文学赏析和文字审美活动。这将是古典诗文教学研究的一个崭新的角度。

二、概念的限定

"文学"是一个外延极其广博、内涵极其丰富的概念,所以古诗文文学层面的阅读要素就复杂得多。在本研究中,对"文学阅读"的理解直接决定着研究的方向和内容,它大致应包含以下几方面:

(一)重视文言知识的应用价值

文言知识虽不是古诗文阅读教学的终极目标,但它依然是必要的教学内容,对语文能力的形成起支撑作用。古诗文的特点,首先体现在文言运用上,因为字有直指的意义,也有联想的意义,所以文言本身就是民族的文化。

(二)注重感悟作品的炼字炼句处、章法考究处

炼字炼句处、章法考究处往往是作者言志载道的关键点、精髓处。学习古诗文,实质是体认它们的言志与载道,最终的落点是文化的传承与反思。基于此,古诗文阅读教学的着力点应落到引导和帮助学生通过感悟作品的炼字炼句处、章法考究处来具体把握作者的所言之志、所载之道。

(三)强调诵读,意在玩味

诵读是心、眼、口、耳并用的一种学习方法,阅读应玩味义理,咀嚼滋味,方有所益"。在诵读的同时,实现对文本的感悟理解。

(四)注重举一反三、触类旁通

语文是一个外延很广的学科,客观上决定了其教学资源的丰富性,尤

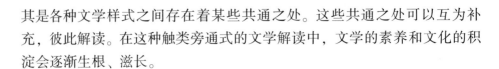

其是各种文学样式之间存在着某些共通之处。这些共通之处可以互为补充，彼此解读。在这种触类旁通式的文学解读中，文学的素养和文化的积淀会逐渐生根、滋长。

三、研究目标

通过探究文言使用的规则和习惯，传承民族的语言。

通过感悟古诗文的炼字炼句处、章法考究处，实现有效解读，感受古诗文的个性美，了解古人的思维方式和所言之志、所载之道，传承民族的精神。

通过诵读，引导学生掌握诵读的规则和方法，在抑扬顿挫中提升审美能力，陶冶情操。

通过文学层面的阅读，激发学生阅读古典诗文的兴趣，提高品位。

通过实验和反思，总结出古诗文文学层面阅读的维度、方法及教学策略等，形成成果，并推广经验。

四、研究过程

（一）准备阶段（2016年12月—2017年3月）

学习相关教学理论，初步掌握同类课题研究的发展动向；准备课题研究的相关资料；确定总方案和具体实验计划。

（二）研究阶段（2017年4月——2017年10月）

选定实验对象，了解教学实际，全面开展实践研究；注意搜集相关资料和数据，注重反馈，关注逆向发展；不断调整研究的内容和方法；完成阶段性成果报告。

（三）总结阶段（2017年11月—2017年12月）

形成具有指导意义的古诗文阅读教学策略，整理研究成果，撰写相关报告。

五、研究策略

（一）帮助学生树立正确的阅读观，明确古诗文阅读的方向

传统课堂中，对阅读终极目标认识的误区从根本上导致了古诗文阅读教学内容取向的偏差。只有有了正确的阅读观念，才能有正确的阅读取向，最终才会生成有效的阅读行为。

1. 面向一线教师和中学生做好问卷调查及听课跟踪，了解古诗文阅读教学的症结和认识误区。

2. 以专题讲座引领古诗文阅读的科学的价值取向。

3. 张贴其他地区、其他实验教师相关研究的介绍，带动文学层面阅读的研究。

（二）帮助学生尝试进行文学层面的阅读

由于学生认知水平有限，学习和模仿就成了他们创造性阅读前的必经阶段，而汲取他人的智慧、了解作品的相关资料也是进行文学阅读的必要知识储备。另外，进行文学阅读的前提是要回归到作品的语言世界中，如何寻找文学阅读的生发点？文学层面的阅读从哪些语辞入手？这些都需要实验教师不断地引领，以帮助实验对象进行有效的文学阅读。

1. 推荐解析古典诗文的书目，实现资料的大量占有。

2. 在课堂教学中教授文学阅读的角度和方法。

课堂教学是实验研究的主要阵地，课堂教学的反馈则是实验行为的有效检验。教学中，注重引导学生关注文本，了解文言使用的规则、习惯，关注作品中的炼字炼句处、章法考究处，最终实现文化的传承与反思。这里尤其要强调对古诗文诵读的重视和指导，因为古诗文的音律美和情感起伏能够在反复诵读中得以强化。

3. 实验教师组织活动，展示、汇报、总结阶段性研究成果。

4. 学生制作阅读批注卡或形成学习笔记等，及时展现阅读思考，汇报文学阅读成果。

（三）鼓励学生进行其他文学样式的欣赏，以促进古诗文的文学阅读

单一的文本教学有时很难帮助学生形成生动形象的认知。鉴于中学生学习生活的实际及其兴趣爱好的不同，在众多的文学样式中，本实验研究至目前为止，首先选择了影视文学进行比照阅读。与文本阅读不同，影视文学以其特有的声、色、境、像受到人们的喜爱和关注。影视作品中意境的构建、人物的表现、画面的留白、色彩的运用等与古典诗文（尤其是古典诗词）有着异曲同工之妙，生动的画面不仅易于创设思考的情境，可对文本进行多维度的阅读，更有利于问题的说明和解决。

1. 教师结合阅读的作品，选择适宜的影视作品，带领学生一同观看。

2. 教师提供相关影视作品的欣赏资料，就两种文学样式的相通相承之处给予点拨和引导，让学生通过对比，体会文字强大的表现力和感染力，

深化对文学阅读的理解和运用。

六、课题取得的阶段性成果

第一，通过第一次问卷调查及听课跟踪，及时了解了古诗文阅读教学中存在的问题和认识误区；通过第二次问卷调查，及时掌握了实验研究的进展情况及阶段性效果。

第二，实验初始阶段，在参与实验研究的三所学校中，各举办了两次专题讲座。通过讲座，学生对古诗文的文学阅读有了初步的认知，并产生兴趣。

第三，通过日常的古诗文阅读教学，初步总结了一些古诗文文学层面阅读的角度和方法，并在实践中不断得到应用和验证，收到一定的效果。

①在古诗文的教学中，重点把握常用字词的语义及使用习惯。比如，"操"和"持"都有"拿"的意思，但各有侧重："操"表示手的动作娴熟，含"熟习"之义；"持"表示"拿得牢""握得紧"，可以引申出"端""捧"之义，其间含有恭敬的意味，如《鸿门宴》里"我持白璧一双"一句，恰恰通过"持"表现出刘邦对项羽的尊重，可是他俩是对手，这里的"持"可体现出刘邦的虚伪狡诈，如果用"操"表达就没有这些意味了。所以说，文言的教学也包含着文学阅读的层面。另外，从表达效果上看，这些具有文学色彩的文言常用字也是值得关注的。

②通过关注作品中的炼字炼句处，实现对古诗文的文学阅读。要细品用语的"文味儿"，要揣摩朴素简约话语中的"言外之意"，要留心"违和"表达中的"特别提示"，等等。比如，苏轼的《记承天寺夜游》中"解夜欲睡，月色入户，欣然起行"中，"解夜欲睡""欣然起行"的主语都是"我"，而"月色入户"的主语呢？是月色。初看之下，三个短句因主语的不断转换而使整个句子的语义不够连贯，细品之下才觉得别有情味。"入"使人感觉到月光是一点点地进来的，不管你喜不喜欢、接不接受，它都光华普照，带有一种主动的味道，像一位朋友，敲着门窗说："喂，月光这么美好，出来赏一赏吧！"于是才有了"我"的"欣然起行"。这种暗含的因果恰恰贯通了文意，虽然仅用三个短句，却藏着这么多的意趣，多有情致！

③通过关注作品的章法考究处，实现对古诗文的文学阅读。要细悟作品的"志"与"道"，要特别关注古典散文中虚词的使用与"情""致"的关系，等等。以《醉翁亭记》的第一段为例，细心的读者可能会发现，

这篇文章里用了很多虚词，像"而""者""也"等。朗读时，因为众多虚词的使用，带来了语言的顿挫，拉长了语句，延长了节奏，使诵读近乎哼唱，成功地传达出一种优哉游哉的情调和从容闲适的情绪，而这种基调恰与文本的"太守之乐"契合。同时，虚词的有无表达了不同的情绪，因而它是一个章法的问题。这类的章法问题是有别于现代文的，应该引起我们的重视。

第四，学生学习并制作了阅读批注卡，不仅有效地反映了实验的成果，更有力地推动了文学阅读的自主性。

第五，通过探究性学习，初步进行了古诗词与电影作品的对比欣赏，完成了"古诗中的电影语言"的探讨，并在长春市朝阳区范围内面向全体教师做了专题报告。

第六，形成了实验研究的讲座稿、案例、资料摘录、备课笔记、论文等。

七、存在的问题

第一，功利思想依然影响古诗文的文学阅读。现代的古诗文教学，受应试教育的影响较深，部分学生只关注文言语法，轻视文学层面的阅读，往往表现出思考的被动和思维的僵化。

实验教师必须不断加强自身修养和丰富知识储备，在"讲得新""析得透"上下功夫，发掘古诗文的独特、个性之美，让学生真正感受文学之美和中华文化的博大精深，才能激发学生的审美冲动，形成自觉的审美习惯。

第二，对古诗文文学阅读的角度和方法的探究还有待加深。目前来看，角度尚单一，方法较传统。教师可以尝试以下方面的改进：

①文学阅读中有关古代文化的渗透可以更丰富。

②可根据作品的文体特征、特点来开发文学阅读的内容。

③实验教师要多翻阅古诗文鉴赏类的书籍，因为只有透彻地理解和把握作品，才能发掘更多的审美视角，开展更深入的文学阅读。

④还应多调动学生思考，其思维的开放性和认知的创造性或可给教师带来更多的灵感。

第三，对实验进度的跟进还不够紧密，没能及时了解学生在文学阅读中的情感变化和学习困惑，没能准确把握学生的学习能力和接受能力。

实验教师要进一步跟进实验，可以通过访谈、测验等形式，更加及时、客观地了解学生的心理变化及技能习得的状况，以不断调整实验内容和呈现方式。

初中语文作文生活化实践研究

长春市第七十二中学　龚献宇

一、课题概况

（一）研究背景

初中语文作文教学的目的在《义务教育语文课程标准（2022年版）》中的表述就是，"积极观察、感知生活，发展联想和想象，激发创造潜能""多角度观察生活，发现生活的丰富多彩，能抓住事物的特征，为写作奠定基础"。同时指出："写作要有真情实感，表达自己对自然、社会、人生的感受、体验和思考，力求有创意。"所以，作为初中语文教师，我们要引导学生用敏感的心、善于发现的眼睛去主动观察身边的生活，在生活中获取自己的独特的感受和体验，写成作文来抒发自己的真情实感。

针对初中学生作文缺少真情实感、内容虚假、脱离生活、选材单一、内容重复、辞藻堆砌等问题，语文教师有必要将生活化作文的研究应用到日常作文教学实践中，从而使学生的作文贴近生活，能够抒发自己的真实情感。

（二）研究目标

1. 教师在教学实践中，通过调查和反复研究搜集材料，研究学生作文存在的问题，分析原因。

2. 教师明确生活化作文的特点、意义、实施方法，将生活化作文运用到自己的教学实践中。

3. 教师研究实现学生作文生活化的策略。

二、研究内容、方法与步骤

（一）研究内容

1. 概念的界定和强调的要点

所谓"作文生活化"，就是学生通过自己观察体验生活，结合自己的生活实际和亲身感受进行写作，把生活作为创作的源泉。生活化作文强调的要点之一就是学生必须从自己的视角出发去观察身边的生活，并进行创作；强调的要点之二就是学生必须结合自身的生活体验进行贴近生活的创作。

2. 理论依据

（1）陶行知倡导的"生活教育"理论。

"生活教育"理论强调"生活即教育"，也就是将教育和生活看成一个整体。实际上，生活的过程就是教育的过程，二者缺一不可，相辅相成。

（2）叶圣陶的"生活化教育"理论。

叶圣陶认为，生活如泉源，文章如溪水，泉源丰盈而不枯竭，溪水自然活泼泼地流个不停。

（3）作文活动构建理论。

教师的职责不能简单定位为传授书本知识和灌输概念理论，要将学生的学习活动和他们的实际生活相结合。

（4）《义务教育语文课程标准（2022 年版）》中的要求。

语文课程标准提出，应"多角度观察生活，发现生活的丰富多彩"。

3. 分析学生作文存在问题的原因

部分教师急功近利教授模式作文，另外也和学生不注意深入观察生活有关。

4. 研究生活化作文的作文课内引导策略和作文课外引导策略

具体做法见课题成果部分。

（二）研究方法

1. 调查研究法

从与研究内容相关的资料入手，从中发现问题，同时参考其他与此相关的论文创作和资料，通过调查分析，找到切实可行的实践方法。

2. 实践研究法

从学生的创作实际出发，找到相关的研究策略，并运用实验研究法对学生进行作文生活化的训练指导，从实践的角度获取第一手资料。

（三）研究步骤

1. 第一阶段：启动阶段（2021 年 5 月—2021 年 8 月）

确定研究对象，对学生作文缺少生活的现状进行调查，并且分析原因，查阅国内外的各种相关理论和材料，结合本校实际确定生活化作文的研究方案。

2. 第二阶段：实验阶段（2021 年 9 月—2022 年 9 月）

研究课题的教师们结合教学实践系统研究实现作文生活化的教学策略，探究有效策略；定期开展实验研讨课、研习会、经验总结交流会等，积累材料，及时汇报交流，编印阶段成果集。

3. 第三阶段：总结阶段（2022 年 10 月—2022 年 12 月）

对生活化作文的相关理论和策略进行总结和结果分析，撰写结题报告，编印成果集，进行成果展示。

（四）研究过程中的实施策略

1. 帮助师生强化"生活作文"的意识

为了帮助课题组每一位成员更好地理解和认同"生活作文"的理念，多次组织全体成员学习相关理论，研究国内外的相关课题成果，从而统一思想。课题组还要求成员们结合理论与实践完成初中语文作文生活化的论文，激发创作热情。

每学期两次的专题讲座及平时的作文课的指导与讲评，向学生渗透贴近生活进行创作的意识。先是由课题组辐射到全年级，再跨年级覆盖了全校学生。多数学生不再像以往那样只顾埋首于书卷，而是寻找一切机会亲近自然，融入社会，自主参与，灵动创作。学生用自己的眼睛和心灵去寻找和感悟多姿多彩的生活，努力用鲜活而朴实的文字表达自己的所见、所闻、所思、所感。

2. 师生努力共创写作的生活情境

教师引导孩子们真正融入社会，去了解它的发展变化，从而适应它、亲近它、热爱它，而非"两耳不闻窗外事，一心只读圣贤书"。

要求每一位成员认真上好每一节作文课，把作文训练当成生活实践和成长指导来严肃对待，课前做好充分预设，引导学生投身生活、感悟生活、反思生活、再现生活。几年下来，我们的作文教案越来越生活化，越来越情境化，越来越人文化，越来越趣味化。

有了统一的思想理念，还得一丝不苟地去践行，在实践中不断完善理念。每次作文训练后都要及时梳理，对教与学的情况进行分析、反思，然后认真撰写作文评讲课教案，以帮助学生认识自身作文中存在的优缺点，教给他们提升写作水平的技能，由扶到放，由引领到生生互助，再到独立修改，直到学生的习作接近完美，接近发表水平。

三、课题的成果和成效

（一）课题成果

1. 形成作文课内引导策略

（1）在作文课内，教师采用生活化的命题，以贴近学生的生活实际。

要想让学生创作出生活化作文，教师就要在作文课内进行生活化命题，因为只有命题取自生活才能让学生在作文中有话可写。

教师要注意以下两点：一是教师选择的命题要贴近学生生活，选择学生熟悉的、有深刻情感体验的题目；二是教师选择的命题要符合学生的年龄特点。

（2）注意联想、想象等写作方法的指导，引导学生抒写真实的生活。

联想、想象可以帮助学生拓展思路，在记忆中搜寻素材，从而写出生活化的作文。它可以让学生将自己的亲身感受与生活结合到一起，更好地反映生活。

教师应引导学生深入、多角度地思考生活，增添作文的思想性，教会学生正确对待生活，使其遇到问题多思考。

（3）教师也可写"下水文"，和学生同题挑战。

教师布置题目，由教师和学生分别来完成作文。教师应从生活的角度入手，写出自己真实的生活感受。教师完成作文后进行讲评，让学生对比和教师所写作文的差距，找到教师作文的优点，从而改进自己的作文。教师的生活阅历广，对生活的思考更深入，对生活的观察更细致，所以学生在同题挑战中多会叹服于教师的生活观察力。

（4）在作文讲评时以生活为主导，侧重生活感受。

生活化作文的讲评课应该以学生为主体，在尊重学生作文的同时，对学生的作文从生活化的角度进行评价。教师在作文讲评课中应引导学生了解作文与生活的密不可分的关系，从生活细微处着笔，书写多姿多彩的生活。

2. 形成课外引导策略

（1）指导学生通过写日记来关注生活，通过写摘记来积累素材，引导学生关注社会生活，体察人间冷暖。

教师教学生写生活化作文的关键一步就是教会学生观察生活，积累好的写作素材，而写日记是一个极佳的途径。日记是用自己的笔记录下来自己感兴趣的、有深刻感悟的事件，从而为写作积累素材。

写摘记可以在摘录中积累生活化作文的素材，积累好的词句和片段，并用到自己的作文之中。优秀的文学名著、有价值的课外读物、时事报刊中的生活化内容等都是学生可选的摘记内容。学生将自己喜欢的片段和词句写到自己的摘记本中，经常去朗读背诵，慢慢就会成为学生自己的写作素材。

除了学校生活之外，社会生活也是一片广阔的天地，如好心人的热心帮助、环境保护、扶助弱势群体、国家发生的大事等内容都可以作为学生的写作素材。在写作的过程中，教师要鼓励学生认真观察，仔细思考，积累写作素材。学校和教师也应该多创造机会让学生走出校园，体验生活。

（2）巧设情境，激发学生的写作兴趣。

教师可以设置生活中的情境教学生写作，从而激发学生的写作兴趣，让学生学会用眼观察、用心体悟。

课外生活的内容丰富，教师可以引导学生用心观察生活，找到生活细节，让学生明白只有用亲眼所见描绘的生活才是栩栩如生的。

（3）捕捉灵感，细节处见真情。

捕捉生活中的灵感能够写出生活细微之处的真情，使作文变得有滋有味。教师要细心发现学生生活中的点滴细节，帮助学生捕捉稍纵即逝的灵感，激发学生的写作兴趣。例如，遇到雨、雪等天气，教师可引导学生观察自然现象。这样，学生写出的作文才会有实感、出真情。

（4）名作引导，汲取名家智慧。

文学名著是中国文化的精髓，里面的美文及写法都值得学生们去学习和借鉴。教师可以以课外名作为引导，让学生汲取名家智慧，学习名家从生活中取材，细致描绘生活的写作技巧。以名作为指导，学生的写作能力会大幅度提高。

（5）阅读渗透，润物于无声之中。

许多优秀的课外现代文阅读作品都取材于生活，值得学生们去学习。教师在教授学生阅读现代文时应该注意引导学生随着作者的描写，走入作者的内心世界之中，体会他们丰富的情感，在潜移默化中对学生进行生活化作文的引导。

（二）课题成效

1. 有利于学生将自己的真实情感融入作文中

生活化作文写作有利于学生独特情感体验的抒发。学生在日常生活中通过细致观察去寻找写作素材，描写身边的生活，用自己的独特视角去观察生活、体验生活，抒发自己的真情实感。

2. 有利于学生的身心健康发展和人格的健全

初中学生正处于身心发展的关键期，如果学生在初中阶段就学会了虚假创作，长大了有可能也会用虚假的手段来面对生活。生活化作文让学生在作文中返璞归真，可培养他们良好的品行，在他们的成长过程中刻下真实的烙印，让学生找到实现自我价值的最佳途径。

3. 适应和促进新课程改革

在高分作文的诱惑下，个别教师急功近利，在教授学生作文时过多强调文章的结构和辞藻的华丽，导致学生的作文缺少真情实感，变得千篇一律。长此以往，学生的写作愿望被渐渐抹杀。生活化作文的出现打破了这种有弊端的作文教学模式，适应了素质教育的新要求。新课标强调，写作要密切联系生活，真切表达生活的新理念，而生活化作文正好满足其要求。

语文素养视域下学生问题意识培养的研究

长春高新第一实验学校　吕春波

一、课题概况

"语文素养"是一种以语文能力为核心的综合素养，是个体融入社会、自我发展不可或缺的基本修养。"问题意识"是人类在认识过程中因难以解决现实矛盾而产生的怀疑、困惑、焦虑的心理状态，是力求发现问题、厘清问题、破解问题的心理态势。"问题"是教与学的中介，一个好问题就是好的学习内容。培养学生的问题意识，是语文学科课堂教学的一项重要任务。

在现实生活中，网络信息发达，部分学生沉浸在网络碎片式的浅层阅读中，缺乏问题意识，思考与探究意识和能力下降，语文素养缺乏，而这严重阻碍了学生的全面发展。因此，在语文学习中培养学生的问题意识和促进学生语文素养的整体提高尤为重要。

（一）研究目标

本课题研究的主旨在于遵循语文课标提出的培养任务，立德树人，着力培养和全面提升学生的语文素养，使之成为有理想、有本领、有担当的接班人。

依据目前学校语文课程教与学的实际情况，确定如下的研究目标：

1. 培养学生的问题意识，使学生能够利用学习资源进行自主学习，发现问题，解决问题，进行提问的方法与知识体系建构。

2. 培养与发展学生的语文思维与创新能力，促进学生发挥学习自觉性、主动性，积极思考，自觉实践，主动发问，生动活泼成长。

3. 教师转变教学方式，积极营造学生设问质疑的氛围，搭建探究学习、合作学习的平台，唤起学生援疑质理、深思叩问的兴趣。

4. 课堂教学以学生为主体，进行发现式教学，引导学生深入学习，在知识积累与梳理中，提高审美能力，获得语文素养的提高。

（二）研究意义

本课题研究的意义在于实践课标精神，挖掘教材中的思维发展因素，在语文教学中，通过创设情境、启发诱导、人格熏陶等，着力培养学生的问题意识，全面提升学生的语文素养；利用好语文教材，在课堂上进行有效教学，培养学生质疑、探究、自主学习的习惯，提高学生发现问题、厘清问题、解决问题的能力。

（三）研究现状

在践行新课程、新课标的新教育形势下，在大概念、大任务及大语文教学观的影响下，全国各地中小学纷纷开展了以"问题意识的培养"与"语文素养的提高"为主的课题实验研究，为本课题研究提供了很好的借鉴。本课题研究就是在继承国内相关研究成果的基础上，遵循新课标提出的培养任务，立足课堂教学和校内外的教育教学活动，着力培养和全面提升学生的问题意识和语文素养，促进学生的全面发展。

二、研究内容、过程与实施策略

（一）研究内容

研究内容包括：如何培养学生的问题意识与创新能力，培养学生的思维能力；教给学生如何占有学习资料、利用学习资源进行自主学习的方法，促进学生学习自觉性、主动性以及探究能力、合作学习能力的提高；教师如何优化教学模式，促进学生文化知识的积累及知识体系建构；研究如何帮助学生运用知识解决生活实际问题，提高语文综合素养。

（二）研究过程

课题研究分研究准备阶段、实施阶段和总结阶段。

1. 研究准备阶段

此阶段的主要任务是：通过问卷调查与谈话法，把握学情；培训教师，整理案例，确定实施方案；组织学习与培训，研究相关文献资料，加深对课题研究重要性的认识，明确研究方法，组织开题。

课题组成员利用年级组、学科组的优势，每周定时开展课题相关资料的整理和主要观点、方法的研究；通过搜集整理信息，针对学生趣味性、主动性和创造性的心理特征，了解其所喜爱的提问方式，为课题开展提供实施依据。

利用学校资源和个人资源，邀请学校教学领导、市教研员以及区里的教学负责人，借助开会、学习、培训等契机，对课题组成员进行培训或答疑解惑。如，邀请省语文教研员参加语文组集体备课活动，指导教师科学解读教材，进行符合新课程、新课标精神的教学设计，帮助教师科学开发教材资源，用好教材，获得理念上的新认知；利用长春市学科调研的契机，邀请市语文教研员有针对性地解答教师在课题研究中的困惑，如学生思维能力培养问题、中考命题与教学的关系问题、问题驱动与情境化教学问题等，解决课题研究中的瓶颈问题。

2. 研究实施阶段

本阶段的主要任务为进一步学习有关理论，推动课题的开展。此阶段研究把研究内容和策略紧密结合起来，采取边实验边反思、边学习边总结的方法，根据实际问题，不断调整、修改、优化实验过程，发挥研究的实效。同时，注意积累、搜集研究材料，把教学过程中的得失、体会记录下来，供以后参考、交流。

实施阶段分为三个过程：

第一个过程：研究如何让学生敢于质疑、学会质疑，善于发现问题、提出问题。教师抓住教学契机，适当引导、激励，培养学生的问题意识与创新能力，对学生进行思维能力的培养，使之形成"疑必问"的习惯。

第二个过程：研究如何指导学生在语文学习中发挥学习的自觉性、主动性，提高探究能力、合作学习能力。教师转变教学方式，积极营造鼓励学生设问质疑的氛围，搭建探究学习、合作学习的平台，帮助和促进学生解决生活实际问题。

第三个过程：重在研究在语文课堂教学活动中语文素养的提高策略、经验运用问题。教师在课堂教学中应以学生为主体，进行发现式教学，引导学生深入学习，使学生在知识积累与梳理中，构建知识体系，促进其语文素养的提高。

3. 研究总结阶段

本阶段研究重点为搜集、整理案例、论文等材料，撰写研究报告，接受课题鉴定组的评估鉴定。

（三）实施策略

首先，教师在分析学情的基础上，运用案例分析法，研究与优化学生的提问方式，促进学生思维发展。

教师引导学生从不同层面提出不同的问题，以此来不断提高学生的问题意识；激发学生参与提问的主动性；组织学生参与教学评价活动，使教学评价多元化，提高师生的分析、评价能力。

其次，教师在新课标精神的指导下，运用行动研究法、经验总结法，利用信息技术，把握契机开展语文教学活动，提高学生的语文素养。

教师应通过小组合作探究、成果展示等方式，丰富学生语文学习资源；加强语文能力训练，提高学生阅读和写作等各种能力，开发学生智力、陶冶情操，发挥语文学科的情感教育、审美教育、思想政治教育、道德品质教育等得天独厚的优势，为学生人格塑造发挥重要作用。

最后，教师结合教材内容，运用归纳总结法，挖掘语文课程资源，开展语文实践活动，提高学生学以致用的能力。

语文实践活动可拓宽学生的语文学习渠道，让学生把语文学习由课内延伸至课外，由校园延伸至社会，从而促进语文学科素养的提高。例如，让学生搜集网络、书刊上查阅到的资料信息，并注意积累运用，解决实际问题；记录生活中听到的市井俚语，采撷校园里的"焦点新闻"等，利用语文实践活动进行信息交流，最大限度地让学生在主题活动中互相启发，共同完善知识体系，提高学生的融会贯通能力。

三、研究的成效与成果

（一）取得的成效

1. 学生方面

（1）学生变得敢问、善问，增强了解决问题的能力。

学生有了想法、问题、建议，能主动发现问题、提出问题；有胆量把阅读问题提出来，勇于发表自己的见解，有了"打破砂锅问到底"的探索精神；能广泛搜集各种信息，理解信息，从各种信息中提取出有价值的问题，并能综合运用已有经验进行系统分析；善于抓住问题的实质，根据教学的实际情况和自己的学习状况，从不同角度探索知识，寻找方式方法解决问题；能积极进行独立的有创造性的思维活动，不拘泥于答案，善于自我反思，探求解决问题的方法，形成对问题的独到见解。

（2）学生学习变得积极、主动，提高了思维能力。

学生改变了学习方式，变被动学习为主动学习，提高了形象思维和逻辑思维能力，思维的敏捷性、创造性、独立性和批判性得到发展，为终身学习奠定了基础。

（3）学生丰富了文化知识，提高了人文修养，形成了积极的价值观。

在问题意识的引导下，学生积极积累语文知识，进行语文能力训练，在社会文化熏陶中，积淀文化功底，提高语文素养。学生提高了识真伪、分善恶、辨美丑的能力，为剔除各种不良文化的糟粕，弘扬中华优秀传统文化奠定了基础。

2. 教师方面

（1）教师通过读书与实践研究，提升了自身的文学修养和人文底蕴。

在新课程理念和新课标精神的指导下，教师走内涵发展之路，转变观念、更新知识，提高了文化素养；创造性地理解、使用教材，积极开发课程资源，灵活运用多种教学策略，增强了教科研能力。

（2）教师有了热忱和悦纳的态度，改变重结果轻过程的评价方式。

教师善于倾听，善于从多种问题中筛选实质性问题，去引导学生进行探索研究；在教学评价中增加了培养学生自信、独立、积极等人格特征维度，对学生敢于提问的品质会予以充分的肯定，对学生的非智力因素给予了更多关注。

（3）教师拓宽视野、丰富内涵，提高了教育教学能力。

教师在教学中不仅关注教材、新课标，同时关注学情，使教学具有了创新性、启发性和趣味性；教师积极打造"以学为中心"的教学方式，关注教学资源的整合、教学情境的创设，注重教学设计的优化。

（二）取得的成果

1. 教师知行合一，总结研究经验，得出了有价值的结论

（1）营造适宜的环境和气氛，培养学生的问题意识和思辨能力。

语文教材中有许多优秀的美文、经典的文学作品，教师根据文本特点，创造适宜的任务活动情境，让学生进入角色，从心里生发出与文章类似的情感，从而进行充分的阅读。学生在阅读情境中加深理解和感悟，从中受到情感熏陶；在交流中思想变得深邃，在学习中思维得到发展，语文素养得到提高。

（2）精心设置问题情境，发展学生质疑发问的能力。

教师设计课堂研讨问题，改进课堂提问方式，给学生质疑的机会。在课前，教师可引导学生在预习中提出疑问，教师进行汇总、整理、归类、提炼，之后在课堂上进行问题交流；教学中也可随机提出问题，或学习小

组提出问题，教师有选择地组织学生进行全班交流、研讨，促进学生主动参与学习，激发学生参与学习的热情。

教师应鼓励学生多质疑、多表达，为学生提供展示机会，使学生意识到问题的存在，在仔细而客观地思考后，提出理由、根据。接着，引导学生寻求解决方法，并分析所选方法的可行性，通过多种方法、多种途径去解决问题，从中发现更有深度的问题。总之，应让学生在不断发现新问题、探究新内容的过程中，体验成功的快乐，从而增强学生的问题意识，培养创新精神。

（3）启发学生主动想象，追溯问题的源泉，提高创造性解决问题的能力。

问题意识不仅以问题为起点和线索，最终也以新的问题的提出为归宿。在语文课堂上，教师时时创设话题，创造与学生切磋、交流、碰撞的机会，既亮出自己的观点、看法、理解，又要对学生的看法、观点等做出评价、分析。学生也可进行再评价、再分析、再批判，把"解决问题"升华到"再发现问题"。学生间、师生间相互促进，从而达到交流、补充的效果。课堂上，学生汲取语文知识、方法、思想，进而提升语文素养。

（4）加强语文学习和生活的联系，构建"以学生为中心"的教学模式。

在中学语文教学中，教师应根据不同文体、不同内容的文章恰当选择教学方法，有效施教。教师应坚持"以学生为中心"的核心理念，将语文教学跟生活实践相结合，形成课内外结合、学用结合的语文新课程教学策略，构建"对话—探究—展示"语文文化课堂教学模式。教师应遵循在生活中学语文的理念，结合教材内容、地域文化特点以及校内外、国内外新闻热点设计相关的语文学习的活动方案，开展主题活动，为学生创造综合性学习的机会，在实践活动中立德树人，促进学生全面发展。

2. 教师学以致用，反思提升，取得了研究成果

课题研究不仅促进了团队合作，而且取得了研究成果，促进了教师的专业发展和学校浓厚的研究氛围的形成。老师们主动反思，形成理性认识，撰写了教学后记、教学课例、教育故事、教学论文等。

教师教研论文《设置有效问题　提高学生语文素养》在《文渊》上发表。论文中"用问题引领学生潜心阅读、品味语言文字，引起心灵的共鸣"等观点，对教师如何解读教材、挖掘教学因素、设置教学问题等有认

识上的启发和教学方式上的引导。

语文学科报告《基于核心素养的语文教与学方式的改革》在 2022 年长春新区"悦教育"优秀成果评选中获得一等奖。报告提出,"培养表达的思维方式,使学生言之有序"。同时,其提出的阅读教学中的"引—读—品—延—写"的散文教学模式、"引—读—品—比—结—改"的小说教学模式、"查—读—悟—赏—议—延"的诗歌与文言文教学模式,将课程标准与语文核心素养相结合,构建了文化素养课堂教学模式,优化了课堂结构,打造了富有人文气息的课堂环境,让学生有更广阔的自主、合作和探究学习的空间。

教学设计《猫》在吉林省"基于核心素养的初中学科教学设计评比活动"中获得二等奖,精品课《老王》获省级优课,《苏州园林》在学校层面进行公开课展示。在课例实施中,教师以问题为主线,使学生变被动地学为主动地学,引导学生在尝试、探究、合作中发现问题并解决问题,在新旧知识、经验之间的相互作用中促进形象思维和逻辑思维能力的提升。教师结合教材内容,有效组织了课堂教学活动,促进了学生主动学习。

核心素养背景下高中生语文阅读鉴赏能力培养策略研究

长春市第七中学　杨　雪

一、课题概况

（一）课题研究意义与现状

核心素养是信息时代、知识发展对人才提出的新要求，所以进行核心素养教育非常有必要。语文核心素养是学科核心素养，是中国学生发展核心素养的重要组成部分，语文课堂也是培养学生核心素养的重要阵地。语文核心素养包括语言建构与运用、思维发展与提升、审美鉴赏与创造、文化传承与理解。核心素养背景下，高中生语文阅读鉴赏能力培养面临着严峻的现实问题。

阅读是搜集处理信息、认识世界、发展思维以及获得审美体验的重要途径。新课标要求培养高中生语文阅读鉴赏能力，所以阅读教学是高中语文教学的核心和重点，也是教学的难点。当前的语文阅读教学，经常以教师烦琐的讲解取代学生的阅读。课程改革到了今天，一堂课讲到底的方式虽然有所改变，但是课堂上出现得更多的是游离于课文内容之外的所谓小组活动、合作探究、拓展延伸，往往以各种非语文性的活动取代了学生对文本的自主阅读。同时，学生不爱阅读，阅读量明显不够，在阅读的时候缺乏思考、鉴赏、感悟。面对不同文体，学生没有相应的阅读思路和方法，无法进行深层次的阅读鉴赏。现在，语文试题中的阅读分值不断增加，题型也更加灵活多样，试题内涵也越来越丰富深刻。试题除了考查学生对阅读材料的理解、分析、概括能力以外，更考查情感态度价值观及表达观点的能力。

为了突出阅读在语文教学中的重要地位，符合新课标精神，笔者进行了本课题研究，目的就是要激发高中生的阅读兴趣，使教师关注学生学习

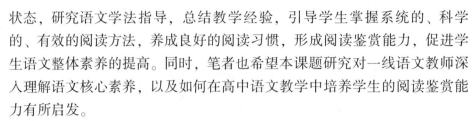

状态，研究语文学法指导，总结教学经验，引导学生掌握系统的、科学的、有效的阅读方法，养成良好的阅读习惯，形成阅读鉴赏能力，促进学生语文整体素养的提高。同时，笔者也希望本课题研究对一线语文教师深入理解语文核心素养，以及如何在高中语文教学中培养学生的阅读鉴赏能力有所启发。

（二）课题研究目标

1. 对高中生语文阅读鉴赏状况进行调查，调查高中语文阅读教学中存在的问题，并找到解决方法，形成调研报告。

2. 探究系列阅读方法，培养学生阅读鉴赏能力。语文阅读教学要加强思想交流，强化有效的阅读方法与训练，查漏补缺，提高学生的阅读鉴赏能力。教师要转变思想，更新观念，掌握方法，从而提高学生学业成绩和语文素养。

3. 依据学生现状，为核心素养背景下高中生语文阅读鉴赏能力的培养提出相关的、行之有效的新策略，为高中语文教学工作者提供借鉴。

（三）课题研究思路

本课题遵循理论联系实际的原则，以高中生为研究对象，深入高中语文课堂教学活动，边研究、边实践、边改革、边总结，利用课前活动、朗读比赛、美文欣赏、读书报告会、美文推介等形式，对语文核心素养理论进行梳理和分析，对高中生语文阅读鉴赏能力进行培养，从而提高学生的语文素养。

二、研究内容、过程、具体工作与创新之处

（一）课题研究内容

1. 研究语文略读课文、精读课文、诵读欣赏课文的阅读方法

指导高中生学会如何学习略读课文，明白略读文本时要浏览、粗读，抓住重点不及其余，培养迁移能力；对精读课文，引领学生"感知—理解—揣摩—体悟"，多角度阅读，掌握方法，形成能力；对诵读课文，重在朗读、积累，获得体验，学会欣赏，合理引用。

2. 研究不同年级高中生的语文阅读方法

（1）高一年级，侧重指导学生圈点勾画、整理卡片、摘记的方法，指导学生泛读方法。教师应有意识地为学生打开文学之门，培养学生的读书积极性和兴趣，引导学生在阅读体验、感受和理解层面上多下功夫。

（2）高二年级，侧重指导高中生探求性的速读方法，指导学生编写提纲、做好批注和点评、写好读书随感等，侧重指导学生进行阅读体悟。教师应积极努力地为学生创设阅读环境，使学生养成良好的读书习惯，引导学生在深入理解文本意义的基础上进一步去探究、体悟和发现。

（3）高三年级，侧重指导高中生掌握精读的方法，指导学生写体会并进行再加工、再创作等。教师应有选择地为学生提供更多的阅读欣赏、评价机会，提升学生的阅读能力，指导学生写好美文赏析，做好名著荐评，讨论社会现象。

3. 研究各种文体的特点，结合文体特点进行阅读鉴赏指导

高考阅读分为现代文阅读和古诗文阅读。现代文阅读包括论述类文本阅读、文学类文本阅读、实用类文本阅读；古诗文阅读包括古代诗歌阅读和文言文阅读。

不同的文本，阅读思路和方法不同，答题的规范和模式也不同。教师要教会学生掌握各种文体的特点，对不同文体进行对应的阅读指导。审美鉴赏是阅读文学作品的重要任务，无论是阅读课内的还是阅读课外的文学作品，我们都应该注意分析、欣赏作品中所塑造的人物形象，在理解、体会文中的一些句子的深层含义时注意联系上下文，思考这个句子在文中的作用以及对揭示主题所起的作用。

4. 研究各个学习环节中的语文阅读方法

教师指导高中生在预习、听课、作业、复习、测试等环节中掌握语文阅读方法，同时注重指导不同文体的解题技巧。

（二）课题研究过程

第一阶段：课题学习研讨论证阶段。成立课题研究小组，建立学习制度，课题组成员自主搜集与学习研究有关的资料，通过集中学习和研讨等方式，重新审视核心素养背景下高中生语文阅读鉴赏能力的培养，提高思想认识。

第二阶段：课题开始实施探究阶段。确定课题研究对象和具体目标，做好分工，调查我校学生语文自主学习的状况，明确课题实施的具体方案和指导研究语文阅读方法的管理方案。同时，开展课前活动、朗读活动、阅读训练、小组合作探究等。

第三阶段：课题中期汇报总结阶段。搜集相关资料进行分析、整理，进行中期检查汇报，检验高中生语文阅读能力的培养情况，继续深入地进

行课题研究，不断探索。同时，总结高中语文阅读教学实践中存在的问题，分析归纳相关原因，调整好下一步研究的方向和策略。

第四阶段：课题深入实施完善阶段。针对研究中发现的问题，分析归纳原因，探讨应对措施，对教育教学实践进行调整和完善，并推广有效经验。

第五阶段：课题总结整理验收阶段。整理汇总课题研究资料，对研究进行全面梳理总结，形成文字材料等各种课题成果，包括课题研究报告、教案、课例、课件、学生作品、获奖论文等，做好课题结题、成果鉴定的各项准备工作。

（三）课题具体工作

1. 课题组成员牢固树立"工作即研究"的理念，在平时的日常教学工作中积极开展课题研究工作。我们的课题组就是备课组，备课组结合学校的教学工作，积极开展集体备课、各级各类公开课、阅读课等教研活动和课题组活动。

2. 经过初步探讨和研究，通过开展系列阅读活动，为学生提供学习、展示与锻炼的机会和平台，如开展美文赏析、时文短评等课前活动，提高学生阅读欣赏品鉴能力；开展读书报告会活动，激发高中生语文阅读兴趣。同时，不断丰富课堂教学活动，让学生积极主动地参与到阅读教学中来，使学生不仅掌握了一定的阅读技巧，而且阅读习惯和方法也有了极大的改善与提高，阅读能力得到了一定的提高。

3. 教师有强烈的阅读教学指导和训练意识，掌握科学有效的阅读指导策略，能根据高中不同年级学生的特点和教学要求有效地引领和帮助学生获取阅读知识和技能，在教学实践中培养学生的语文学习能力，促进高中生健康快乐成长。

4. 课题组成员根据授课年级，及时搜集整理研究成果，包括论文、课例、教学设计、教案、课件、课堂实录、教学反思、影像资料等，总结提高，便于今后更好地开展语文阅读教学工作。

（四）课题创新之处

1. 内容创新

核心素养是当下教育研究的热点，那么如何让核心素养落地生根，与学科教学实现有机融合呢？这是学术界一直在探讨的问题。本课题探究了核心素养背景下的高中生语文阅读鉴赏能力培养策略，这是当前语文教学的重点和难点。

2. 方法创新

本课题调研并总结了目前高中语文阅读教学中存在的问题，通过课内日常教学，以及课外开展美文赏析、读书报告会、经典诵读大赛等活动，探究核心素养背景下的高中语文阅读教学可以采取的有效措施，为阅读教学研究提供新的思路和方法，旨在提高高中生语文阅读鉴赏能力。

三、研究成效与展望

（一）研究成效

首先，教师在教学过程中，研究了语文精读课文、自读课文、诵读欣赏课文的阅读方法，研究了不同年级高中生的语文阅读方法，研究了各种文体的特点并结合文体特点进行阅读鉴赏指导，研究了各个学习环节中的语文阅读方法，使高中生语文阅读鉴赏能力得到了极大的提升，具体表现在：学生有浓厚的阅读兴趣，有良好的阅读习惯，有科学的阅读方法，有实在的阅读效果。

其次，通过课题研究，教师也有了强烈的阅读教学指导和训练意识，掌握了科学的阅读指导策略，可以有效地引领和帮助学生获取阅读知识和技能，并在教学实践中培养学生的语文学习能力，促进了高中生健康快乐成长。

再次，课题组成员在课题研究的过程中撰写大量的研究论文，积累教学经验，参加各种评比；大胆地进行课堂教学实践探索，制作微课；上公开课，进行示范引领；整理课题研究中的成果，出版发表，结集成册；对学生成果进行展示，向相关部门推荐，使教师自身的理论水平和教学研究的能力得到极大的提高。

最后，在日常教学中，开展了各种语文学习活动，且收效极大。教师通过课前活动引导学生进行美文赏析，培养了学生的阅读兴趣；带领学生上好每周一次的阅读课，提高了学生阅读分析鉴赏能力；开展"阅读悦美书香伴成长"读书活动，提升了学生的审美能力；定期开展读书汇报活动，提高了学生的研究意识和阅读能力。教师通过一系列丰富多彩的阅读活动，既提高了学生的阅读鉴赏能力，也提高了学生的语文学科素养。

（二）展望

1. 继续深入系统地开展课题研究，优化教学体系

在保证时间、保证效果的基础上，课题组教师继续开展各种语文学习

活动。例如，组织课前活动，进行美文赏析，激发学生的阅读兴趣；带领学生上好每周的阅读鉴赏课，提高学生语文阅读分析鉴赏能力；定期开展读书汇报活动，培养学生的研究意识和阅读能力。总之，希望通过一系列丰富多彩的阅读活动的开展，提高学生的阅读鉴赏能力，提高学生的语文学科素养。

2. 继续抓好理论学习，完善教师的教学观念

课题研究成员要通过自学、互学，向书本学、向同行学，校内学习、校外培训，线上学习、线下研讨，等等，积极参加各级各类教学研讨活动，不断学习，不断总结，不断完善，不断提高，从而保障课题的顺利进行。

3. 加强集体备课、集体研讨

课题组成员要充分利用每周的集体备课和集体研讨时间，解决疑惑，交流经验，为课题研究、应用及推广做好准备。

4. 搜集和整理研究成果

课题组成员要克服工作中的困难，协调好日常教学工作任务，加强研究成果搜集和整理，如论文、教学案例、教学设计、导学案、课件、教学故事、学生作品和经验总结等研究性成果。同时，通过公开课、示范课等形式及时总结经验，随时积累资料，以更好地指导今后语文教学工作的开展，不断提高学生的语文学科核心素养。

高中语文课堂人文素养的培育策略研究

榆树市弓棚高级中学　张桂茹

一、课题概况

（一）课题选题的背景

1. 当前，高中语文课堂教学中人文教育常常被弱化

教育的终极目标是培养人，培养全面发展、人格健全的人，即具有丰富的知识、理性的思维、良好的人文素养和完善的人格的人。但当前高中语文课堂教学中人文教育常常被弱化，这就阻碍了学生全面、健康地发展。所以，在高中语文课堂教学中进行人文素养教育势在必行。

2. 新课程理念倡导在课堂教学中培育人文精神

《基础教育课程改革纲要（试行）》规定了新的培养目标，即在课堂教学中倡导对学生进行人文精神教育。所以，语文学科培养人文素养的核心必然是在课堂教学中关注人文精神的培育，高中语文课堂教学势必要凸显人文精神，展现人文关怀。

3. 国内对人文教育在课堂教学中的实践探索较少

国内目前对人文教育的研究主要是在高等院校，高中、初中阶段的人文教育研究才刚刚起步，所以现在进行这类研究具有前瞻性。国内目前的人文教育研究比较多的是探讨一些原则和作用，而本课题则更注重人文教育的实践探索，可以弥补以上所述不足。

（二）课题选题的依据

1. 终身学习依托人文素养

21世纪倡导培养学生终身学习的能力，而终身学习是与他人合作探究、知识共享、交流提升的学习。

知识的学习被视为是一个过程，知识体系在不断变化，依托人文素养，沟通文本与课堂教学，有助于促进师生、生生之间的积极互动，提高

课堂教学效率。

2. 语文课堂为提升学生人文素养的阵地

学生的人生经验、是非观念、情感体验等，有很多是在课堂中获得的。所以，高中语文教学必须基于课堂，赋予课堂以生命价值和人文精神，使语文课堂成为提升学生人文素养的阵地。

3. 我校在教育改革发展中不断积淀和弘扬人文精神

新课程改革以来，我校一直是榆树市新课程改革的"样本校"，在教育改革发展中积淀了一定的人文精神。对学生进行人文教育，可有效促进学校稳步向前发展。

(三) 课题研究目标

根据当前高中语文教学中人文教育常被弱化的现状，本课题主要实现以下研究目标：

1. 在高中语文教学中构建人文课堂。

2. 在高中语文教学中构建人文教育的策略体系。

3. 在高中语文教学中构建人文主题统领下的语文课堂教学模式。

4. 在高中语文教学中实现师生角色的转变。

5. 开发语文学科人文教育的校本教材，构建主题式的人文素材库。

二、研究内容、方法及过程

(一) 课题研究的内容

根据我校实际情况，本课题研究以高中阶段语文学科教师为主，全方位地研究高中语文课堂人文素养的培育策略，旨在为当代高中语文课堂教学提供行之有效的提高学生人文素养的教学模式。

为使课题研究有序开展，现将总课题分为如下五个子课题：

1. 人文素养和人文课堂的内涵研究。

2. 教师人文素养的培育策略研究。

3. 人文课堂内容生成的策略研究。

4. 人文课堂有效评价的策略研究。

5. 人文素养在语文课堂教学中的培育模式研究。

(二) 课题研究的方法

1. 问卷调查法

通过多种方式，从不同角度、不同侧面广泛搜集人文素养的相关研究资料，为课题的深入研究做充分的准备。

这一过程主要采用问卷调查法，即在广泛搜集相关资料的基础上，通过对现行语文课堂人文教育现状的问卷调查及有效数据分析，找出语文课堂人文教育存在的问题，深入探讨在我校语文课堂教学中实施人文教育的行之有效的方法，为课堂教学提供理论和实践的支点。

2. 文献研究法

深入学习相关理论，开展读书与交流活动，积极撰写学习心得；开展理论学习交流会，边学习、边讨论、边思考、边总结，积极撰写教研论文。

这一过程主要采用文献研究法，即对人文教育及人文精神的历史沿革及内涵做全面的透彻的研究，加深教师对人文教育和人文精神的认识，并形成阶段性研究成果，为下一步实践研究奠定坚实的理论基础。

3. 行动研究法

参研人员积极学习实践，深入讨论交流，调整研究方案。

这一过程主要采用行动研究法，即坚持理论联系实际，边实践、边研究、边总结，积极调整研究方案，通过教中研、研中教，创造性地运用现代教育理论解决语文教学中存在的问题，探索教育教学策略。

4. 案例分析法

通过组内人员互相听课、评课、交流、反馈，不断总结经验，进一步调整研究方案，再进行教学实践，在实践中进行检验，逐步完善研究成果。

这一过程主要采用案例分析法，即搜集一些典型的以人文教育为主题的语文课堂教学案例，以故事或事件的方式呈现课堂教学中一些典型的细节，从中提炼出科学有效的实践方法，并予以推广。

（三）课题研究的过程

本课题研究分为三个阶段，如下：

1. 前期：理论研究阶段（2019. 01—2019. 03）

（1）组建课题组，召开课题开题会，进行课题论证研讨。

（2）广泛搜集相关资料，深入学习理论知识，做好前期准备工作。

（3）设计调查问卷，开展问卷调查工作，并撰写调查报告。

（4）加强理论学习，深入讨论交流，初步拟定课题实施方案。

（5）开展理论研究，撰写并反复完善教研论文。

（6）进行理论研究阶段总结，撰写开题报告。

2. 中期：实验实施阶段（2019. 04—2019. 12）

（1）依照实施方案初步开展课题研究，边实验、边总结、边学习、边完善，不断改进课题实施方案。

（2）定期开展研究活动，进行阶段性的经验交流活动，提高参研人员的研究水平。

（3）课题负责人及时检查和督促，解决问题。

（4）上示范课，将阶段性理论和研究成果应用于教学实践，在实践中逐步完善并形成有价值的研究成果。

（5）召开中期汇报会，进行经验交流，根据实践研究成果完善理论研究，打磨教研论文和教学课例。

（6）进行实验实施阶段总结，撰写中期报告。

3. 后期：结题验收阶段（2020. 01—2020. 03）

（1）做好课题后测工作，进行个案跟踪分析。

（2）分类搜集整理课题研究资料和研究成果。

（3）进行结题验收阶段总结，撰写结题报告。

（4）邀请上级领导和专家对本课题成果进行鉴定。

三、研究的成果与成效

（一）课题研究成果

1. 课例

打磨优质课例四篇：《谈美》《包身工》《小狗包弟》《赤壁赋》。

其中，课例《谈美》荣获榆树市中小学教师信息化教学大赛优质课组高中语文学科一等奖和吉林省信息技术与教学融合优质课大赛优秀奖。

2. 论文

（1）《人文素养和人文课堂的内涵研究》

形成了对"人文素养"和"人文课堂"内涵的基本认识，并进一步对相关理论进行深入研究，最终形成本课题研究的重要观点。

（2）《教师人文素养的培育策略研究》

探究了教师人文素养的培育策略，可有效提升我校教师团队的人文素养，为提升学生的人文素养和课题的深入研究奠定坚实的基础。

（3）《人文课堂的构建策略研究》

形成了本课题"构建学科主题式人文素材库"的活动模式，由课内延伸到课外，可有效促进人文课堂内容的不断生成。

（4）《人文课堂有效评价的策略研究》

形成了人文课堂的有效评价模式，可极大地激发学生学习的积极性，使学生真正成为学习的主体。

（5）《人文素养在语文课堂教学中的培育模式研究》

形成了人文素养在语文课堂教学中的培育模式，选准人文教育在教材中的拓展点，努力构建人文课堂。

3. 创新观点

人文课堂，即以学生为中心，更加重视学习过程，更多关注学生的情感体验，师生之间以平等的姿态交流，彰显学生的自信与个性，致力于培养学生的人文素养，培养学生终身学习能力的课堂。

人文课堂强调师生平等对话，在情感体验上能有效激发学生的自尊与自信，使学生愿意表达，说出自己内心的真实想法和感受，教师则顺势引导学生求真、向善、追美，点亮学生的内心世界。

人文课堂倡导自主、合作、探究的学习方式，师生之间民主交往、平等对话、和谐发展，使学生形成正确的世界观、人生观和价值观，促进学生自我教育、自我激励、自我践行、自主发展，激发学生的生命活力。

4. 教学模式

（1）人文课堂的有效评价模式。

①关注过程和能力。

②评价主体多元化。

③评价方式多样化。

④评价内容全面化。

⑤评价语言灵活化。

⑥把握时机及时化。

（2）人文素养在语文课堂教学中的培育模式。

①教师征集人文课堂典型教学案例，领悟人文课堂中蕴含的智慧和艺术，总结人文教育的内在规律，并积极运用于课堂教学中。

②在课堂教学中充分发挥教师的榜样示范作用。如，教师的外在形象、教师的课堂行为、教师的精神与气质等会对学生产生潜移默化的影响。

③在课堂教学中对学生进行适时的人文教育。如，捕捉人文教育的最

佳时机，相机诱导等。

④在课堂教学中对学生进行适宜的人文教育。

⑤在课堂教学中重视对学生进行人文精神的培育。如，在人文类课程、科学类课程及实践类课程的教学中，努力打造凸显人文精神、体现人文关怀的课堂，促使学生个性、健康、茁壮地成长。

⑥积极开展课外人文教育实践活动。课外人文教育实践是课堂教学的补充与延伸，实践活动要遵循"走进学生生活、触动学生心灵"的原则，精心组织，真情反馈，在一系列的主题活动中提升学生的人文素养。

5. 活动模式

（1）通过对师生进行问卷调查，确定合适的主题。

课题组通过对全校教师、学生的问卷调查，筛选出在高中阶段需培养学生哪些人文素养。

课题负责人召集组员进行讨论、研究，选择、确定一个主题，再将其切分成若干子课题，让同一学科的教师分工协作，在课堂教学中从不同方面培养学生的人文素养，让学生受到多种人文素养的熏陶。

（2）重视人文素材的生成，构建主题式人文素材库。

①深挖教材，挖掘教材本身具有的人文教育资源。

②搜集切合主题的好文章、好故事。

③从教师的视角关注学生日常生活中的小事情蕴含的人文价值。

④挖掘节日、纪念日等特殊日子的人文价值。

⑤挖掘课堂突发事件的人文价值。

（3）充分利用当地人文资源，丰富人文教育素材。

课题组与政教处携手，通过举办夏令营、冬令营、郊游、家乡名人趣事探寻等活动，让学生走进大自然、走进社会，领略自然风光，感受中华文明，增强爱祖国、爱家乡的意识，让学生在活动参与中更好地内化人文知识、感受人生的真谛。

（二）课题研究成效

自高中语文课堂人文素养的培育策略研究开题以来，课题组在上级科研部门的指导下，积极探索人文教育的课堂教学模式，通过教师培训、校本研讨、专家辅导等方式，挖掘教材与人文教育的结合点，找准人文教育的突破点，致力于在高中语文课堂教学中对学生进行人文素养的培育。

目前，根据已参与过活动的学生反馈，他们对此教学方法非常欢迎，认为不仅学到了丰富的知识，还有效地提高了自身的人文素养，对问题的研究也已从课内延伸到课外，学习的效果比原来要好。可以说，课堂教学活动达到了预期的目的。

1. 师生的转变

（1）教师：转变观念，勇于创新。

①教师不断提高自身的人文素养，在关注学生学科知识、能力发展的同时，更加关注学生的情感态度价值观的发展。

②教师从多种渠道获取并完善专业知识，借鉴人文素养培育成功的教学经验，并运用到教学中去，逐渐形成自己的教学风格。

③教师从人文关怀的角度努力把学生的个别差异转化为积极的教育资源，对学生进行因材施教、分层教学，使每个学生都能体验到成功的喜悦。

④教师努力构建新型的师生关系，积极营造民主平等、宽松和谐、富有人文气息的课堂氛围，充分发挥学生的主体作用与教师的指导作用，进而实现教学相长。

⑤教师的评价具有了亲和力，拉近了教师与学生的距离，极大地激发了学生的学习热情。

（2）学生：彰显个性，健全人格。

①人文课堂使学生形成了良好的个性和健全的人格，提高了民族认同感，增强了民族自信。

②学生之间形成了自主合作的学习风气，学生互相配合，敢于提出独特的见解和主张，并能联系社会，挖掘其深层内涵。

③学生自主分析、解决问题的能力提高了，不仅能够思考问题，还可以高角度、高层次地提出并阐发问题。

④学生在课堂上的讨论、发言、评价甚至质疑都非常精彩，学生活动有序有效，课堂变得精彩起来。

⑤学生在课堂上的参与意识增强了，参与面较实验之前更广。学习任务由大家共同分担，集思广益，各抒己见，人人都尽其所能。

2. 课题研究对今后工作的价值

（1）本课题针对高中新课程标准以及语文学科的特点，系统、深入地研究了构筑人文课堂的实践问题，探讨了人文教育的理论基础和现实基础，具有前瞻性。

（2）本课题侧重对人文课堂的构筑展开深入研究，探讨了人文素养的培育途径、思路和策略，对全面实施素质教育，积极推动新课程改革具有指导意义。

（3）本课题研究能有效引导学生在课堂教学中开展自主学习、合作学习、探究学习，可极大地激发学生的学习热情。

（4）本课题研究对实施人文素养培育策略的教学观、学生观、活动观、评价观形成了一些规律性认识，可使教学走出"高耗低效"的困境。

（5）本课题研究能为教师提供一套由理论到实践且操作性较强的提升学生人文素养的课堂教学指导策略，可有效提升学生的人文素养。

（6）本课题通过实验研究，能有效提高教师的人文素养和教育科研能力，促进教师的专业成长。

（7）本课题研究有助于建立一支有现代教育理念、丰富教改经验和人文素养的骨干教师队伍，提高学校的整体教科研水平。

学生人文素养的培育不是一朝一夕就能实现的，随着新课程改革的不断推进，随着教师认识水平的不断提高，本课题的研究将会进一步深入。接下来，我们将由课内延伸到课外，深入探究课外实践活动中人文素养的培育策略。

提高学生运算能力的教学策略研究

长春市第二实验小学　刘书宾

一、课题概况

（一）研究的意义

数的运算是小学数学重要的学习内容。运算能力是小学生应具备的核心素养之一，是学生必备的基本技能。实践证明，计算能提高思维的灵活性和缜密性，培养数感。小学阶段形成良好的计算能力会让学生终身受益。

（二）面临的问题

现实中，很多学生感觉计算枯燥乏味，并不喜欢，逃避、厌倦计算的也大有人在。我们经常会遇到这样的学生，他们思维活跃、表达清晰，但当动笔做题时，就会错误频发、成绩不佳，而计算则为失误的高发区。这些学生有的因为运算能力弱，限制了数学思维的发展；有的因为计算经常失误而导致成绩不理想，产生了挫败感，甚至是恐惧数学的消极情绪。"运算能力"这项小学生的基本技能，本应是学习数学知识的基础，却成了部分学生学习道路上的阻碍。

教师进行的计算教学，无论是算理算法指导，还是运算能力的训练，往往都是随着课程设置进行的，没有规划，缺少思考和设计，盲目而零散，所以实效性不强，收效甚微。

（三）研究的目标

为了探寻真正有效的方法和策略，切实提高学生的运算能力，培养学生的数感，使学生树立自信，我们以"提高学生运算能力的教学策略研究"为课题，明确了如下研究目标：

1. 逐步提升学生的计算速度、准确率，提高运算能力，培养数感

通过夯实学生计算基础、精选高价值习题、加强学生数学积累等方

法，促进学生更扎实地掌握计算方法，形成计算技能，提高计算能力，养成良好的思维习惯，培养学生的数感。

2. 培养学生一丝不苟、严谨求实的科学态度，树立自信心

计算方法指导、强化训练等，可以让学生明白怎么做才是一丝不苟，并将一丝不苟的精神落实到实际计算中，逐步形成习惯，让学生获得成功的体验，产生对数学的浓厚兴趣，树立起自信心。

3. 探索计算教学方式方法，形成有效策略

在分析研究、探索规律、大胆实践、总结反思的基础上，设计一系列有规划、有成效的计算教学方法，创编计算习题库，形成有效的计算教学策略，提高计算教学效果。

4. 提升教师专业素养，促进专业化发展

教师通过广泛学习、深入研究、实践反思，转变观念，树立教研意识，使教学水平和研究能力都得到提高，促进教师专业发展。

二、研究内容

（一）学生计算能力现状的研究

1. 开展问卷调查，了解学生的内心想法和学习习惯

问卷共设计 7 个问题，如下：

（1）你喜欢做计算题吗？（a. 喜欢　b. 不喜欢　c. 还可以）

（2）你比较喜欢做哪种类型的计算题？（a. 有趣的　b. 有难度的　c. 简单的）

（3）你计算时经常出现错误吗？（a. 很少出现　b. 有时出现　c. 经常出现）

（4）导致你计算经常出现错误的原因是什么？（a. 写错数或运算符号　b. 不会计算方法　c. 看一眼就写答案　d. 不知道）

（5）你喜欢采用哪种方法进行计算？（a. 老师讲授的方法　b. 自己想的方法　c. 同学告诉的方法　d. 其他途径学习的方法）

（6）做完题后，你会自觉检查吗？（a. 检查　b. 有时检查　c. 从不检查）

（7）对于做错题的原因，你会自我反思吗？（a. 反思　b. 有时反思　c. 从不反思）

本次问卷调查随机选取了我校 3~6 年级共 160 名学生，共发放问卷

160 份，收回有效问卷 160 份。

2. 搜集学生已完成的数学习题，分析学生计算易错的原因

共搜集了 50 名学生的 50 本练习册和 150 份综合试卷。经过观察对比、分析学生出现的错题，课题组教师找出了隐藏在错题背后的共性问题。

3. 进行问题总结

召开课题组教师会议，交流课程设置和计算教学中的优势、存在的问题，进行问题总结。

（二）针对学生计算能力薄弱原因的研究

课题组成员多次召开会议，展开广泛交流、分析研究，归纳总结出学生运算能力薄弱的主要原因：

1. 不良的思维习惯

有的学生虽然懂算理、会算法，但动笔计算时，常常一目十行、一扫而过，由此出现了抄错数、写错运算符号、丢数落数、点错小数点等情况；还有的学生匆匆扫一眼，计算结果就直接写出来了；当题目难、计算复杂时，有些学生会很不耐烦，产生厌烦情绪，还没分析好题意、想好解题方法就匆匆动笔，应付了事。

2. 计算基础不牢

在小学阶段，我们无论计算多么复杂的题目，都会用到 20 以内加减法和表内乘除法的知识，这是小学阶段计算的基础。很多学生因为对这些知识掌握得不好，熟练程度不够，大大降低了运算的速度和准确率。

3. 不善于积累常用数据

有些数据在习题中反复出现的次数特别多，应该熟记。有的学生很少做积累，每次出现，他都需要重新思考、动笔计算，既降低了运算的速度，又容易出错。

4. 缺少自我检查和反思

问卷调查显示，只有 40% 的学生有检查的习惯，有 37% 的学生完全不检查；只有 20% 的学生会对做错题的原因进行反思和总结。缺少自我检查和反思，这些都不利于促进学生运算能力的提升。

5. 教师观念、方法存在问题

很多教师错误使用"题海战术"，盲目地使用大量的、甚至大数目计算题，让学生机械化地训练，但往往收效甚微，极易让学生对计算产生厌烦的心理。

6. 计算教学设计存在问题

传统的计算教学形式单一、枯燥，不易激发学生计算的兴趣和热情。

（三）培养学生养成良好计算习惯的研究

调查研究表明，学生在计算时出现的错误，绝大多数是一目十行、丢三落四、急于求成等不良的思维习惯造成的。所以，要想切实提高学生的运算能力，首先就要研究如何培养学生养成缜密的数学思维习惯。

1. 摆明事实

教师可以进行全班指导，也可以进行个别辅导，把学生的计算错误呈现出来，分析错误产生的原因，用事实让学生意识到不良的思维习惯的危害，认识到耐心、细心、用心的重要性。

2. 方法指导

计算时，一部分学生不是不想认真，而是根本不知道怎么做才是认真。所以，要对学生进行详尽的方法指导。比如，计算时指导学生做到一看、二想、三算、四查，使其逐步学会计算方法。

3. 强化训练

思维习惯的养成需要实践操练，亦可以配合强化训练。为此，课题组教师设计了"读数游戏""写数竞赛""算与说同步"等等有针对性、有趣味性的思维习惯强化训练活动，帮助学生逐步改变计算时思维跳跃大、一扫而过、丢三落四等思维习惯，逐步养成良好的思维习惯。

4. 赞赏鼓励

课题组教师及时记录、总结、反思，关注学生计算时的情感体验，对于学生计算时的进步，不吝惜赞扬，及时给予肯定和鼓励，让学生体验到成功的快乐，激发其对计算的热情和兴趣，进一步树立准确计算的自信心。

（四）提高学生运算能力策略的研究

有的教师为了提高学生的运算能力，盲目地使用大量的、甚至大数目的计算题，让学生进行机械化的训练，但往往收效甚微，反而容易让学生对计算产生厌烦的心理，事倍功半，所以是不可取的。为了切实提高学生的运算能力，我们做了如下努力：

1. 夯实学生的口算基础

小学阶段，即使再大数目的计算也离不开 20 以内的加减法和表内乘除法的知识。例如：573+396，表面上是三位数加三位数，但实际计算的是个位的 3+6、十位的 7+9、百位的 5+3+1。再如：计算 26×35，我们计算的是5×6、5×2、3×6和3×2，以及20以内的加法。所以，20以内加减法和表内乘除法才是学生计算的基础。这些知识学生都会，但有些学生的熟练程度远远不够，导致计算速度慢、准确率不高，所以我们有针对性进行了一些强化训练，抓牢、抓实学生的计算基础，那么计算问题就迎刃而解了。

2. 设计精简、高效的计算习题

在平时的计算练习中，教师既关注量，更关注质，精心设计习题。例如，100以内两位数加一位数的进位加法共有369道题，单纯的看这369道题的价值是相同的，但在乘法计算中，这369道题的价值是不相同的，因为多位数乘法中只涉及其中的60道题。因此，学生在练习两位数加一位数时就应多练习这60道题。表面上看，学生是在练习加法，实际上也是在练习乘法。精心设计习题，在有效的时间内让学生充分练习那些出现频率高的题，对提高学生的运算速度和准确率有很大的帮助。

3. 优化算法，提升计算技巧

有些计算题数大、烦琐，看似很难计算，但如果能发现其特点，再选择恰当的计算方法，就很容易算出结果。所以，我们将简算题放在几何图形、综合应用等题型中。计算时，要引导学生不盲目动笔，而要先观察思考，再动笔计算，鼓励创新多种算法，并选择最优算法来解决问题，以此提高学生爱动脑、优化算法的意识，再通过教师指导、同学交流、自我创新、强化训练等，逐步掌握计算技巧。

4. 引导学生积累常用数据

常用的小数与分数互化、π值、有倍数关系的两个数、运算定律……这些经常出现的数据、定律，常常是快速、准确运算的基础，必须熟练掌握，达到不假思索、脱口而出的程度。所以，教师在重视算理算法的基础上，也强调让学生记忆、积累一些常用数据，而这些都是提高学生计算能力的有效方法。

5. 培养学生养成检查、反思的习惯

首先，通过展示实例，学生体验到检查的重要性，提高了学生对检查的重视程度。

其次，根据各种题型的特点，探索最科学有效的检查方法，例如估算法、逆算法、再算法等等，指导学生如何进行检查。

再次，引导学生反思，对自己在计算中出现的错误进行认真分析，进而改进和提高。

最后，教师要对学生检查、反思的情况进行及时总结，设立奖励机制，督促学生学习。

6. 丰富计算教学设计

在进行计算教学设计时，课题组教师尝试改变传统的教学模式，为学生创设生活化的、有意义的教学情境，采用游戏、竞赛、自编计算题等多种方法，营造愉快、有趣的计算学习氛围，让学生去体验、感悟、领会计算的乐趣，进而提高计算教学的实效。

三、研究的成果与成效

围绕研究目标，通过调查研究、方法研讨、操作实践、反思总结等一系列研究实践工作，课题研究取得了令人欣喜的成果：

1. 学生的计算速度、准确率逐步提升，运算能力、数学思维得到发展

（1）夯实了学生的计算基础，学生口算和笔算的速度更快了，准确率也更高了。作业、测试中，因为计算导致的错误明显减少了，学生的计算水平、数学成绩、思维能力都得到了显著的提高。

（2）更多的学生能在仔细观察、认真分析的基础上，合理、灵活地择优选择算法。

2. 学生逐步养成了一丝不苟的学习态度、严谨缜密的思维习惯

不单在计算时，在学习、做事时更多的学生也表现得比以前更细心、用心、耐心，收获了终身受益的好习惯。计算准确率的提升，带动了学生数学成绩的显著提高，激发了学生学习数学的兴趣，重新树立了自信心。

3. 教师计算教学的观念得到转变，专业素养得到提升

在研究过程中，教师深入学习、广泛交流、创新实践，所以受益良多。可以说，教师的科研能力和教学水平都得到了显著提高，促进了教师的专业发展。

围绕课题研究，课题组教师撰写了《浅谈发展小学生的运算能力的几点做法》《提高小学生计算能力初探》《小学计算教学的几点想法》等论文。这些论文浓缩了课题组成员在研究过程中所积累的经验，对我校数学教师颇有借鉴作用。

4. 经过反复实践，提出了计算教学的课堂结构

（1）创设情境——设疑。教师创设有价值的问题情境，引导学生去观察、比较，并主动发现问题、提出问题，使学生兴趣高涨，产生了强烈的

求知欲望。

（2）独立思考——解疑。教师给学生充分独立思考的时间和空间，让学生充分发挥聪明才智，找到自己的解疑方法。这样既能突出学生的学习主体地位，又能促进学生个性思维的发展。

（3）交流思辨——释疑。在小组中或全班师生间开展交流学习活动，对有争议的地方可以进行辩论，这样集思广益、博采众长，既厘清了疑问、明晰了算理、得出了最优计算方法，又培养了学生交流沟通、团结协作的能力。

（4）归纳总结——提升。归纳总结既是对本节课重点知识的梳理整合，也是对难点知识的提炼升华。在师生共同分析总结的过程中，学生的知识得以系统化。

（5）巩固练习——发展。计算练习既是学生巩固算理算法、形成计算能力的基本途径，也是发展学生数学思维的好途径。计算练习分为基础练习、综合练习和能力练习三个层次。三个层次的计算练习由浅入深、循序渐进，且各有侧重、相辅相成，可提高学生的计算能力。

5. 编写习题

课题组教师精心设计、编写了多套计算练习题和一本口算题集，为全校学生进行高效的计算训练提供了便利。

6. 介绍经验

受吉林教育广播的邀约，课题组教师走进直播间，通过电波向全市的数学教师和家长朋友介绍提高小学生运算能力的方法和经验，得到了广泛的认可和赞誉。

四、存在的问题与下一步设想

1. 存在的问题

在课题研究的过程中，我们也发现了一些问题，比如，因为课时安排较少，虽然提高了学生的计算能力，但也占用了部分学生的课余时间；再如，受题型的限制，计算的趣味性还不够，容易让学生感到枯燥乏味。

2. 下一步设想

为了进一步完善课题研究成果，我们提出下一步的设想：一是增强设计感，让计算既充满趣味，又有实效性，使学生产生愉悦的情感体验；二是通过交流，努力推广成果，起到示范、辐射的作用；三是向同行学习，不断完善研究成果，争取惠及更多的学生和数学教师。

"阅读+"视域下小学数学与儿童阅读整合的策略研究

双阳区奢岭中心小学　赵新红

一、课题概况

（一）选题的意义

1. 语文课程标准中对课外阅读量的要求

语文课程标准对小学生课外阅读量有要求，说明学校、教师、家长都要关注小学生的阅读量、阅读面、阅读的深度。

2. 数学课程标准中实施建议的相关要求

数学课程标准要求，要提供给学生一定的阅读材料，让学生进行选择性阅读。教师应当开发多品种、多形式的数学普及类读物，使得学生在义务教育阶段能够有足够的机会了解数学、欣赏数学。学生的阅读不单是语文学科的事，数学学科也应该重视学生阅读习惯的培养。阅读，应该是全学科共同的任务。

（二）选题针对的问题

1. 增加小学生阅读量

双阳区奢岭中心小学地处城乡接合部，进城务工子女较多，留守儿童也较多。因此，部分家长忙于打工，家庭教育不够理想，使学生从小就没有养成读书习惯。总体来看，学生阅读量少，阅读能力不强。本课题研究可以增加小学生的阅读量，阅读能力会有所提升。

2. 拓展小学生阅读面

学校教育中，关于学生的阅读活动还局限在语文学科的教学中，基本上是语文教师结合课内教学内容，推荐学生阅读课外读物，而这就在一定程度上导致学生阅读面窄，仅停留在文学作品范畴。本课题研究可以将学生的阅读领域从文学领域延伸到数学领域，可拓展小学生的阅读面。

3. 丰富数学学习生活

学生在数学学习中，更多的是数学知识的学习和解题能力的培养，没有受到数学阅读方面的指导，没有接触过数学课外读物，没有接触到丰富的数学文化和数学思想，数学学习变得枯燥、单一、无趣。本课题研究可以丰富学生的数学学习生活，从而激发学生的数学学习兴趣。

（三）课题研究的目标

1. 通过课堂教学实践，探索数学学科教学与学生阅读的整合策略。

2. 通过开发数学学科阅读校本教材，丰富学校校本课程体系。

3. 通过课题实践，激发学生读书兴趣，增加学生的阅读量，从而使学生的阅读能力和数学素养得到有效提升。

二、研究内容、过程

（一）课题研究的主要内容

1. 数学学科课堂教学与阅读整合的策略。

2. 数学整本书阅读推荐课教学范式。

3. 数学阅读校本教材的开发。

4. 学生阅读成果交流分享平台的构建。

（二）课题研究的过程

1. 前期准备阶段

（1）线上交流课题筹备工作。

2020 年寒假期间，课题组教师进行线上沟通，交流前期关于在小学数学教学中整合阅读的一些思考，最后达成共识，明确研究方向，准备开展小课题的研究。

（2）自主学习课题相关文献。

课题组成员积极利用网络查找课题相关文献资料并共享，大家自主学习，适时交流看法，不断丰富课题相关理论知识。同时，课题组教师在网上购买了几本适合小学生数学阅读的书目，比如《数学笑传》《数学文化趣味阅读》《数学家的故事》等。

（3）开展师生问卷调查活动。

2020 年春季，学校开学第一周，课题组成员对学校所有数学教师和中年级 6 个班的学生开展了问卷调查工作，并结合问卷进行分析，撰写了教师和学生问卷的调查报告。

（4）完善课题实施方案。

结合前期交流、学习、问卷调查等，课题组完成了《"阅读+"视域下小学数学与儿童阅读整合的策略研究》小课题实施方案的初稿。开学第二周，课题组成员对课题实施方案初稿进行研究、修改、完善，明确了小课题研究的目标、内容、方法、活动流程、预期成果等等。

2. 课题实施阶段

（1）开展数学整本书阅读推荐活动，开阔阅读视野。

在课题实施阶段，首先探索数学整本书推荐课教学范式，向学生推荐数学阅读书目，开阔学生阅读视野，培养学生的数学阅读意识。2020年4月，课题组开展了《数学笑传》整本书阅读推荐活动。课堂上，学生兴致盎然，都期待接下来能进一步阅读推荐的书目。

（2）聚焦数学与阅读整合教学研讨，探究整合策略。

将小课题的实践研究与数学学科教研活动相结合，定期开展专题研究学习活动。2020年5月，组织了课题研究研讨课。2020年9月，开展了课题研究公开课。同时，以集体备课、课例研讨、课堂诊断等形式进行了探讨和反思，尝试提炼小学数学教学与儿童阅读整合的课堂教学策略。

（3）开发学生数学阅读类校本教材，丰富阅读资源。

2020年6月至11月，课题组成员精心编排了中年级数学阅读校本教材，图文并茂，内容包括"数学趣味故事""教材阅读链接""数学智慧小锦囊""数学家的故事""关于数学的名人名言"。每个实验班分发5本校本教材，学生们纷纷传阅，效果很好。

（4）搭建数学阅读分享平台，体验阅读成果。

随着阅读量的增加，学生特别期待有一个平台可以表达交流，分享数学阅读的快乐，促进阅读品质的提升。在2020年秋季，实验班级安排了每天数学课之前的"三分钟好书分享"活动，每天1名学生做分享。为了这3分钟，分享的学生认真准备，其他学生也全心投入、认真倾听。学生阅读整本书，要求每周记1~2次数学阅读记录卡，学生把感兴趣的地方记录下来，并写出自己的感悟，阅读、思考、书写有机结合。完成比较好的阅读记录卡，在同学中展示、分享，起到了很好的激励效果。

3. 总结反思阶段

2020年12月，小课题研究进入总结梳理阶段。课题组主要对之前活动过程中形成的教师的教学案例、教学设计、课件、研修反思、论文，学生的阅读分享活动材料，以及校本教材，等等，进行整理，做好分析总结，撰写课题结题报告。

三、研究的成果与成效

（一）形成了小学数学教学与儿童阅读整合的策略，并在校内推广

1. 设计数学情境，激活问题思维

北师版小学数学教材每课课前都编排了与学习内容相关联的情境图，为学生阅读提供了素材。教师精心设计问题情境，引导学生认真阅读，边读边思，通过阅读获取信息，从而提出有价值的问题，将阅读、思考、提问有机结合。

2. 研读数学题目，培养审题习惯

教师在例题或习题训练中，要给学生充足的时间，引导学生仔细阅读，学会审视题目，提取关键信息，从而有效解决问题。

3. 挖掘阅读资源，感受数学文化

在数学学习活动中，教师结合课内教学内容，拓展阅读资源，让学生感受丰富的数学文化。比如，学习了质数知识后，让学生阅读《数学皇冠上的明珠——哥德巴赫猜想》，感受数学的魅力。另外，在每册教材中都有几处"你知道吗"的内容编排，涉及的都是相关的数学史知识，将其融入教学当中，让学生阅读，可以培养学生的学科素养。

4. 设计阅读作业，培养学习乐趣

结合数学学习内容，教师设计数学阅读作业。比如，课外搜集资料，阅读名家故事。教师引导学生利用网络搜集并阅读祖冲之、华罗庚、陈景润等数学名人的故事，以这些数学名家为榜样，使学生受到激励和鼓舞。

以上教学策略在校内数学学科教学中推广，也为外语、科学、道德与法治、音乐、美术等与儿童阅读的整合提供了良好的示范，具有辐射作用，助推了学校《构建农村小学师生"全科阅读"课程体系的策略研究》课题的进一步开展。

（二）促进了实验教师的专业成长

在小课题研究中，实验教师自觉督促自己搜集课题相关文献，加强理论学习，写学习笔记，并通过一系列研究活动，使教师的研究意识不断增强。总之，教师的科研水平不断提高，教师的阅读理念不断更新，教师的专业素养也得到了不断提升。

本次小课题研究共完成了相关教学论文 6 篇，其中，论文《"阅读+"视域下小学数学与儿童阅读整合的思考与实践》在 2021 年度《长春教育》素材征集暨长春市教科研成果（文章类）评选中获二等奖，并在《家教周报》上刊发。同时，完成了教学设计和课件 8 份，其中，课题组教师执教的《编码》获得好评。课题组成员合力编写的数学阅读校本教材，在区督导检查中获得一致认可。

（三）促进了学生的健康成长

本轮小课题研究，共 6 个班级学生参与了实验。研究活动的开展，不仅激发了学生的阅读兴趣，丰富了学生的数学文化知识，还促进了学生的可持续发展。

2020 年 12 月，在学校开展的"书香溢校园　美文伴成长"学生美文诵读比赛中，实验班级一名同学的《我在数学学堂里漫步》，讲述了自己阅读《数学笑传》的心得体会，以独具一格的表现，获得一等奖。在学校举办的各类作业展活动中，学生的数学阅读作业总是占有一席之地。

四、设想

在课题研究的过程中，实验教师和学生一路收获着，但也存在一定的问题，比如，研究过程中对学生整本书阅读的指导、跟进还不够扎实，学生数学阅读的资源还不够丰富。做好学生数学整本书阅读的推进、交流和总结，结合教学内容拓展学生数学阅读的资源，这些将是我们下一步要研究的内容。

在操作中培养小学生数学独立思考与探究能力的研究

农安县杨树林乡中心校　臧海艳

一、课题概况

（一）选题的背景

1. 学生数学学习能力弱

近几年来，在数学课堂教学中，我虽然对学生给予了更多的关注，可是，在每次的数学考试与竞赛活动中，我的学生数学总体水平总是不理想。课堂学习中，学生的独立思考与动手操作能力都很差，很难在亲历、体验、感悟中学习数学知识和发现数学问题，学习只是靠教师的讲解和死记硬背，致使数学课堂缺少生机，学生缺少举一反三、触类旁通的能力。

2. 新课标为操作学习提供依据

学生的数学学习应当是一个生动活泼、主动和富有个性的过程。认真听讲、积极思考、动手实践、自主探索、合作交流等，都是学习数学的重要方式。我们应当为学生创造条件去观察、实验等。作为教师，我们有责任反思自己的教学行为。那么，如何在新课标理念的引领下，尽快找到一条行之有效的教学途径呢？于是，我参加了学校关于小学生自主学习习惯和能力培养的研究。根据学生的现状和基础，我确立了子课题，题目为"在操作中培养小学生数学独立思考与探究能力的研究"，想让学生具有独立思考和探究能力，让学生真正地理解数学知识，引发数学思考，掌握恰当的学习方法，养成良好的数学学习习惯。

（二）研究目的

让学生在亲历、体验、感悟中学习知识，培养学生的自主学习习惯和能力，挖掘学生的数学潜能，提高学生的数学学习效率。

二、实施策略

在确定课题之初，我在班里进行了关于学生是否喜欢学数学的调查问卷，结果显示 73% 的孩子不喜欢学数学。分析调查问卷，我了解了学生在数学学习中存在的问题，完成了调查报告。

（一）初步引领操作，唤醒学生思考与探究的欲望

课题研究初期，因为学生的年龄较小，所以我的目标定位也较低，只是充分挖掘教材，按照教材的编写意图，凡是学生能够通过动手操作获取的知识，我就一定让学生在操作中获取，多给学生提供操作的机会。如，在教学"数字 8 的认识"时，我引导学生从基础做起，用小棒操作，首先让学生自己拿出 8 根小棒，要一边拿一边数，亲自体验数字 8，然后集体数（一边数数字一边用手指小棒，手脑结合深化操作体验）。这样，学生通过数一数 8 根小棒，理解了数字 8 的意义。最后，我让学生在计数器上拨出数字 8，让学生理解 8 就是 8 个珠子，也就是 8 个一，体验了计数单位；再通过比一比，让学生体会数的大小。这样，学生就在具体的操作中基本上体验了数的意义，形成了初步的数感。

此外，我还让学生利用学过的图形拼摆、亲自设计有创意的作品等，这些都激发了学生的思考与探索欲望，激发了学生的想象力，也让学体验了数学的形式美。

因为我的教学方法改变了，所以学生非常乐于参与，课堂的气氛也十分活跃。一段时间后，通过检测，我发现学生的数学成绩提高了，平均分由原来的 68 分增至 79 分，可以说是小获成功。

但是随着课题研究的深入，新的问题出现了。因为我的教学方法改变了，加之我对学生动手操作的逐步放手，在课堂上学生的自控能力变弱了，所以出现了课堂纪律差的现象。时间久了，学生对操作也并不十分感兴趣了。面对这种状况，我又开始了新的探索。

（二）逐步引导操作，鼓励学生主动参与

为了解决学生课堂上自控能力变弱的问题，我多方查找资料、学习，发现自己教给学生的关于操作的知识只是一点皮毛，学生的操作还缺少灵魂。实际上，我应该学习的与操作有关的知识真是太多了，于是我又继续探索与尝试，鼓励学生主动参与。小学生的思维正处于由无序思维向有序思维逐步过渡的阶段。因此，为了使学生都能主动地参与操作，在教学

中，我就十分注意操作的有序性。在操作前，我用简洁的语言或课件向学生讲清楚操作规则，引领其主动参与、有序操作。如，在教分类这一内容时，我让学生先想一想自己怎样分类，再动手分一分，分完后再和同桌交流分法，最后数一数共有几种分法；在教长方形和正方形的特征这一内容时，我引导学生先观察、猜测，再进行操作验证，最后演示汇报，发现规律。这样有序地进行操作引导，时间长了，学生便养成了有序思维习惯。在这种有序操作中，学生边操作、边思考，用操作促进思维发展，达到了"在思中做，在做后思"的目的，而学生也逐渐养成了主动参与、积极思考的习惯。

（三）实施有效操作，引导学生积累方法、形成技能

操作方法虽然没有统一的模式和要求，但随心所欲、草率操作是不可取的。每一次教学时，我都精心设计合乎逻辑的操作方法，让学生获得知识更容易。有时，我把操作活动放在学习新知识前进行，目的是让学生获得一些必要的感性材料，为学习新课做好准备。如，教学《跳绳》一节时，我请 3 名同学做跳绳表演，从而获得 3 个不同的数据，为学习两位数减法提供了数据，也为学习新知识做了铺垫。

操作活动可以在学习新知识中进行，目的是揭示概念的本质属性或概括出某个结论，加深学生对理论的理解。如，在教学《长方形和正方形的认识》一节时，我让学生在量一量、折一折中发现长方形和正方形的特征。

操作活动也可以在学习新知识后进行，目的是强化所学知识。如，教学《统计》之后，我让学生利用课后时间调查自己家一周扔掉多少个塑料袋等。

此外，我还经常根据知识的特点，结合学生的实际，合理把握操作时机，放中有扶，把操作用在学生想知而不知，似懂而非懂时，让他们动手做一做，就能起到化难为易、化抽象为具体的作用。如，教学"100 以内数的认识"这一内容时，为了让学生更好地体会 35 里面有几个十和几个一，我设计了和学生比赛拿小棒的游戏——看谁拿的小棒一眼就能看出是35 根。在学生操作有了自己的体验后，我展示了我的拿法：3 捆（每捆十根）和 5 根，以操作代替讲解，可以使学生较好地理解数的组成，开拓了思维，培养了数感。

（四）鼓励操作，引导学生自主学习

学生通过简单的操作，逐步形成操作技能后，我便开始引导学生体会

数学操作对数学学习的好处，让操作成为学生学习数学的一种习惯。如，教认识图形时，开始我便抛给学生一个难题："同学们，我们都认识长方形、正方形、三角形和圆，那么你们能画出这些图形吗?"学生们思考了一会儿，便纷纷拿起学具，把三棱柱、印章等放在纸上描，从而得出了长方形、正方形、三角形和圆形，这样学生不但画出了图形，而且理解了"面在体上"。再如，教平均分时，学生在具体操作中有了不同的感性体验后，为了让学生加深对平均分的了解，我引导学生探究平均分的方法，而学生思维异常活跃，迸射出创新的火花，个性思维不断显现。他们发现，可以用做记号的方法表示，可以用加、减等符号来表示，可以用不同的字母来表示，还可以用画竖线隔开的方法表示，等等。我惊喜地发现，学生的数学综合能力有了很大的提高。

在操作中，学生的自主学习能力增强了，具备了一定的操作能力，积累了一些操作方法，并能在操作中有所思考和感悟。总之，操作实现了合作互动，促进了多元交流。

三、研究的成果与成效

（一）教师的教学能力得到提升

经过两年多的课题研究，我的教育科研水平提高了。

在课题研究的带动下，我加强学习，写了 4 本教学随笔，完成了多篇教学设计和说课材料。

我总结了通过操作学习培养学生独立思考和探究能力的方法，形成了自己的数学教学风格，并获得了"教育科研先进工作者"等称号。

我撰写的数学论文《在操作中提升小学生的数学素养》发表。

我的小课题成果《在操作中培养小学生数学独立思考与探究能力的研究》也获得了市教育学会一等奖。

课题研究让我感受到了快乐。

（二）教师的教学实践得到丰富

在研究过程中，学生的语言表达能力增强了，我针对潜能生的表现写了《"他"说话了》；学生在合作中有了新突破，我写了《合作也精彩》；学生为了一个习题答案而争得面红耳赤，我写了《以"无为"成就"有为"》；学生对操作感到迷茫，我写了《珍视孩子的奇思妙想》。这些都丰富了我的教学实践，提升了我的数学素养。

（三）促进了学生的发展

1. 操作叩开了学生的思维之门

随着课题研究的深入，学生的操作技能不断提高，思维水平也不断提高。现在，操作已经成为他们获取知识的一种手段。

在教"长方形和正方形的特征"这一内容时，我让学生用量一量的方法验证长方形的四个角都是直角。经过思考、操作后，同学们提出了不同的验证方法。例如，有的用量四次的方法验证了长方形的四个角都是直角，有的量两次，还有的量一次。同学们尽情地发表自己的意见，最后得出最简洁的验证方法：把长方形横着对折一次，再竖着对折一次，这样四个角就全重合了，所以一次就能量出来。看着孩子们的笑脸，我也沉浸在满足与幸福中。操作让学生真正获得了思维的启迪，提升了学习能力。

在教学"观察物体"这一内容时，我让学生利用水杯自己尝试摆一摆、看一看。通过自己操作，学生发现：除了从正面看以外，其余各面只需把水杯各面分别移到自己面前，移到面前后看到什么形状就是在其他几个方向看到的形状。我惊叹于孩子们稚嫩的操作和独特的方法，慨叹操作开拓了他们的思维。

2. 紧密结合现实生活，在操作中体验

常见的量是我们学习和生活中经常用到的数学单位，但对于生活经验还不丰富的小学生来说，这些常见的量是比较抽象的。然而，在实践学习中，学生经常会从生活经验出发，在操作中有效感悟。

在教学"分的认识"这一内容时，学生能从读书、写字、跳绳、口算等活动中体验 1 分钟能写 20 左右字，能跳 60 下，能口算 20 道题，等等。操作中，他们积极参与，有效感悟，实现了以操作为手段于趣中感悟的目的。

再如，教学"镜子中的数学"这一内容时，学生很难理解镜像原理。为了突破教学难点，我让学生分组研究解决策略。最后，孩子们利用情境表演让问题迎刃而解：两人一组面对面做同样的动作，这样在操作表演中学生具体、真切地感悟了镜子里与镜子外——左右相反的道理。可见，实践丰富了探究方式，使数学学习具有了数学教育的意义和深度。

3. 养成操作习惯，实现自主学习

引导学生操作，让学生在充分感知大量的数学材料的基础上，逐步形成操作习惯，实现自主学习。如果说学生开始的操作是一种兴趣，那么后来的操作已成了学生的一种学习习惯和方式。

在教学"认识角"这一内容时,我提出了问题:想一想角的大小与什么因素有关。沉寂中,我发现许多同学正在把自己做的活动角变大或变小。最后,他们发现:角的两边张口越大,角越大;角的两边张口越小,角越小。就这样,自主操作使他们加深了对内容的理解。

有一次做练习题,习题是:$39÷6＝?$有几组同学因为计算结果不相同而争得面红耳赤。这时,有的同学就拿出小棒摆了起来,然后,他们很快就得出了正确结论,平息了争论。学生通过思考、操作解决了问题,使他们的自主性充分地发挥了出来。

经过两年多的课题研究,我惊喜地发现:操作促进了学生思维的发展,丰富了学习方式,培养了自主学习习惯,提升了综合素质。同时,我班学生数学的总体水平也有了较大的提高,及格率达到百分之百,数学综合评价居同年级之首,学生数学竞赛获奖人数也不断增加。最近,我又对学生做了一次问卷调查,结果显示,96%的孩子喜欢学数学。这一切真让我欣喜与感动!

我的课题研究虽然取得了点滴成效,但仍然存在许多不足。在今后的研究中,我将继续在操作方法、操作策略上下功夫,让学生掌握操作技能,提高操作能力,探索出适合不同年段小学生的学习方法,提高学生的数学素养。

附录1

珍视孩子的奇思妙想

教学《认识角》一节时,为了让学生能探究比较角大小的方法,我让学生们同桌合作,用自己折的角来比较。按照我的要求,同学们开始合作了,只见他们忙得不亦乐乎,左比比,右试试。看着孩子们的合作已经接近了尾声,我要听听孩子们的想法了,真是不听不知道,一听吓一跳,这下可是"百家争鸣"了。有的学生说:"我们是把两个角并排放在一起比的,这个角长,所以这个角就大。"他们还边说边演示。显然,他们比的是角的边长,这种比法是错误的。有的学生说:"我们是把两个角放在一起比的,一个在下,一个在上。"显然,这两个角的顶点和一条边没有对齐,这种比法也是错误的。这时,另一位同学也迫不及待地争着要汇报。他说:"我们先用弧线标上角,然后从角的顶点开始用直尺量顶点和弧线之间的边长，哪个边长哪个角就大。"

听了孩子们纯真而又富有个性的发言，我心中充满惊叹。孩子们虽然没有如我所愿探究出比较角大小的方法，但是他们收获了操作中的真实体验。这是孩子们思维的真实写照，这是一种真实的情感体验。作为教师，我没有因为学生不能探究出正确的方法而失望，相反，我为学生有这些奇思妙想而高兴。因为我深深地体味到：珍视学生的想法、培养学生的思维能力远比教会学生知识结论重要。我们不怕学生有奇思妙想，就怕学生没有想法。虽然学生的想法或幼稚，或粗糙，但只要我们有效引导学生，他们就会豁然开朗。

教师不是雕塑家，却雕塑着世界上最珍贵的作品。教师要珍视学生的想法，雕琢学生的奇思妙想，让学生在美妙的数学乐园里自由翱翔！

附录2

以"无为"成就"有为"

学生做练习时，有这样一道题：39÷6＝？学生做完后，我让学生们进行同桌对照检查，如果计算结果不相同，就共同查找原因，再进行改正。这时，有两个同学争得面红耳赤，各自拿着练习本来找我。我接过他们的练习本一看，一名同学是这样做的：39÷6＝6……3。另一个同学是这样做的：39÷6＝6……5。看了两名同学的算法，我一下子就明白了，显然是后一名同学计算马虎，6×6＝36，却写成了34，是计算错误。我并没有告诉他们谁对谁错，就说："老师也不知道谁对谁错，你们回去以后拿出小棒摆一摆，然后再确定谁对谁错。"听了我的话，他们回到座位上认真地分了起来。分完后，我问他们："还剩几根小棒？你们谁错了？"余数是5的同学开始认真地检查自己的算式，他终于找到了自己的错误，他向同桌挤挤眼，不好意思地笑了。

在教学中，教师经常会遇到学生意见不一致的情况。此时我们不要急，不要越俎代庖，而是要把问题巧妙地传给学生，让学生自己来解决问题。也正是教师有意识地往后退了一小步，才促成了学生主动向前迈了一大步，这样学生获得的体验才会更深刻，感悟才会更真实。教师要通过自己的"无为"把学生推向学习的前沿，才会成就学生的"有为"。

学生理解数学问题的有效方法研究

农安县杨树林乡中心小学　　林继春

一、课题概况

（一）问题的提出

《义务教育数学课程标准（2011年版）》中提出，使学生学会从数学的角度发现和提出问题，综合运用数学知识解决简单的实际问题。可见，在数学教学中，使学生理解和解决实际问题非常重要。

在小学数学教学工作中，虽然我教了学生怎么解决问题，甚至教了好多遍，但还有很多学生不会解题，原因之一是教师指导的方法不适合学生。另外，学生的个人素质各不相同，有的读过题就明白了，有的读好多遍才会做题，有的没有把题目读完整就开始做题，等等。久而久之，有些孩子就会对学习数学失去信心，这一点在高年级会表现得特别明显。理解问题的根本在于让他们懂得题目的意思，积极思考、结合实际情况解决问题。只有这样，才能让学生感觉到学习数学的乐趣。而在理解数学问题的过程中，方法就显得尤为重要，教师要根据教学内容和学生情况的不同，帮助学生找到适合自己的方法。因此，我们以"学生理解数学问题的有效方法研究"作为课题。

（二）课题研究的目标

1. 总体目标

研究出有效的适合学生的方法，帮助学生更好地解决数学问题，以达到学以致用的目的。

2. 具体目标

（1）通过画图、反复读题、动手操作、合作交流等方式，探索出引导学生正确理解数学问题的有效方法，体会理解问题方法的多样性，发展实践能力与创新能力。

（2）在与其他小伙伴合作学习的过程中，让学生尝试解释自己的思考过程，培养学生的数学思维和语言组织能力。

（3）通过实践操作，培养学生的动手操作能力和合作精神，同时感受数学和生活的密切联系。

（4）教师进一步把握教材、钻研教材，联系学生生活实际，探索出小学数学中让学生正确理解问题的方法和途径，形成一定的教学策略，提高小学数学教学质量。

二、研究内容、方法与实施策略

（一）研究内容

1. 通过调查了解学生的整体学习和个体学习情况，在后期研究中进行有针对性的辅导，以利于课题的深入开展。

2. 在数学教学中，充分利用教具调动学生积极性，培养学生认真的学习态度，引导学生仔细观察，以抓住关键词语等多种方法去理解题意，培养学生良好的学习习惯。

3. 让学生通过合作、交流，解释自己的思考过程，培养学生的数学思维和语言组织能力，树立合作、分享、反思的意识。

（二）研究方法

1. 行动研究法

本课题研究与学生实践紧密结合，边实践、边探究、边归纳、边总结，积累了丰富的课堂教学实践经验。

2. 调查法

通过问卷调查的方式，了解学生存在的问题和疑惑，分析原因，找出策略，有针对性地进行研究。

3. 观察法

教师观察学生操作过程，观察学生是否理解了教师所讲内容、学生是否全身心投入到学习活动中，并及时与学生沟通。

4. 经验总结法

在研究过程中，注意学生的表现，结合积累的资料，随时总结课题进展情况、学生学习情况以及教学经验等，形成教学随笔。

（三）实施策略

1. 调查分析原因

在确定课题之初，我们对学生做了问卷调查，结果显示 45.5% 的孩子不喜欢学习数学，59%的孩子认为数学学习中的应用题比较难。

分析调查问卷和研究前测试，我们了解了学生在数学学习中存在以下问题：有的学生缺乏自信心，从心理上抵触学习数学，还没开始学习就认为自己学不会；有的学生态度不认真，急于求成，不仔细读题，题没读透彻就开始做题，当然容易出错；有的学生不会审题，抓不住关键词，理解问题的方向有误；有的学生计算不准确，出现列式正确结果错误的情况。

我们分析，学生出现以上错误的原因为：学生对学习重视程度不够；教师对学生学习的指导方法不当；学生没有正确理解数学问题。

针对以上问题和原因，我们确定了解决措施：激发学生学习数学的兴趣，培养学生正确的学习态度，探究出更多可以帮助学生正确理解数学问题的方法。

2. 初步引导学生发现正确理解数学问题的方法

课题研究初期，我们的目标定位比较低，凡是学习中涉及的方法，我们就多给学生创造机会，尽可能地找到适合每个学生的方法。例如，在教学"除数是整数的小数除法"这一内容时，我先让学生阅读题目，提炼关键词语，为理解题意奠定基础；然后观察题目，进一步分析题意，列出算式；组织小组合作，让学生亲自探究除数是整数的小数除法的计算方法，体会其意义，形成数学应用意识。在探究学习中，我们不仅发现了画图、找关键词等理解题意的方法，还优化了学习方法。这些都激发了学生的探索欲望。

3. 引导学生积极参与，提炼方法

我们总结了教学成果与不足，发现学生的学习兴趣调动起来了，我们也教了学生很多理解数学问题的方法，但是还有我们没有发现的方法，而且已有的方法也不是都适合学生的，还需要我们进一步去探索。于是，我们又查找资料，观看相关视频，和同事一起研究。

在教学《街心广场》和《探索活动：平行四边形的面积》时，我们总结出了观察法，培养了学生的推理能力和逻辑思维能力；在教学《调查"生活垃圾"》一课时，我们总结出了多种阅读的方法，让学生掌握了理解数学问题的基本技能；在教学《精打细算》时，我们总结出了结合生活实际理解问题的方法，让数学与生活融合，达到学以致用的目的。

4. 引导学生灵活运用方法，形成技能

后来，我们又发现理解数学问题的方法有很多，但不是每个方法都能用得到，要根据学生情况和学习的内容而定，根据实际情况选择一种或几种相结合，引导学生正确理解问题，提高学生的理解能力。有时，我们让学生把问题还原到生活中去，以便他们能更好地理解。如，在学习平行四边形的面积时，先利用画图法和观察法让学生在练习本上画一画，直观地感受一下平行四边形的特点，然后让学生去探索计算平行四边形面积的方法，总结出平行四边形面积公式。这样层层递进地引导，时间长了，学生便养成了良好的学习习惯。

三、研究的成果与成效

（一）总结出多种正确理解数学问题的方法

1. 画图法

画图法是指用形象的图和表格对问题进行具体分析，使学生认真审题，端正态度，有效地理解数学问题，可以起到事半功倍的效果。

数学教学中，我们充分利用好画图法，能使难题简单化，激发学生的学习兴趣，提高学生分析问题和理解问题的能力。比如，在教平行四边形的面积时，先让学生在本子上画出平行四边形，引导学生了解平行四边形的特点，从而理解其公式的推理过程。

2. 多种方式阅读法

我们都知道阅读在语文教学中有很重要的作用，其实它在数学教学中的作用也是相当大的。在本次课题研究中，我们总结了齐读、指名读、自由读、默读、反复阅读等多种阅读方式，调动了学生的积极性，丰富了学生的阅读方法。当然，每个阅读的方法并不是孤立的，也不是都用得到，要根据实际情况选择一种或几种相结合的办法，引导学生理解问题，加深学生对知识的理解，提高学生理解问题和解决问题的能力。例如，在教学《精打细算》一课时，我先让学生以齐读、指名读、默读等方式阅读问题，然后让学生说获得信息的时候，他们都争抢着说："老师，我的问题是：甲商店牛奶每袋多少元？""老师，我有问题：哪家商店的牛奶便宜？"这就说明学生把情境图读得很详细，很深入，发现了其中的信息。

3. 抄题法

这个方法看起来很老套，其实还是很实用的。我们可以让学生在抄题的过程中做到以下几点：第一，字迹要工整，这样学生就会用心去抄写。事实证明，抄一遍题会记住很多的内容。第二，抄完题后，能复述题目的主要信息，这样学生就能对题目有更深一层的了解，有助于理解题意。比如，在讲解"一种平行四边形的铁皮零件，底是 15.4 厘米，高比底短 4.5 厘米，生产这样的零件需要多少平方厘米的铁片"这一问题时，我就先让学生抄一遍题，因为抄题得是不丢一字的，所以学生能够注意到"高比底短 4.5 厘米"这个关键点。在抄完题后，很多学生说："老师，我知道怎么做了。"

4. 倾听法

有时候，倾听要比语言讲授的效果更好，所以教师要给学生充分的时间去倾听，去感受。以下题为例：

世界上最大的鼠产于南美洲，体重可达 50 千克，身长 1.5 m。世界上最小的鼠生活在泰国的热带丛林中，体重约 0.002 kg，身长 0.03 m。请你提出一个数学问题，并尝试解答。

我考虑到这道题很长，难度也很大，于是先让学生齐读两遍，获得大概的信息，之后我就指定学生读题，其他学生听，而且每一个学生读完题后都让其他学生说说从听到的内容中获得了哪些信息。这样反复三次后，同学们都了解了题目的信息，然后开始编题并解答。在核对答案时，我也要求学生认真倾听，并说说他的答案是否正确等。经过这样的长期训练后，学生的态度更加认真了，理解能力提高了，解题速度加快了。可见，虽然是倾听训练，但是学生的语言表达能力也得到了提高。

5. 利用画图理解问题法

有些问题如果利用画图来理解，会更加直观形象，学生看了一目了然，很容易就理解题意了。以下题为例：

园丁叔叔靠墙用篱笆围成长 4 米、宽 2.7 米的长方形花圃，需要用多长的篱笆？

对于这道题，只是读题有些学生是不会理解靠墙的一面不用计算长度的，所以我让学生自己在练习本上把这道题的图画出来。当画完图后，有个平时反应很慢的学生高兴地叫了出来："我知道了，靠墙那面不用算！"这就可以看出画图解决问题的效果是多么的明显。

（二）促进了学生的发展

1. 学会了理解数学问题的方法

随着课题研究的深入，学生学会了理解数学问题的方法，也有了自己思考问题的方式。在学习组合图形的面积时，我让学生自己观察思考。学生自己观察了一会儿后，就三五成群地主动探讨了起来，这个说："用分割法。"那个说："用填补法。"还有的说："我的方法和你们的都不一样。"孩子们真正懂得了如何学数学，学会了学习。虽然学生理解问题的方法有时不同，思维能力不同，但只要教师能创造条件，让学生人人参与，亲身经历探索的过程，就能真正让学生能力得到提高。

2. 提高了学生学习的积极性

进行课题研究前，学生上课不愿意读题或是粗略地读一遍题，就像完成任务一样。经过这一阶段的研究，我发现学生能够主动读题，尝试自己理解题意，而不是一味地等着老师讲了；进行课题研究前，学生不爱举手发言，现在学生争着抢着回答问题；进行课题研究前，学生有问题都不问老师，现在他们都能追到办公室去问。种种现象表明，学生的学习积极性有明显提高。

(二) 促进了教师的成长

1. 教师教学观念的转变

教师的教学方法从原来的单一到现在的多样化，思想从原来的保守到现在的放手，并积极倡导自主、合作、探究的学习方式，教师成为学生学习过程中真正的引导者。在课堂上，学生能自己解决的问题，教师决不插手。遇到难点，教师只是合理、适当地加以点拨、引导，决不以教代学。学生针对某一问题发表自己观点时，教师认真地倾听，适时点拨、评析。比如，在教学《调查"生活垃圾"》一课时，我先让学生课前调查一下生活中的垃圾，然后让学生自己提出问题，小组研究解决问题，而学生不仅把问题解决了，而且效果还挺好。

2. 教师的教学能力得到提升

通过课题研究，教师的教学技能提高了。在课题研究的带动下，教师加强了学习，写出了很多教学设计和教学随笔，形成了多篇教学论文。教师总结了适合学生正确理解数学问题的方法，形成了独特的数学教学风格。同时，我们多次承担了乡级的公开课任务，为其他教师做示范引领，受到了上级领导和家长的好评。

今后，我们将继续进行研究，进一步完善学生参与学习的方式，探索出更多更好的引导学生正确理解数学问题的方法。

关于信息技术在小学数学作业
设计中的作用的研究

农安县第二实验小学　徐　爽

一、课题概况

（一）课题研究的目标

在小学学习阶段，作业是帮助学生巩固数学课堂所学知识的最佳办法。数学是小学课程中的重要学科，是基础学科。新课程标准要求老师在小学数学教学中应多多关注学生课后作业的完成情况。巧妙地设计课后作业不仅能提高学生的基本数学能力，还可以培养学生的数学思维。

多媒体教学是老师多种教学手段中的一种。现代信息技术日新月异，互联网越来越成为人们生活中必不可少的组成部分。怎样利用以互联网为代表的现代信息技术来完成教学任务，已经成为各级教育部门探讨的课题。

因此，本课题确定的研究目标为：

1. 利用信息技术的手段，针对不同年龄段的学生，合理适当地布置作业，促使学生养成良好的作业习惯，变被动地完成作业为主动地接受、巩固知识。

2. 对学生作业进行科学、全面评价，并通过信息化技术的手段，使学生灵活地掌握学习方法和学习技巧。

3. 利用信息技术资源，针对不同情况的学生设计不同的作业，使不同层次的学生都得到提高。

4. 作业的设计要符合新课标的要求，要注重学生在思维能力等方面的提高，并充分利用学生的生活实践，体现信息技术对小学数学作业设计的促进作用。

（二）课题研究的意义

在多媒体教学背景下，学生作业的设计变得更加有选择性，作业形式的多样化、作业内容的丰富性等，都让老师有了更多的选择，但要针对不同学段、不同年龄、不同心理发展状态的学生进行合理选择，自然也就产生了新的挑战。

我们的研究就是梳理和探究在新课标背景下，如何能更有效地将现代化信息技术与小学数学学科作业设计相结合，从而帮助学生更好地学习。

（三）课题针对的问题

1. 小学数学课后作业统一性较强

小学生不管是年龄、心理还是接受能力等方面，都与高年级学生差距很大。另外，即使同龄的小学生在学习的过程中也会出现差距。可是，有的小学数学教师设计课后作业时没有按照不同学生的实际情况进行作业的布置，如果是按照学优生的能力布置作业，学困生就会感到吃力，对数学的学习热情或兴趣就会减少；如果是按照学困生的能力布置作业，学优生就不能通过课后作业得到提高。所以，不管是按照哪个学习能力水平的学生情况统一布置作业，都会浪费部分学生的学习时间，降低学生学习数学的兴趣和热情。可见，作业布置缺乏层次性和难易度是小学数学课后作业设计不合理的原因之一。

2. 小学数学课后作业的设计缺乏与实际生活的联系

一方面，布置课后作业是为了检查学生上课有无认真听讲；另一方面，是为了帮助学生巩固知识，让学生熟练掌握已经学到的知识，从而提升学生的数学成绩。不仅如此，小学数学教师可以根据每一位学生完成作业的实际情况了解不同学生对数学知识的掌握程度，了解不同学生知识薄弱的地方，进而为小学数学教师的教学提供参考，从而提升小学数学课堂教学的效果。可是，部分小学数学教师进行作业设计时只要求数量，并没有关注到学生的学习能力等，导致了不能将小学数学作业的作用发挥到最大。

3. 书面形式的小学数学课后作业较多

目前为止，传统的书面作业的内容基本上是课堂中学到的知识，不注重课外知识的延伸。另外，传统的书面作业不仅内容比较枯燥，形式方面也没有任何新意，不利于提高学生的思维能力。

二、研究的内容

（一）对小学生家庭作业现状的研究

通过调查问卷和谈话的方式，对学生的学习情况和作业完成情况进行了解，对于起到积极作用的部分要继续坚持并吸取经验，对于弊端和不足则要分析其原因并且探寻解决方法。

（二）对学生良好作业习惯培养的研究

针对不同学龄段的孩子的特点，教师应布置能充分调动学生学习积极性的作业。教师应分析学生在学习中遇到的难题，有针对性地利用多媒体教学的优势进行引导，使学生养成良好的学习习惯，而这对于提高学生自身学习能力和教师的教学效率都有积极的作用。

（三）对作业设计的多层次和多样性的促进作用的研究

在班级里挑选出不同学习能力的学生进行跟踪分析：挑选学优生、中等生和学困生共 10 名，然后有针对性地进行作业布置和评价，并进行分析和记录，随时调整研究策略。

（四）对作业资源的发掘和探究

教师可以利用多媒体，用动画等形式，将作业与学生的生活实践相结合，调动学生写作业的积极性。

三、研究的成果及成效

（一）课题研究的成果

2021 年，撰写的论文《信息技术在小学数学作业设计中的作用》发表在《新教育时代电子杂志（教师版）》2021 年第 13 期上，阐明了利用信息技术提高小学数学作业设计质量的有效方式，如下：

1. 联系学生生活实际，提高数学作业设计趣味性

例如，可以运用微课针对性强的特点，利用音频和视频资料趣味性强的特点、教育教学平台系统性及指向性强的特点，等等，让学生可以积极主动地去完成数学作业。

信息技术在作业设计中的运用可以保证小学生在完成数学作业的基础上了解更多的相关知识，而这对于提升学生的数学成绩非常有帮助。

2. 坚持多元化原则，分层设计作业

小学数学教师进行作业设计时不能盲目使用信息技术。

第一，小学数学教师进行作业设计之前应该从不同的角度了解每一位学生学习的实际情况，然后按照每一位学生的学习能力进行作业层次的划分。

第二，小学数学教师可以利用网络平台加强与学生之间的沟通，在第

一时间了解不同学生在课堂中遇到的问题并进行解决。

我们总结出了总体—分层交互进行的教学方法，即在总体上统计出学生在学习中容易出现的问题，针对问题进行系统教学和讲解。同时，根据学生的不同学习情况进行分层指导，将大的问题分解为小的单元，一一进行剖析，让学生从点滴进步开始，增强自信心，增加学习的动力。

（二）课题研究的成效

1. 教师精心设计作业，提高教学教率

针对目前电子作业的现状，在电子作业的设计上，注意多设计些开放性的、需要学生主动去搜集、整理来获取信息并综合运用这些信息进行创新的研究性学习的作业。例如，在教学"年月日"这一内容时，教师可在课前布置预习作业，让学生在网上搜索有关年月日的相关资料，图片、文字都可以，鼓励学生找到图文并茂的资料做成幻灯片在课堂上展示，或发布在电子论坛上，也可把相关资料上传至 QQ 群里，使资源得以共享。讲完课后，还可让学生对课前所找的资料进行补充整理。总之，教学中，让电子作业参与进来，由原来的单一的知识传播与学法引导转变为多样化的学习，教学效果非常好。

2. 加强师生联系，提升学生学习效率

信息技术与数学电子作业进行整合后，学生由被动地、简单地应付作业，转变为主动的知识建构者和积极的学习者。同时，加强了师生间的交流与互动，使师生联系增多，关系更加亲密。例如，有的学生因故不能到校听课，教师将讲课视频等发送给学生，学生则通过写学习心得等与老师交流。这种教育方式可以使每个学生都不掉队，都能顺利地完成学习。在信息技术背景下，师生联系多了，学生的学习效率也提高了。

3. 学生的学习兴趣有了很大提高

很多平时晦涩难懂的问题，在信息化技术的帮助下，学生会很容易地理解。同时，学生学习的兴趣也有了显著提高，学生不再一味抗拒作业，而是能主动完成，甚至有些学生会期待老师布置作业，而这让我们都觉得欣喜和欣慰。

在下一步研究中，我们将结合教材特点及学生实际，深入研究信息技术在小学数学作业设计中的作用。

应用微课提高小学三年级数学算理教学效率研究

农安县三盛玉镇中心小学　郑长伟

一、课题概况

（一）研究目标

本课题研究的总体目标是应用微课有效提高算理教学效率，帮助学生真正理解算理，并在此基础上不断提高计算能力。

具体目标包括如下几个方面：

1. 优化教法

探索出在农村小学数学课堂教学中应用微课提高算理教学效率的有效策略，真正发挥数字教学资源在农村的教育优势。

2. 活化学法

指导学生在课前、课中和课后根据学习需要使用微课辅助学习，帮助学生改变学习方式，充分调动学生的学习积极性和主动性。

3. 实现教学相长

提高师生应用信息技术的能力，促进信息技术与课堂教学的深度融合。学生借助优质资源提高自主学习能力，教师的课堂教学能力和教育科研能力得到明显提升。

4. 创新教学模式

利用微课促进农村小学计算教学模式的转变，使计算变得简单而有趣，大幅度提高计算教学质量。

（二）针对的问题

三年级是小学阶段的一个重要分水岭，主要表现在两个方面：一个方面是学习内容难度提升，另一个方面是学生的自尊心等心理因素逐渐变强。学习内容难度的提升主要表现在计算上，数字越来越大，步骤越来越烦琐，是学生学习数学的重点和难点。计算能力直接影响着学生的数学学习成绩，而较差的学习成绩极易损伤学生的自尊心和自信心。有很多学生就是从三年级开始掉队，而且一发不可收拾，甚至最终导致学生放弃数学学习。究其根源，学生在数学学习上的失败多数是因为没有掌握最基本的计算技能。有很多老师认为，学生计算能力差主要是计算不准确。其实不然，由于马虎大意导致计算出错的现象确实有，但并不占主导地位。观察发现，学生计算不准更多时候是因为不会算，再深入挖掘就是对算理不够理解，只能机械地套用算法，根本就没有做到既知其然，又知其所以然。机械记忆既不持久又无法灵活运用，只有真正理解了算理才能真正学会计算。所以，算理教学在计算教学中就显得尤为重要。算理的理解客观上是存在一定难度的，需要多长时间真正掌握因人而异。

（三）研究意义

本课题的研究不但能够推进农村小学数学教学与教育技术的深度融合，还能实现真正意义上的优质资源的共享。

其具体研究意义有如下几个方面：

一是能够帮助在计算学习方面有困难的学生，为他们提供课前预习和课后复习的优质微课资源。

二是倡导"先学后教，以学定教"的教学模式，能够让教师更多关注学生的学习过程，并增加数学课堂上的师生互动和生生互动，及时交流学习经验。

三是能够改变课堂教学的管理形式，教师的角色也会发生根本性的转变，真正成为学生学习的引导者、参与者、合作者，更加突出学生在学习中的主体地位。

二、实施策略

（一）开展理论学习，做好课题研究准备

为了提高课题研究的质量，我进行了一系列的理论学习，通过查找文献和资料，积累了大量的学习笔记，初步确定了研究思路和研究方向，制订了课题研究计划，为课题研究的有序开展做好了充分准备。

（二）开展问卷调查活动

为了及时地了解应用微课提高农村小学算理教学效果，在研究的过程中，我重点组织开展了两次问卷调查活动。开展第一次问卷调查的目的是了解学生原始的计算水平；开展第二次问卷调查的目的是了解经过近一年时间的应用微课实践研究之后，学生的计算能力的发展情况。调查结果如表1。

表1 两次问卷调查数据统计

问卷调查	时间	参加人数	平均分	优秀率	及格率
第一次	2020.5.11	38	80.7	49%	81%
第二次	2021.4.28	36	91.3	63%	92%

通过数据统计分析来看，学生的学习成绩有了明显提升，这从侧面说明应用微课提高算理教学效果的做法取得了很好的成效。

（三）制作以算理教学为主要内容的微课

在以前的课题研究活动中，我校成功建设了数学学科的微课资源库，一共有260节数学微课。通过一段时间的研究发现，之前录制的微课内容偏多且略显粗糙，专门以算理教学为主要内容的微课并不多，根本无法满足学生真正的学习需要。为了更好地发挥微课的辅助学习效果，我又重新制作了一批以算理教学为主要内容的微课，细化为三类：有适合学生为新课学习做准备的复习微课，有适合学生在课上学习算理的预习微课，有适合学生巩固算理学习效果的练习微课。在录制微课的过程中，我还有意在微课视频中增加了暂停提示，提醒学生可以暂停观看，自主解决问题，给学生留出了充分的思考时间。此外，我还邀请学生参与微课的录制。这种微课反响非常好，充分调动了学生们使用微课进行算理学习的积极性。

（四）指导家长和学生正确使用微课

家长对于学生使用微课学习一直心存顾虑，一方面是担心孩子视力受影响，另一方面是担心学生会因此沉迷网络。为了消除家长的顾虑，我多次召开家长会。在家长会上，我重点做了两方面的工作。一个方面是我对学生家长进行了关于使用微课进行自主学习的专题辅导，给家长讲清了在线学习的益处和必要性，并列举了学生通过在线学习大幅度提高学习成绩的成功案例。另一方面是对家长和学生进行信息技术应用的培训，指导家长和学生能够正确使用微课。家长会的召开提高了家长们的思想认识，也坚定了学生们应用微课进行算理学习的信心。

（五）聚集典型问题，调整教学策略

本课题研究以实验课为主要载体。课上，学生在教师的指导下通过观看微课进行自主学习，教师重点观察学生的学习状况，帮助学生及时解决在学习中遇到的困难。在学生完成学习任务之后，教师组织学生交流学习经验，在练习中检测学生的学习效果，发现并总结典型问题，及时采取有效策略加以指导。在这个过程中，学生一直是学习活动的主体，教师是学生学习的组织者、引导者和合作者。如果学生的学习效果非常不理想，教师就要针对学生在学习中出现的问题进行思考，帮助学生突破难点。在课堂教学中，我特别注重加强师生之间的互动，以及微课和师生的三者互动，这在很大程度上弥补了微课本身存在的不足。

（六）创新算理教学模式

根据在不同教学环节使用微课的实际情况，我努力探索，积极构建创新型的教学模式。主要进行了三种尝试：一是针对比较简单的计算课，我会组织学生在课前自主观看微课，让学生能够通过自学理解算理，这样上课时就有更多的时间组织学生交流学习经验和做练习；二是针对中等难度的计算课，我会带领学生在课上共同观看微课，弄懂算理，发现问题及时讲解，做到突出重点、突破难点；三是针对难度较大的计算课，这时不但要共同在课上观看微课，还要让学生在练习阶段继续观看相应的微课，加深学生对算理的理解。实践证明，微课确实是课堂教学的有效辅助形式，对提高算理教学效率和计算教学质量都有很大的帮助。

（七）定期检测，强化学生的成功体验

为了及时掌握学生对算理的理解程度和计算水平，在开展教学研究的过程中，我坚持定期进行检测。我不但注重对计算结果的检测，也关注学生的计算过程。每次检测结束后，我都会对数据进行综合分析，总结优点，发现不足，并拟定解决策略。在这一过程中，我更多的是肯定学生们所取得的成绩，而对发现的问题则是耐心地讲解，跟学生一起分析错误原因。所以，学生们会在检测中获得成功体验，从而树立学好数学的自信心。

（八）召开学习经验交流会

在应用微课学习算理的过程中，学生们积累了丰富的学习经验。为了帮助学生总结应用数学微课进行自主学习的经验，我们多次召开学法交流会。另外，孩子们根据自己的学习情况，与同学交流自己的学习心得。我们欣喜地看到了孩子们的成长，也发现了在具体操作中存在的一些问题。比如，在应用微课学习时，更多的是学生和微课的互动，而忽视了微课、学生和老师三者之间的互动。

三、研究的成果与成效

（一）研究的成果

1. 构建出双师型算理教学模式

课前，指导学生应用微课进行自主学习，有效缩短了学生之间的个体差异，不但能够帮助学生为新课学习做好充分的准备，而且能够增强学生的学习自信。课上，应用微课进行算理教学，现场老师和微课中的老师相互配合，或暂停微课播放，发动学生思考作答；或重复微课内容，指导学生加深理解。两种教学形成互补之势，让学生在生动有趣的学习氛围中掌握重点和突破难点。课后，指导学生根据实际需要有选择性地观看微课，通过练习来提高自己对算理的理解。这种双师型算理教学模式的构建，出发点就是为了极大地满足学生的实际学习需要，强调"先学后教，以学定教"，既关注学生的自主学习过程，又注重学生学习经验的沟通和交流。可以说，它突出了学生在学习中的主体地位，大幅度提升了算理学习的效率。

2. 丰富了校本数字资源

为了在计算教学中加深学生对算理的理解，我精心制作了大量的优质算理教学微课。因为教学内容主要聚焦于算理教学环节，相对比较单一，所以微课时长一般都控制在 5 分钟以内，时间短，易于学生随时观看。这些算理微课还有很多优点，比如设置了暂停提示和加入了学生互动等，在很大程度上增强了微课的趣味性和互动性。我把这些微课分享到校本资源库，提供给同年级的师生使用，收到了良好的反馈效果。在我的带动下，有好几位年轻数学教师加入了制作算理微课的行列，录制的算理微课也全部上传至校本资源库，丰富了校本数字资源。

优质算理微课资源的边建设、边应用，已经成为学校数学教学质量提升工程的重要组成部分。

3. 积累了成果

2020 年 4 月，在《E 教中国·技术前沿》上发表题为"浅谈不同类型微课在不同教学环节的应用"的论文。

2020 年，在《中小学数学：小学版》上发表题为"直观图在小学计算教学中的应用——以五年级下册《分数乘法（三）》为例"的论文。

2020 年 10 月，《长方体的表面积》在吉林省信息技术与教学融合优质课大赛中荣获三等奖。

2020年11月，论文《浅谈制作小学数学微课的注意事项》荣获吉林省教师教育信息化论文大赛二等奖。

2020年11月，论文《应用数学微课提高小学生网络学习效率》荣获吉林省教师教育信息化论文大赛三等奖。

2020年12月，《分数除法》在长春市中小学信息化环境下教学设计评比活动中荣获一等奖。

2020年12月，论文《使用不同类型微课，提高教学效率》在长春市教科研成果评选中荣获二等奖。

（二）研究的成效

1. 学生层面

（1）学生的数学成绩有明显提高。

数学微课大大提高了算理教学效率，也大幅度提升了学生的计算准确率。只要计算不出现问题，那么对于三年级小学生来说，数学得高分就变得很容易了。同时，微信群、钉钉群等各种交流平台的同步使用，也有效增加了学生在自主学习过程中的互动，使学生的自主学习能力得到了真正的提升。

（2）学生的计算习惯越来越好。

学生们特别喜欢新型的算理微课，并且很好地掌握了应用方法。课前认真复习准备，课上积极参与交流研讨，课后及时巩固练习，甚至向一些拓展习题发起了挑战。学生们学习的动机和方式都有了很大改观，由"让他们学"变成了"他们要学"，由迫不及待地照抄答案变成了认真思考解决问题。坚持学习下去，学生必然能够在养成良好学习习惯的同时，逐渐探索出适合自己的学习方法，这对他们以后的数学学习是有重要意义的。

（3）增强了学生学习数学的信心。

课前观看微课，做好学习新课的准备，有效地缩短了学生之间的差异，使学生们真正站到了一样的起跑线上。孩子们在交流学习心得的过程中，更多地体验到了学习数学的乐趣，进一步增强了学生们学好数学的自信心。

2. 教师层面

（1）促进了教师的角色转变。

在研究实践中，教师的角色也发生了根本性的转变，真正成为学生学习的引导者、参与者、合作者。课堂上，教师不再是学生学习的指挥棒，而是学生学习的服务者。教师把学习的主动权完全交给了学生，学生成了学习真正的主人。教师在整个教学活动中需要根据学生的学习状态，及时调整教学策略，为孩子们的自主学习起到良好的导向作用。

（2）提高了教师计算教学的效率。

通过本课题的研究，我充分认识到了小学生应用微课进行自主学习的重要性。教师指导学生在不同时段合理使用算理微课，使计算教学效率有了明显的提升。经过实践探索，我积累了丰富的算理教学经验，初步总结出了一套有效开展算理教学的方法，包括如何观察学生的学习状态，如何组织学生进行经验交流，如何针对个别学生进行专项辅导，如何组织学生参与线上检测，等等。

（3）提高了实验教师的科研能力。

在研究的过程中，我采用多种研究方法，发现问题、分析问题、解决问题，搜集和整理课题研究数据。与此同时，我在研究的过程中积累了丰富的过程性材料，也积累了丰富的课堂教学和课题研究的经验。

3. 学校层面

应用数学微课提高小学三年级数学算理教学效率的研究得到了学校领导和同行的高度认可，有很多年轻教师先后加入到这个研究行列。正因如此，应用数学微课进行算理教学的做法得以在全校范围内推广，大幅度提高了数学计算教学的效率，学校整体的数学教学质量也有了明显的提升。

四、存在的问题与下一步的设想

1. 存在的问题

第一，录制的微课要想更加适合农村小学生使用，还需要做进一步调整，无论是微课的内容还是形式都不能一成不变，因为一成不变的模式很容易造成学生审美疲劳，削弱学生的学习兴趣。

第二，虽然多次召开家长会，但是个别学生家长对微课的使用仍然心存顾虑，仍然担心孩子会沉迷网络，对孩子缺少必要的疏导，导致这部分学生使用微课自主学习的效率普遍不高。

第三，由于农村留守儿童较多，部分学生的自制力相对较低，导致这部分孩子不能按照微课的提示及时暂停观看，不能认真思考并完成学习任务。

2. 下一步的设想

第一，调整微课的内容和形式的呈现方式，让学生在利用微课自主学习时及时反馈自己的学习效果，实现与教师或其他同学的在线互动，以创新的形式激发学生的学习兴趣，调动学生的学习积极性。

第二，进一步加大家校沟通的力度，从根本上提高家长的思想认识，指导家长帮助学生学习信息技术，运用信息技术进行高效学习。

第三，组建应用微课学习小组，建立科学的评价奖励机制，让那些自制力不强的孩子在小组长的带领下一起完成学习任务。

应用信息技术优化小学四年级
算理教学方法研究

农安县三盛玉镇中心小学　孙国燕

一、课题概况

（一）研究目标

本课题研究的总体目标是合理应用信息技术优化算理教学方法，在充分调动学生的学习积极性的基础上，巧妙地引导学生加深对算理的真正理解，不断提高四年级小学生的计算能力。

具体目标包括如下几个方面：

一是探索出在农村小学现有信息技术设备的条件下，应用最简单的技术实现最佳教学效果。加深对算理真正意义上的理解，可以从根本上解决制约学生计算能力发展的问题。

二是在课堂教学中，恰当使用信息技术手段提高算理教学的趣味性和交互性，构建全新的算理教学模式。

三是通过课题研究活动的开展，提高实验教师的算理教学能力和科研能力，加大信息技术应用与计算教学的融合力度。

四是加深四年级小学生对算理的理解，切实提高他们的计算能力，帮助学生树立学习信心，指导学生养成良好计算习惯。

（二）针对的问题

农村小学生计算能力普遍偏弱，计算水平不佳，不但严重影响了数学学科的学业完成质量，而且很容易使学生失去学好数学的信心，非常不利于小学生在数学学习上的长远发展。特别是小学四年级，这是整个小学阶段中提高小学生计算水平的一个重要节点。四年级数学不但有最为繁杂的小数四则运算，还有渗透代数思想的解方程。如果学生不能真正理解算理，而只是机械地记忆计算法则，那么会在学习上遇到很多困难。在过去的研究中，应用微课虽然能够帮助学生提高对算理的理解程度，但是效果并不是特别明显。因此，有必要灵活地运用信息技术在不同教学环节以不同方式巧妙地引导学生加深对算理的理解，切实提高四年级小学生的计算水平。

（三）研究意义

本课题研究的意义主要有以下四个方面：

一是能够促进教师提升信息技术应用能力，更好地实现小学数学计算教学与信息技术应用的深度融合。

二是促进教师角色转变，增强实验教师的服务意识，尊重学生在学习中的主体地位。

三是能够加深学生对算理的理解，使学生从根本上学会计算，从而显著提高数学成绩。

四是能够激发学生的学习兴趣，帮助学生树立学好数学的自信心和养成良好的计算习惯。

本课题研究对于推进信息技术在农村小学数学课堂教学中的应用，促进教师教学方法和学生学习方法的转变具有一定的实践价值。

二、实施策略

1. 开展问卷调查活动，充分了解学生学习现状

为了切实掌握四年级小学生算理学习现状，我组织了一次问卷调查活动。一共下发了调查问卷 34 份，收回 34 份，全部有效。问卷内容以选择题为主，重点调查四年级小学生对自己的计算水平满意度等情况。从学生们的问卷反馈情况来看，四年级的小学生对自己的计算水平基本满意，但是真正喜欢学习数学的孩子并不多。计算出错的根本原因是不会算，其实就是对算理不够理解。孩子们都非常喜欢老师用电脑设计的计算游戏，但是参与的机会并不多。

2. 开展理论学习，完善课题研究计划

为了解决调查中发现的这些问题，我做了充分的理论学习准备。我不但阅读了相关的书籍，还在网络上查阅了大量的资料，吸取了很多其他教师相关课题的研究经验。此外，我还向有着丰富教学经验的老教师和擅长信息技术应用的教师求教，学到了很多有效的经验做法。结合我的教学实际，又通过对比和分析，我初步确定了运用微课、视频展台、智慧课堂等

开展算理教学，完善了课题研究计划。

3. 应用微课突出算理教学重点、难点

在以前的研究实践中，我已经尝试过运用微课来开展算理教学，取得了很好的效果。但是，我也发现了存在的问题，即微课的针对性并不是很强，对于突出算理教学重点、难点的作用并不是特别理想。为此，我精心制作了几节专门讲解算理的微课，在课堂教学中加以灵活运用。主要的应用方式如下：

一是在预习阶段指导学生使用微课进行自主学习，帮助学生初步了解算理。

二是在新课阶段带领学生再次观看微课，选择恰当时间暂停视频，通过师生、生生之间的互动加深学生对算理的理解。

三是在练习阶段，结合计算练习再次指导学生根据需要重新观看微课，帮助学生真正内化知识。这番操作下来，学生对算理的理解确实更加深刻了。

4. 运用智慧课堂软件巧妙示错、纠错

农安入选国家级信息化教学实验区后，智慧课堂的应用走进了教师的视野。在应用智慧课堂软件的过程中，我发现运用同屏技术进行教学比之前使用视频展台的效果要好很多。

在课堂教学的巡视中，我会利用平板或手机随机抓拍一些孩子的作品，然后使用同屏技术将这些作品与孩子们分享。这个分享一般都是在练习巩固阶段进行，其实主要目的就是示错和纠错。分享的内容基本上是孩子们的计算过程，让孩子们在交流讨论中发现错在哪个环节，讨论为什么会出现这样的错误。这本身就是探索的过程，充满了乐趣。

5. 选用优质资源有效开展线上教学

为了更好地减负增效，我选择使用国家中小学教育智慧平台上的优质资源，通过钉钉直播的方式开展线上教学活动。这样做的好处主要有三个方面：

一是能够让学生有机会接触更多的优秀教师，获得更加丰富的学习体验。

二是能够把我从边直播授课、边组织管理的困境中解脱出来，这样更能发挥出我在线上教学中的组织和监督作用。

三是能够为学生创造更多的互动机会，让孩子们真正经历学习的过程。特别是在进行算理教学时，每到关键时刻，我都会及时按下暂停键，然后组织学生进行交流研讨，直到孩子们真正理解算理才带着孩子们接着学习。

6. 使用智能作业强化学生成功体验

在"双减"的大背景下，我充分意识到了优化作业设计的重要性。我先后进行了分层作业、实践性作业等多种尝试，确实取得了不错的效果。但是，这些作业在检验学生对算理的理解方面，并没有什么明显的优势。后来，我接触到了智能作业，令我有了使用智能作业加深学生对算理的理解的想法。在实际操作中，智能作业的优势逐渐显露出来，特别是在调动学生学习积极性方面是其他类型作业所无法比拟的。学生们对这种能够及时得到反馈的作业形式非常感兴趣，可以在玩游戏一样的体验中完成学习任务。另外，智能作业的评价方式也非常适合算理教学，答对了会弹出奖励窗口，答错了可以查看答案解析。在循序渐进的挑战中，孩子们会体验到越来越多的成功，这对增强他们的学习信心非常有帮助。

7. 定期检测，提取课题研究相关数据

为了及时了解应用信息技术优化算理教学对学生计算水平的影响，我采取了定期检测的方式。在这一年中，一共开展了四次检测，检测内容以计算为主。在这四次检测中，获得的相关数据统计如表1。

表 1　定期检测统计表

定期检测	时间	参加人数	平均分	优秀率	及格率
第一次	2021. 9. 13	34	81. 7	47%	81%
第二次	2021. 11. 24	34	86. 3	59%	87%
第三次	2022. 4. 10	32	89. 2	67%	91%
第四次	2022. 6. 2	34	92. 1	74%	93%

通过对表中数据的统计分析可看出，学生的计算水平呈逐渐上升的态势，充分表明应用信息技术优化算理教学的做法确实取得了很好的效果。

三、研究的成果与成效

（一）研究的成果

1. 构建了线上算理教学新模式

进行线上答疑时，我使用的是钉钉软件的"在线课堂"功能，这样我和孩子们就可以同屏显示，我能随时了解孩子们的学习状态。答疑的过程中，我只作为活动的组织者、引导者和合作者，交流活动的主动权完全交给了学生。这些交流活动重点要解决的就是学生在计算方面出现的问题，一般情况下大体程序包括下面的四个步骤：首先，学生陈述自己在计算过程中出现的问题；其次，其他学生帮助该名同学分析其出现问题的原因（这些原因往往都和对算理理解程度不够有关）；再次，孩子们交流解决问题的办法（其实就是加深对算理的理解）；最后，我再指导孩子们交流学习经验，帮助他们加深印象。这种交流研讨所达成的共识，远比老师的说教更容易令学生接受。

2. 建立了线上经验交流新机制

在我探索应用信息技术优化算理教学方法的过程中，学生们是最为受益的。他们接触到了更多的优质资源，尝试使用了更多的学习方式，也积累了非常丰富的学习经验。开展线上教学期间，我总是精心组织召开学习经验交流会。每次交流会，我都只是以主持人的身份参与，交流的主角是这些跃跃欲试的孩子们。学生的汇报内容多种多样：有的学生讲了自己从不喜欢数学到喜欢数学的转变；有的学生分享了自己理解某个算理的学习经验；有的学生表达了自己对小伙伴的感激；等等。从学生的表述中，我感受到了学生应用信息技术开展自主学习的能力有了明显的提升，这将对他们以后的学习生活产生巨大的影响。

3. 教师积累了体现算理教学新观念的成果

2021 年，我在《中小学数学：小学版》上发表了题为"透过'演算区'直视学生内心"的论文，论述了关注计算过程的重要性。

2021 年 8 月，我的作品《里程表（二）》在农安县中小学信息化环境下教学课件评比活动中获得优秀奖。

2021 年 12 月，我的课例作品《卫星运行时间》在农安县教师信息素养提升行动暨农安县首届"畅言智慧课堂"大赛中荣获三等奖。

2021 年 12 月，我在农安县小学数学学科作业设计与评价改进典型案例评选活动中荣获三等奖。

2021 年 12 月，我的研究成果《应用演算区诊断与分析小学生计算过程研究》荣获长春市教育科学"十三五"课题成果研究报告类二等奖。

（二）研究的成效

1. 学生层面

（1）加深了学生对算理的理解。

在应用信息技术优化算理教学方法的探索活动中，算理教学得到了高度的重视,这在思想层面提高了学生对算理重要性的认识。在实际的计算操作中,学生深刻体会到了计算法则很容易被遗忘,只有理解了算理才真正学会了计算。应用了信息技术后,算理教学更具有趣味性和交互性,给学生留下的印象也更加深刻。久而久之,学生对算理的理解更深刻了,不但知道了怎么计算,还知道为什么要这样计算。

(2) 增强了学生学好数学的信心。

无论是线下教学还是线上教学,关于算理的学习,学生始终都是学习的主体。学生在学习中获得了成功的满足感,自然而然就有了学习兴趣。在参与课上研讨和经验交流的各种活动中,学生更是找到了展示自己的舞台,个个都是主角,这又满足了孩子的表现欲。另外,智能作业中的适时反馈,游戏闯关似的挑战自我,都给予了学生前所未有的成功体验。最重要的是,随着对算理理解的程度逐渐加深,学生的计算水平也在大幅度提高,计算成绩的上升带动了整个数学学科成绩的上升,使孩子们树立起了学好数学的信心。

(3) 提高了学生应用信息技术开展自主学习的能力。

在应用信息技术优化算理教学方法的探索中,我使用过的技术手段包括微课、微视频、钉钉直播、在线课堂、智能作业等。为了更好地应用信息技术开展教学活动,我总是提前给孩子们做一个简单有趣的应用培训。随着用到的技术手段越来越多,学生们应用信息技术的能力也得到了不断的提高。最令人欣慰的是,通过一段时间的训练,学生们不仅能够很好地配合我完成学习任务,还能应用信息技术开展自主学习。学生们养成了良好的学习习惯,为他们以后的长远发展奠定了坚实的基础。

2. 教师层面

(1) 提高了教师的算理教学水平。

在应用信息技术优化算理教学方法的探索过程中,我转变了思想,借助信息技术努力为学生们搭建交流展示的平台,真正把学习的主动权交给学生。作为学生学习的引导者,我指导学生们交流研讨,用他们自己的方式去理解算理,帮助他们成功突破重点、难点。在实际的操作中,我发现了我提问、追问的时机把握得越来越好,算理教学的水平有了明显的提高。

(2) 提高了教师应用信息技术的能力。

在课堂教学实践中,我不但掌握了包括智能作业、智慧同屏等更多课堂教学中常用的技术手段，还在探索在现有条件下如何做到信息技术与教学的深度融合方面积累了丰富的经验，懂得了在展示学生作品时要帮助孩子们隐匿个人信息，保护孩子们的自尊心等道理。除此之外，我还掌握了开展这类培训的方法和技巧，拉近了我和家长们的距离。

（3）提高了教师的教育科研能力。

在本课题的研究过程中，我应用信息技术积累了丰富的过程性材料，制作了大量的图表，开展了多次的数据分析活动。和以往相比，在研究方法上是一次质的飞跃，使课题研究的可信度变得越来越高。同时，从提高算理教学效率研究到优化算理教学方法研究，在内容上由浅入深。在探索中，我的关注点和教育教学观念都有所转变，研究能力明显提高。

3. 学校层面

自从农安成功入选国家级信息化教学实验区以来，我们学校就非常重视应用信息技术探索构建新型教与学模式，有很多老师都在刻苦钻研。在众多的研究项目中，我的应用信息技术优化算理教学方法的项目得到了学校的高度重视。在整个研究过程中，我多次在全校范围内做公开课，给年轻老师们做示范引领，得到了同行们的一致好评。我的阶段研究成果还被学校选中，并在全校教师经验交流会上进行推广，带动了更多年轻教师加入研究的行列。

四、存在的问题与下一步的设想

1. 存在的问题

第一，受学校和农村学生家庭现有条件等多方面的制约，目前在优化算理教学方法中所应用到的信息技术还非常有限。

第二，班级里的留守儿童、单亲家庭儿童等学生相对较多，性格普遍有些内向，参与交流研讨的积极性不高。

2. 下一步的设想

第一，在以后的工作中，我需要学习更多的理论知识，掌握更多的信息技术，充分挖掘学校和农村地区现有条件下应用信息技术开展教学的潜力。

第二，多关注、多关爱学生，引导他们和同学之间建立起和谐的人际关系，鼓励他们积极参与班级里的学习活动。

"数学童画" 低年级数学综合性作业的实践研究

九台区东湖中心学校　朱祎妮

一、课题概况

（一）课题研究的背景

"双减"背景下，为减轻学生的课业负担，小学低年级原则上不布置书面家庭作业，教师可结合教学内容适量布置与学生学习、生活相关的听说型、活动型作业。然而，每周四课时的数学课难以保证学生有足够的练习量。布置听说型、活动型的作业虽然能起到巩固基础知识的作用，但是这类作业存在着学生易忽视和遗忘、家长难监督、完成后难检查与评价等问题。数学作业是教学的基本环节，是知识巩固的重要方法，是反馈教学效果的重要手段，还是评价学生学习效果的一个重要依据。面对这样的矛盾，小学低年级数学到底该布置怎样的作业比较合适呢？这值得我们思考和探究。

低年级数学作业的设计既要考虑不能加重学生的负担，又要考虑可操作性、可控性，还要考虑是否有利于学生学习数学。我们将数学作业与孩子们喜欢的测量、制作、绘画等结合起来，设计"数学童画"系列综合性作业，并持之以恒地予以研究和实践，希望让刚刚接触数学的低年级孩子们对数学产生强烈的好奇与热爱，再将之转化为源源不断的学习内驱力，促使他们主动积极地学习数学。

（二）课题研究的目标

1. 通过课题研究，充分挖掘教材中的知识脉络，探索"数学童画"综合性作业的类型、内容、设计策略，列出作业清单。

2. 通过课题研究，探索"数学童画"综合性作业的成功案例，提高教师对各学科知识的整合能力，加强课程设计的能力和对知识点把握的能力。

3. 通过课题研究，设计生动、形象的"数学童画"作业，唤起学生主动做、乐于做的欲望，使学生更好地巩固、应用所学数学知识，促进学生思维能力的进一步提高，达到减负增效的目的。

（三）课题研究的意义

"数学童画"综合性作业是结合数学学科特点，需要学生通过测量、绘图等方式整合所学知识，表达自己对某一知识点、某一概念的理解的综合性作业。学生完成综合性作业的过程中，可以加深对数学知识的理解，提高数学知识应用能力，进一步提升对数学知识的学习兴趣。同时，可以让学生慢慢积累生活经验，为以后更深入地开展学习活动打下良好的基础。教师为了设计出更加科学、合理、有效的综合性作业，既要联系生活，发现生活中的数学问题，又要考虑学生的心理特点和实际发展需求，以便合理地设计综合性作业。教师应总结出一些指导学生学习数学知识的技巧和方法，完善教学模式，为以后的教学积累经验。

二、研究方法、内容与过程

（一）课题研究的方法

1. 文献资料法

利用图书、报刊、网络等多种途径，搜集相关资料，为本课题的实验研究提供借鉴。阅读关于小学数学综合性作业的相关资料，获取相关的研究信息，提高研究质量。

2. 问卷调查法

在实施阶段，采用问卷的方法适时向学生和老师进行问卷调查，征求学生和老师对在低年级布置数学综合性作业的建议及意见，对调查数据进行分析、总结，并根据结果及时调整课题实施的方式方法。

3. 访谈法

结合研究的需要有目的地组织数学学科教研活动，有针对性地邀请教师进行采访，深入了解他们的建议，听取他们的指导意见。

4. 案例分析法

在研究阶段，应边实践、边探索、边检验、边完善，把研究与实践紧密地结合起来，归纳总结，形成个性鲜明、有效的活动案例。最后，集思广益，探讨低年级数学综合性作业的设计方法。

5. 行动研究法

坚持理论联系实际，组织教师精心设计"数学童画"综合性作业设计单。教师带领学生亲身体验，及时发现问题，并提出解决问题的合理方案。

（二）课题研究的内容

1. 研究如何应用"数学童画"作业引导低年级学生有效学习小学数学

利用儿童画、彩泥、思维导图等作业形式培养学生学习数学的浓厚兴趣；利用绘本故事、连环画等作业形式使学生思维更有条理性，突破知识的重难点；利用折一折、剪一剪、说一说等提高学生的知识运用能力和自主学习能力。

2. 研究"数学童画"作业资源的开发，引领教师专业成长

结合学科和学生特点，进行数学学科与其他学科教学资源的整合与开发；利用教学研讨、教学竞赛和作业设计展等促进教师教学行为的最优化，提升教师专业素养；利用对作业内容的研究提高教师钻研教材的能力。

（三）课题研究的过程

第一阶段：准备阶段（2021 年 1 月—2021 年 3 月）

在此期间，我们通过问卷调查和线上研讨等方式进行研究，调查我校低年级数学课后作业布置的现状，并征求广大师生意见。通过阅读《"双减"背景下作业的创新设计与批改》《把数学画出来——小学画数学教学实践手册》《这样的数学作业有意思——小学数学探究性作业设计与实施》《单元视角下数学探究性作业设计》等书籍进行资料搜集，明确指导思想，形成科学的课题研究方案。

第二阶段：实施阶段（2021 年 4 月—2021 年 12 月）

1. 局部实验阶段（2021 年 4 月—2021 年 6 月）

课题组成员梳理小学数学学科的课程，每周围绕课题研究，立足课堂，进行主题备课、研讨；进一步明确研究方向，确定研究内容，并确定实验班两个、对照班两个；明确"设计—讨论—修改—应用"的步骤后，开始在实验班布置"数学童画"探究性作业，并在实践中调整研究方法，分析试行效果，进一步完善作业形式。

2. 扩大实验阶段（2021 年 7 月—2021 年 11 月）

根据和学生的交流和实验教师的反馈可知，大部分学生非常喜欢这种形式的作业，并愿意继续完成这类作业。我们组织低年级数学教师进行"数学童画"作业的主题培训，在年级组内全面实施课题研究，定期分析

学生作业完成情况，并组织交流研讨活动。最后，整合教学形式和资源，完善"数学童画"综合性作业设计的内容，扩大学生参与面。

3. 实验验收阶段（2021 年 12 月）

通过组织开展学生作品展和对作业进行评比，总结作业设计过程中的经验。搜集优秀案例，组织教师对"数学童画"综合性作业设计的典型成功案例进行理论分析和分享。我们发现，学生完成作业的热情更高了，绘画的想法更丰富了，数学课堂氛围更活跃了。

第三阶段：结题阶段（2022 年 1 月—2022 年 3 月）

第一，根据课题研究方案进行总结，整理研究材料，撰写课题结题报告。

第二，进行实践成果交流分享。整理课题研究过程中典型的作业案例，撰写相关论文，做好实验成果的推广工作。

三、研究的成果与成效

（一）形成五大作业类型

五大作业类型分别为实践型、记录型、整合型、操作型、合作型。共有 20 余项作业设计应用在教学当中，实现了数学与美术、科学等学科的融合。五大作业类型统计见表 1。

表 1 五大作业类型统计表

作业类别	作业设计	知识点
实践型	我的学校我的房间	东南西北分类
	有趣的图形	图形
	美丽的轴对称图形	图形的变化轴对称
	我的房间	分类
	动物园	辨认方向
记录型	找找身边的数	生活中的数
	我的一天	时分秒
	哇，大数	生活中的大数
整合型	有趣的数字	生活中的数
	乘法口诀表	乘法口诀
	可爱的角娃娃	认识角

作业类别	作业设计	知识点
操作型	动物运动会	位置与顺序
	我的时钟	认识钟表
	动物农场	加与减（二）
	竹蜻蜓	图形的变化旋转
	口算游戏棋	加与减
合作型	数字分解尺	加与减（一）
	百变七巧板	动手做
	填数游戏	填数
	华容道	图形的变化——平移

（二）取得了一批学生原创成果

搜集学生作品 2 000 余份，装订 20 余册；举办校级作业展 4 次。

（三）教师论文发表

撰写的《低年级小学数学多元化作业的设计方法研究》发表在《教育视点》国家级教育期刊上；《浅析"童画"作业在小学数学学习中的运用》获教育学会省级科研成果评选一等奖。

（四）教师专业化水平提高

1. 树立了数学教师进行作业设计的自信心

在设计和布置"数学童画"综合性作业的实践中，教师需要对知识的展现、教学技能、教学设计的使用进行合理整合，提高了教师的课程设计能力和对知识点的把握能力，树立了数学教师进行作业设计的自信心。

2. 提高了数学教师的专业素养

教师自觉学习理论，使教师的课前备课、课上教学、课后教研等更具有实效性和针对性。记录的关于作业布置的笔记和教学反思，撰写的有关作业布置的论文和教学案例，促使教师不断完善教学观念，对提高教师的专业素养大有裨益。

（五）学生数学能力提升

1. 减轻了学生的学业负担

根据学生学习的数学知识，让学生运用数学绘本、数学小报、数学漫画等形式来进行创编，既巩固了本课学习的知识，又减轻了学生的学业负担。

2. 提高了学生的数学素养

使低年段学生初步掌握了数形结合思想、符号化思想、分类思想、集合思想，提升了数学思维能力，提高了数学素养。

3. 转变了学生的学习方式

通过作业展示和合作交流，转变了学生的学习方式，使学生思维更有条理性，提高了学生的语言表达能力，培养了学生的合作意识和人际交往能力。

四、研究的反思

1. 要鼓励学生进行个性化思考，不可千篇一律

面对同一个主题、同一个问题，学生的画可以是不尽相同的。从这一角度来看，"画数学"能体现学生个性化的思考过程，有利于学生思维的多样化。

2. 要考虑作业设计的有效性

首先，应该看全班所有的学生是不是都参与进来；其次，要看每一个学生是否能够全程参与；最后，要考虑学生在完成作业的过程中有没有进行数学思考。

3. 学校应该更加重视对数学教师的培训

学校要重视培训，特别是数学学科作业设计的培训，以专业对口的案例，深入剖析作业布置的策略与方法，让数学教师全面了解创作型作业、实践型作业等，提高数学作业设计的能力，完善数学教育教学方式。

4. 应该加强对学生作业评价的研究

教师既要关注学生学习的结果，又要关注学生在学习中的变化和发展，用合理的评价引导学生进行深入思考。

通过课题研究，我们结合数学教学内容的特点，设计用"数学童画"综合性作业的方式帮助学生巩固、应用所学的知识。这样坚持下去学生不仅能巩固所学知识，还能激活思维，把一次次数学作业变成艺术品，在班级交流评比，在学校展览表彰。学生的"童画"，融入了对数学概念的理解、对数量关系的分析等，我们看见每一个孩子与众不同的思考。今后，我们将继续在探索与实践中努力学习、敢于创新，让每一个孩子爱上数学，在学以致用中提升数学素养，促进他们的成长。

微课在数学学科教学中的有效应用

九台区第三中学　高　兵

一、课题概况

（一）课题提出的背景

我是一名一线的数学教师，在多年的课堂教学中发现很多同学的学习兴趣由低年级到高年级逐渐降低，注意力不够集中，学习缺乏一定的主动性，合作探究的能力较弱……这些都直接影响着学生的学习能力与学习效果。课程改革后，微课作为一种新型的数学教学资源，因短小精练、生动有趣、重点突出、针对性强，所以能够让学生的主动性在课堂上最大限度地得到发挥。运用微课组织教学能够吸引学生的注意力，相对于传统课堂而言，是新奇的、有趣的。同时，在课堂教学中有效运用微课，也是信息时代数字化教学的迫切需要。

目前，教师所做的微课实际应用于课堂的非常少，学生并没有感受到微课应有的教学效果；有些微课并没有实用性，先理论后实践，华而不实……针对上述问题，我认为数学学科可深入学习的知识点特别多，而微课的应用是数学教学的现实需要。因此，结合教学需要和学生实际，我开展了以"微课在数学学科教学中的有效应用"为题目的研究。

（二）微课运用现状

信息技术已经在教学中得到了广泛的应用，学习制作微课，运用微课进行教学，已经在广大教师中得到共识。微课对于数学教师的电子备课、课堂教学和课后反思起到很大的辅助作用，是学生课前预习、课上交流、课后复习、拓展知识的有效途径，也是教师实现教学目标、提高课堂教学效果的助推器。

目前，微课在教学中的运用虽然广泛，但是仍有部分教师在制作微课方面存在困难；有的教师运用微课针对性不强，实用性不佳。因此，在课题研究过程中，我从工作实际出发，第一，对教师的微课制作进行有的放矢的培训，让教师能够根据自己的教学需要熟练地制作微课，满足日常教学需要；第二，征集各类精品微课，建设本学年数学微课资源库，让所有教师有效利用微课进行教学；第三，调动所有教师运用微课的积极性，进行课例展示，让课堂教学充满生机。第四，进行微课运用模式的课堂教学竞赛，评选优秀教师，并作为年末评优的依据，以此激励教师积极参与课题研究活动。

（三）课题研究的意义

本课题的研究以数学课程标准和新课改理论为依据，着眼于全体学生的全面发展、个性发展，注重培养学生的数学核心素养。通过本课题的研究与探索，教师学会了制作不同的数学微课，并在数学教学中进行广泛应用。

微课资源是对传统课堂学习的资源拓展和重要补充，能够促进学生学习的自主性，促进广大数学教师的专业成长，使其转变教学观念和教学方式，最终实现数学课堂的生动活泼、省时高效。

（四）研究目标

1. 创新数学课堂教学模式

构建课前自主学习、课中合作探究、课后拓展延伸的教学模式。

2. 培养学生自主学习的能力

微课将生硬的文字变成图画，活化情景，形象而又生动，让学生在生动的教学情境中乐学、爱学，掌握学习方法，培养自主学习能力。

3. 提高学生合作交流能力

在运用微课资源的教学中，小组合作交流成为重要的学习方式。对于挑战性的问题，小组成员之间积极合作交流、取长补短，共同提高。

4. 转变教师的教学观念和教学方式

教师真正明白了微课课堂是围绕学生、服务学生、激发学生、发展学生的一种教学活动，可以放手让学生进行自主学习、合作学习。

（五）主要研究内容

1. 研究微课的制作方法与步骤。

2. 研究微课在课堂教学中运用的基本方法。

3. 构建信息技术环境下有效运用微课的新型课堂教学操作模式。

二、研究过程及实施策略

（一）研究过程

1. 课题研究初期

（1）制订课题研究计划，设计调查问卷。

为了掌握学生对微课的了解程度，调查、分析课堂教学的现状，搜集资料并确定有效的方案，设计解决问题的有效途径、策略和方法；建立学生档案、分析数据和汇总出来的一些资料。

通过问卷调查、分析课堂学习效果，我发现学生在数学学习中存在以下几种情况：

一是学生的注意力不能够高度集中，自律性较差，学习效果不好。

二是传统的课堂教学模式枯燥乏味，学生不感兴趣。

三是学生抓不住学习重点。

四是学生合作探究的自主学习能力很弱，学习数学很吃力。

以上情况说明，学生数学学习的兴趣不浓，自主学习能力没有得到很好的提升和锻炼，对重难点知识理解不够透彻，学生的个性得不到发展。因此，我们通过探究短小实用的微课在数学学科教学中的有效应用，弥补传统教学中存在的一些弊端。

（2）组建课题组，并召开开题发布会，研讨研究方案。

（3）开展关于微课制作的理论培训。

2. 课题研究中期

（1）根据课题组确定的实施方案开展教学研究活动。

①撰写培训讲稿《如何制作微课》，对教师团队进行微课培训。

②教师根据教学实际制作微课，并应用于课堂教学。

③开展以"微课引领下的课堂教学"为主题的组级教研活动。

（2）课题组成员进行研讨交流，总结研究情况，提炼教学经验。

（3）将研究的初步成果应用到其他年级，开展校级教学研讨会。

（4）课题组成员展示并发表阶段的研究成果。

3. 课题研究后期

（1）课题组根据研究情况调整研究方案，并进行深入研究。

（2）整理研究材料。搜集整理过程性研究资料，形成小课题研究阶段总结报告。

（3）提炼总结研究成果。推荐课题研究案例参加上级科研部门组织的成果评选等活动，指导课题组成员撰写研究论文、研究报告，准备适时发表。

（二）实施策略

本课题研究采用理论培训、实践观摩、典型引路的实施策略，积极探索在课堂教学中有效运用微课的激趣策略，构建以自主、合作、探究为主的课堂教学操作模式，最大限度地调动学生的学习兴趣。同时，在研究中还辅以文献借鉴、调查研究、对比研究和经验总结，确保本课题得以高效实施。

1. 确定课题研究思路

本课题本着边研究、边总结、边应用、边提升的研究思路，积极开展课题研究工作。

2. 选用恰当的研究方法

（1）文献借鉴法。

查阅与本课题相关的基础理论资料，及时分析、整理，作为课题研究的依据，在研究中学习，提高教师的理论素养。

（2）调查问卷法。

通过问卷调查，了解问题，发现问题，并在实践中探索学生欢迎的、有效的课堂教学策略。

（3）行动研究法。

做展示课，在教学实践中不断探索和反思，及时撰写教学后记、反思、经验总结、论文等，并适时在课题组交流。

（4）经验总结法。

及时总结实践经验和教训，修改、补充和完善课堂操作流程，总结有效的教学设计和实施策略；推广教师在微课教学方面的新经验、新方法，调整教学策略。

3. 开展研究活动

（1）开展教师个人汇报课展示活动、学习制作微课的培训活动。

（2）开展以"微课运用"为主题的两级教研活动。

（3）开展以"我的微课我做主"为主题的教学经验交流活动。

三、研究的成果与成效

通过此课题的实践研究，教师的教与学生的学之间有了较明显的改变。主要体现在以下几方面：

（一）积极探索，创新了课堂教学模式

构建了课前自主学习、课中合作探究、课后拓展延伸的教学模式，大大激发了学生的学习兴趣及学习的主动性。

我们初步总结出四步教学模式：

第一步：课前运用微课，引导学生自主预习；

第二步：课中运用微课，引导学生开展小组合作，答疑解惑。

第三步：班上交流，师生互动，教师点拨指导。

第四步：课后利用微课，解决学生学习难点，拓宽学习渠道。

这种教学模式体现了以生为本的现代教学理念，提高了课堂教学效率。

（二）微课的有效运用，激发了学生自主学习的积极性

有很多学生对数学学习是畏惧的，是不感兴趣的，但是由于微课在课堂中的广泛运用，大大激发了学生学习数学的兴趣与信心。看着生硬的文字变成图画、动画，再配上音乐及生动的讲述，知识点形象而又生动，学生感到有趣又好奇，变"要我学会"为"我要学会"，最大限度地调动了学生学习的积极性和主动性。因此，学生会主动去研究、去发现规律，培养了学生自主学习的意识和能力。

（三）培养了学生的合作意识和交流能力

课前，学生利用微课进行自主学习，提高了质疑问难的能力；在课堂上，小组合作交流成为重要的学习方式，小组成员之间积极合作交流、取长补短，共同提高，学生的合作意识、交流能力显著增强。

（四）课题研究提高了教师信息技术应用能力及科研能力

在课题研究的过程中，课题组成员不断学习微课制作与应用技术，转变了落后的教学观念和教学方式，信息技术应用能力得到了很大的提升。通过本课题研究，一大批教师真正明白了微课是围绕学生、服务学生、激发学生、发展学生的教学活动，是生命的课堂，促进了师生共同发展。

（五）完成了论文与课例

完成了研究论文《如何制作微课》和《微课在课堂教学中有效应用之策略》，完成了《圆的周长与面积》等课例。

四、存在的问题和下一步设想

1. 存在的问题

（1）个别教案设计表现出形式化倾向，个别研究成员的微课制作的侧重点与主题偏离。

（2）微课在数学学科教学中的有效研究，侧重于情景教学和小组合作教学，对不同学科的特点还兼顾得不够，接下来要进行学科融合。

（3）微课的制作技术有待加强，需要兼顾各个年级段学生特点来制作。

2. 下一步设想

课题研究成果需要不断提炼和完善，也需要在课堂教学中加以运用，课题研究才有价值。如何让教师和学生通过微课堂的学习，提出有探索价值的问题，继而进行探究性学习，让微课能够与其他学科整合，这些是我们今后研究的重点。同时，我们将继续在教学中有效运用微课，构建符合新课标、新理念的数学课堂的有效模式，让课题研究助力教师专业成长，助力提高教学质量！

小学生自主学习模式的构建研究

榆树市培英小学校　田晓丽

一、课题概况

（一）研究目标

以培养学生的探究兴趣，重视学生的自主学习活动，培养学生科学的思维方式和团队精神为目的，构建小学生自主学习的课堂模式，让学生在体验和创造中学习，提高实践能力，培养创新精神；以激发学生探究兴趣，挖掘智慧潜能为宗旨，培养学生自主探究的学习习惯为着眼点，创设一种可提高学生兴趣、促进学生自我发展的学习模式，培养小学生自主学习的能力，从而让学生积极主动从课内外汲取更多的知识，并将知识加以综合应用。

借鉴国内外自主学习相关的研究成果，结合我校及本班的实际情况，本课题的具体研究目标为：

1. 激发学生学习兴趣，调动学生学习积极性，使学生产生学习的内驱力，培养小学生自主学习能力，增强自主学习意识，使学生乐学、愿学、好学。

2. 强化指导方法，使小学生掌握自主学习的策略和方法，达到会学、善学的目的。

3. 通过课题研究形成评价激励方案。

（二）课题研究的问题

新课程改革以来，教师的教育教学理念逐步得到更新，教育教学观念渐渐发生改变，教育教学方法有所改进，但在县级城市的中小学校中，部分课堂教学依然存在着高耗低效的现象，注重知识的积累，轻视能力的培养；注重分数，轻视核心素养的养成，培养的人才缺乏自主创新精神。作为小学教师，我虽然也在尝试找寻培养小学生自主学习能力的方法，也在教学工作中努力做到"授之以渔",也在努力地践行叶圣陶先生说过的"教是为了不教"这一教育理念,但遇到问题有时也会退缩,至今还没能把握其精髓。我们都深深地懂得教育的真正意义不在于知识的获得,而在于学生掌握学习方法,学会学习。终身学习已成为时代要求,作为小学教师,我们要紧跟时代的步伐,使学生具备终身学习的能力,为国家培养高素质的创新型人才。因此,这就迫切地需要我们改变原有的教学模式,倡导自主学习。如何真正地让学生实现自主学习,让学生在自主学习中不断提升终身学习的能力,是我在课堂教学中亟待解决的问题。

(三)课题研究的意义

《基础教育课程改革纲要(试行)》的具体目标中指出:"改变课程过于注重知识传授的倾向,强调形成积极主动的学习态度,使获得基础知识与基本技能的过程同时成为学会学习和形成正确价值观的过程。"《义务教育数学课程标准(2022年版)》中指出,"学生的学习应是一个主动的过程,认真听讲、独立思考、动手实践、自主探索、合作交流等是学习数学的重要方式"。《义务教育语文课程标准(2022年版)》对我们教育工作者提出明确要求:"希望广大教育工作者勤勉认真、行而不辍,不断创新实践,把育人蓝图变为现实,培育一代又一代有理想、有本领、有担当的时代新人,为实现中华民族伟大复兴作出新的更大的贡献!"这些纲领性的文件指引着我们按照正确的方向、明确的目标砥砺前行。

我们通过继续教育、各网络平台优秀的教育资源及相关的教育教学刊物积累了大量的理论知识,我们的教学观念、教学方式正在发生改变。作为教育工作者,我们已清楚地意识到要聚焦中国学生发展核心素养,培养学生适应未来发展的正确价值观、必备品格和关键能力,引导学生明确人生发展方向,成长为德智体美劳全面发展的社会主义建设者和接班人。但仍有一部分教师固守传统的教学方式不愿意尝试改变,还有部分学生已习惯了教师教什么就学什么的教育方式,教师如果不布置学习任务,学生就无事可做,学生处于被动的学习地位。针对课堂上存在的这些现象,我们应及时调整自己的教学方法,建构小学生自主学习模式,培养小学生自主学习的能力,把以教为中心,转变成以学为中心,把课堂还给学生,通过自主、合作、探究的学习方式,让全体学生积极主动地参与其中,充分发挥他们的主观能动性,使其真正地去思考、探索,帮助学生实现"要我学—我要学—学会学"的转变。因此,构建小学生自主学习模式,培养学生的自主学习能力，为学生具备终身学习的能力打下坚实的基础已成为我们小学教育工作者迫在眉睫的任务。

（四）课题研究的理论依据

建构主义学习理论是本课题研究的重要理论依据。建构主义认为，知识不是通过教师传授得到，而是学习者在一定情境即社会文化背景下，借助其他人的帮助，利用必要的学习资料，通过意义建构的方式而获得的。因此，建构主义学习理论认为，"情境""协作""交流""意义建构"是学习的四大要素。建构主义学习理论的核心只用一句就可以概括：以学生为中心，强调学生对知识的主动探索、主动发现和对所学知识意义的主动建构。认知结构学习理论代表人物布鲁纳认为，学习是一个主动的过程，应该做出更多的努力使学生对学习产生兴趣，主动地参与学习。

二、研究内容、方法、过程

（一）课题研究的内容

本课题研究的小学生自主学习模式是在建构主义理论支持下，以规范学生课前预习、课堂活动以及课后巩固拓展等为切入点，在教师的引导下，通过自主学习高质量地完成学习任务，从而在这个过程中逐步培养学生的发现问题、提出问题、分析问题、解决问题的能力，提高自己动手操作的能力，并在此基础上最终形成终身学习的能力。

1. 在教学中，探索小学生自主学习的策略，培养学生自主学习的能力。

2. 在教学中，对课前、课中、课后学习进行合理有效设计，形成学习的完整体系，构建一个课前自主学习、课内答疑解惑、课外巩固拓展的自主学习的学习模式。

3. 实现由以教师"教"为中心向以学生"学"为中心的有效转变，实现由注重知识传授向注重能力培养的转变。

为完成上述研究内容，我主要从以下几方面着手：

第一，对当前学生的学习方法、学习习惯、学习能力的实际情况进行调查研究。通过调查研究，分析学生学习中的积极因素和具体问题，以便有针对性地研究并确定具体的策略。

第二，更新教学观念，大胆实践创新，改变传统的教学模式，构建小学生自主学习教学模式。改变原有的"填鸭式"教学，以启发式教学为主；改变原有的教师布置、学生被动完成的现象，以多种方式调动学生的积极性，让学生主动地去探索、学习。

第三，合理设计小组合作学习任务，争取让学生都能积极参与活动，让学生在小组合作中学会自主学习。

（二）课题研究的方法

1. 文献研究法

系统学习《基础教育课程改革纲要（试行）》《建构主义理论》《义务教育数学课程标准（2022 年版）》等，认真钻研名师课例，为课题的研究打下坚实的理论基础，积累实践经验。

2. 调查研究法

通过调查研究，了解本班的学情，为课题研究做好充足的准备。

3. 实验研究法

在理论学习、实践经验积累和了解学情的基础上，以本班学生为实验对象设计实验活动，在实验中找出适合的教学案例，并加以提炼整理。

4. 经验总结法

及时总结实验活动中的成功经验，查找问题、反思不足，根据实验的实际情况，修正实验方向，形成适合小学生自主学习的课堂教学模式，为下一阶段的成果推广做好准备。

（三）课题研究的过程

1. 准备阶段

第一，搜集国内外关于自主学习的资料，认真研读《义务教育数学课程标准（2022 年版）》《国家中长期教育改革和发展规划纲要（2010—2020 年）》《基础教育课程改革纲要（试行）》《建构主义学习理论》等，了解相关教育政策，了解自主学习研究的进展情况、理论依据和必要性；钻研名师的教学案例和成功策略，如马云鹏、吴正宪老师的《〈义务教育数学课程标准（2022 年版）〉案例式解读》、张齐华老师的《审视课堂——张齐华与小学数学文化》、华应龙老师撰写的《我这样教数学——华应龙课堂实录》、吴正宪老师的《吴正宪课堂教学策略》等等，从中汲取成功的教学经验。

第二，开展调查研究，弄清学生原有的自主学习情况，了解学生的兴趣及前知识经验。

第三，依据学生的实际情况确定切实可行的小学生自主学习目标。

第四，在理论与实际调查的基础上确定课题的实施方案，并制订每阶段的研究计划。

2. 实施阶段

（1）在课题研究的实施初期，针对如何有效开展小组合作我遇到了难题。

学生小组合作无效率，部分学生因课前没有自主学习当堂课的内容所以不能有效地参与其中，只是做旁观者，有的同学还趁此机会聊起天来。我课后反思后得出结论，出现这样的情况是因为没有很好地激发学生的自主学习意识和学习兴趣，部分学生缺乏学习的积极性、主动性，个别小组成员安排不合理，教师引导不及时。

经过反复实践，我总结出有效开展小组合作要做到以下几点：

第一，科学组建学习小组。一般4至6人为一组，小组成员的编排采取就近原则，这样每一天布置课前预习任务时，方便同小组人互相提醒。当然，为了探究活动需要，也可以打破就近原则，按学生的自身特点组建小组，分工明确，优差搭配，每组选出一名组长。

第二，教师及时有效引导。学生在进行自主探究合作学习时，教师应深入到小组活动中去，倾听小组成员讨论，适时参与其中，对学生进行有效指导。

第三，精心设计合作目标。教师要充分挖掘教材，在整体把握学习目标的前提下，将学习目标具体化，并融入不同的教学情境中，易于学生操作，使学生的小组讨论具有明确的目的性，并使小组的每位成员均要有所表现。

第四，合理安排合作时间。在开展小组合作学习时，要给学生充足的时间进行独立思考，然后再进一步讨论、学习，以达到最佳的合作效果。

（2）如何有效地激发学生的学习兴趣是我遇到的另一个难题。

兴趣是最好的老师，有了学习兴趣，教师就能充分发挥学生的主观能动性，变"要我学"为"我要学"，才能更好地培养学生的自主学习能力，提高学生的自主学习意识。为此，我翻阅资料，观摩名师课例，聆听专家讲座，学习理论知识，积累教学经验，并进行反复实践。

例如，在教学"轴对称图形"相关知识过程中，为了能够更好地帮助学生认识客观的数学世界，明确其对称性的真正含义，我创设了剪纸游戏教学活动情境，通过剪纸活动激发学生的学习兴趣，让学生在自主学习和探索中理解对称性的真正含义。

激发学生的学习兴趣，无疑是实现学习目标的前提和基础。只有能够自主学习的人，才能在学习中坚定目标，最终实现自己的人生价值。

3. 总结阶段

（1）整理课题研究过程中的案例、教学设计、课件、教学反思等资料，从过程资料中总结提炼出适合小学生自主学习的教学模式，并加以运用。同时，在运用的过程中逐步完善教学模式，最后在全校推广。

（2）撰写课题综述、课题研究报告等相关材料，明确下一步研究的方向，为他人提供可借鉴的经验。

三、研究的成果与成效

2020 至 2021 年，在对《小学生自主学习模式的构建研究》这一课题的研究过程中，我改变了备课方式，由原来的备教材转变为备学情、备教法、备学法。在课题的研究过程中，我积累了大量的教学经验。

1. 构建课堂情境，激发学生自主探究欲望。

2. 引导学生进行自主学习，加强数学学习方法指导。

3. 开展小组交流讨论活动，培养学生数学思维能力。

总之，在教学中，教师应该重视培养学生的自主学习能力，使学生在课堂学习中可以得到更多进行自主学习和探究的机会，充分体现学生的学习主体地位，并紧密结合学生实际情况和学习能力对教学内容进行优化和创新，有效促进学生数学能力的提升与发展。

（一）成果

在课题的研究过程中，我也取得了多种形式的成果：

教学设计：《有多重》一课在新世纪小学组织的活动中公开分享；

论文：《浅谈小学数学自主学习模式的建立》在《教学与研究》上发表并荣获一等奖；

微课：《里程表（二）》在"京师杯"大赛中荣获省级三等奖；

课件：《有多重》在"京师杯"大赛中荣获优秀奖；

观摩课：《确定位置》在全市线上教学活动中通过钉钉平台进行直播；

还有一些研究成果，如《年月日》案例分析、调查报告、课题研究综述等，这些都是我的研究工作和成果，为提高教育质量奠定了基础。

（二）成效

1. 自建模以来，我把学习主动权还给了学生，真正做学生学习的合作者、引领者、组织者。

2. 学生自主学习探究问题的积极性、主动性明显提升。

3. 学生能将所学知识运用到实际生活中，能根据生活中的情境自己设计问题和解决问题。

4. 学生完成了从"要我学—我要学—学会学"的转变。

自主学习模式真正地把课堂还给学生，使学生乐学、勤学、善学、会学，为终身学习奠定了基础。

四、设想

在课题研究的过程中，部分学生自主学习能力弱一些，这就需要教师在实践中精心设计每一个教学环节，不断提高学生的自主学习意识，帮助学生将自主学习意识转化为自主学习言行，让学生掌握自主学习的技巧并熟练运用。下一步，我将把研究成果推广到全校，并继续深入全面研究，让其他的教师和学生都能受益。

利用信息技术促进初中数学高效学习的研究

长春汽车经济技术开发区第四中学　　王清馨

一、课题概况

2022 年颁布的新版的义务教育课程方案和课程标准中，特别强调了要以核心素养为导向，整合课程内容开展教学，基于核心概念进行进阶设计。可见，要落实育人目标，必须有与其价值理念相呼应、与其内容结构相契合的课堂教学，课堂教学改革必须从知识传授转向核心素养培育。

（一）课题针对的问题

在数学教学过程中，我发现有些学生无法理解抽象知识，数学学习兴趣不高。因为数学知识体系的特点是要求能力螺旋上升，所以对学生的能力要求较高。另外，学生喜欢游戏，愿意接受新鲜事物，数学知识有时候学起来会略显枯燥。

（二）课题研究目标

学生在学习过程中应学会从不同角度分析问题和解决问题，掌握分析问题和解决问题的基本方法。

数学课程应致力于实现义务教育阶段的培养目标，要面向全体，适应学生个性发展的需要，使得人人都能获得良好的数学教育，使不同的人在数学上得到不同的发展。

1. 利用信息技术有效提高学生的学习效率，激发学生学习兴趣，并且确定合理的、符合学生认知的教学目标，促进课堂教学效率的提升。

2. 构建智慧课堂，让学生智慧地学，使学生的学习方式发生改变，构建高效课堂。

二、研究过程、课堂教学探索与实施策略

（一）研究过程

1. 准备、培训阶段

研究教材，研究新课标，研究信息技术在初中数学教学中的应用；确

定方案讨论稿，对方案进行研讨，反复修改方案直至方案定稿。同时，对教师进行有关创造力理论、创新性教学理论、信息技术等方面的培训。

2. 奠定基础阶段

分析学情，了解适合辅助教学的信息技术软件。

研讨不同课型中信息技术的运用情况，进行备课组集体备课，研讨适合利用信息技术进行教学的相关课型（具体到哪一节课、哪一个软件），从教学方式、学习方式、教学水平与质量、学生能力等方面进行总结分析。

3. 实验阶段

按照方案在实验班级全面进行整体改革实验。在本阶段的前期，着重于对方案进行局部调整和完善，准备相关软件。教师在专家的指导下，进行集体研讨，并对原有教学组织形式、方法、技术和手段进行改革创新。本阶段的中期，初步形成利用信息技术辅助教学的有效方法。本阶段的后期，总结、落实有效的实践方法和技巧。

4. 推广阶段

将教学模式推广到所有班级。

（二）课堂教学探索

1. 教学内容问题化

教师在教学中有意识地选取适合相应课节的相关学习软件，并根据学情、课型，由教师和学生将教学内容转化为各种形式的有价值的问题，呈现出来，以利于学生进行探究性学习。

2. 教学过程探究化

教师根据学生的上课表现、课后作业完成情况，与学生沟通，进行反思、整改，不断探索。

3. 教学活动网络化

在教学活动中，注重学生学习兴趣和主动性的激发，加强学习的合作互动，注重培养学生从网络资源中获取素材并自我改造、重组、创造教学内容的能力，提高学生的信息素养。

4. 教学结果创新化

信息技术是条件，探究是手段，教学的目的是培养学生的创新精神和实践能力，激发学生对数学的兴趣，使学生的主体学习地位得以真正的确立，学习的自主性、能动性、合作性得到发挥，培养学生的创新意识、创新思维。

（三）实施策略

经过不断研究、总结，得出一些切实有效的教学方法、方式，进而突出重点、突破难点。具体操作如下：

1. 和生活密切相关的知识

例如《走进数学的世界》，这是初中数学的第一课，是对小学知识的回顾与总结，同时统领全书，也是初中数学一个新的起点，起着承上启下的作用。在学习前，教师让学生搜集来源于生活中的数学知识图片，并上传图片。这样老师就可以掌握学生的了解程度，确定本节课的教学目标，讲一些学生没有发现的数学知识。

2. 相对好理解的课程

教师将微课和自主任务学习单提前下发给学生。微课可以教师自己录制，根据自己学生的特点，有针对性地设置问题；也可以结合洋葱视频中的教学内容进行教学（洋葱视频中的内容都比较短，而且生动有趣）。学生可以通过手机、电脑观看视频，使学习随时随地发生。需要思考和动手操作时，学生可以暂停视频。观看完视频，学生利用"作业盒子"App完成基础检测。这样教师就可以通过大数据了解学生的学习情况，合理确定教学目标，科学进行教学设计。

3. 和小学知识相关的课程

可以利用"问卷星"进行问卷调查，了解学生对小学知识的掌握情况。因此，教学目标要根据学生的学习程度进行调整，注重中小衔接。

4. 概念课

利用"希沃授课助手"加深学生对知识的理解。例如，在讲解同类项时，学生在课前通过微课预习，已经基本掌握了同类项的定义。为了能够更好地突出重点，突破难点，我利用"希沃授课助手"设置小游戏，让学生寻找同类项，在游戏中加深学生对同类项定义的理解，课堂氛围也变得活跃起来。

5. 相对抽象的内容

利用几何画板等工具，让所学内容形象化。例如，在讲解数轴时，如何表示无理数是难点。因为学生在小学时唯一接触过的无理数是 π，那么我就利用几何画板做了半径是一个单位长度的圆，找到一个点让它在数轴上滚一圈，那么它所对的位置就是 π。

6. 立体图形问题

有的学生空间想象能力不够，教师也可以利用几何画板、网络画板等让学生观看，使问题更直观。例如，在学习正方体的表面展开图时，可以让学生自己制作一个正方体，然后沿着任意一条边剪开，贴到黑板上，找出没有得出的展开图，再用几何画板展示其展开过程。这样学生就可以了解到它有十一种展开图，突出了本节课的重点。

7. 图形变换问题

利用几何画板来解决更直观。例如，教平行四边形的性质时，让学生观看变换的平行四边形，发现平行四边形是中心对称图形以及边角之间的关系，进而突破本节课的教学难点。

8. 函数问题

例如，教一次函数时，给出要求，$k>0$，$b>0$，让学生随意说出一次函数，然后在几何画板中画出图形，让学生观察这些图形的共性，得出 k、b 的作用，那么一次函数的性质也就迎刃而解了。

我们在课堂上可以利用教学助手、希沃等小工具。

我们可以利用倒计时功能，为学生讨论计时。

一是利用 iPad 教学，和教学助手中的在线监测功能相结合，将习题推送到学生的 iPad 客户端，让学生在线答题。老师得到大数据的反馈，根据大数据得出每个学生的答题情况等，明确学生对基础知识的掌握情况，有针对性地进行训练。

二是利用教学助手互动课堂的在线抢答功能，让学生通过 iPad 进行抢答，并为本组积分。此环节可以激发学生的学习热情，使他们积极讨论，提高学生学习的兴趣。

三是对于需要规范书写的内容，教师进行板演，利用教学助手录制整个过程，方便学生下课后反复观看。

四是在总结时，可以利用弹幕功能，让学生通过 iPad 发布自己本节课所学知识。

对于知识线条层次清楚的课程，在课堂最后会组织学生画思维导图，梳理知识脉络。

三、研究的成果和成效

在不断的尝试和努力下，教师的教学热情高涨，学生的学习兴趣也得到了激发，课堂学习效率也明显提高，学生的学习成绩有所提高，形成了利用信息技术促进课堂教学的高效教学模式。

经过一系列的研究，在长春市中小学继续教育培训中进行以"微课在初中数学教学中的意义""基于线上教学中'教学评一体化教学'的有效性研究"为题的视频讲座。

2020年12月，《矩形的性质》在长春市中小学信息化环境下教学设计评比活动中荣获一等奖。

2021年11月，《利用信息技术促进学生高效学习的研究》在"2020—2021年度小课题优秀成果"评比中荣获一等奖。

2021年12月，制作的微课《动态下等腰三角形的构造问题》在长春市中小学信息化环境下微课评比活动中荣获二等奖。

总之，通过本课题的研究，通过信息技术在初中数学课中的应用，促进了现代信息技术在我校的推广，实现了现代信息技术与数学学科的整合，改进了初中数学课的教学方式、学习方式，提高了教学质量，提升了学生能力。

英语教学贴近实际、贴近生活的研究

长春市朝阳区宽平小学　　王永杰

一、课题概况

（一）课题研究价值

学生学习外语，没有机会接触真实的语言环境是不争的事实。作为英语教师，我们有责任为学生营造贴近学生实际、贴近生活的教学氛围，创设语言学习环境。我们学习语言是为了运用与交流，脱离了生活、脱离了实际运用的语言毫无价值，所以我进行了使英语教学贴近实际、贴近生活的实证研究。用实证研究来证明贴近实际、贴近生活的英语课堂教学会使学生有亲切感，更能激发学生学习英语的兴趣，培养学生的英语思维能力；用实证研究证明有效地利用师生的生活经验、真实体验，将学生感兴趣的生活内容转化为课堂教学资源，可促进学生自主、高效学习。总之，应积极开发、有效利用好英语课程中的生活资源，使英语教学贴近学生实际、贴近生活，突出语言在实际生活中的运用，让学生感受到学习英语是一种内需，是有意义的学习，可促进学生核心素养的发展。

课题研究的价值体现为以下三个方面：

1. 践行先进理论的需要

我国教育家陶行知提出生活教育理论，把教育同学习者的生活实际相联系，通过各种社会实践真正做到教、学、做合一。这和我的研究是一致的。英语学科强调"在用中学，在学中用"，我一直在探索生活化英语教学的教学方法，希望将英语教学与生活融为一体，用生活教育理念建构英语课堂，把创新精神与实践能力的培养有机结合起来，真正发挥英语的交际作用。

2. 语言学习的需要

作为语言，英语具有工具性、人文性双重性质。它源于生活，亦是人们在生活中用来表达的工具。英语是一门实践性很强的学科，离开了生活实践，脱离了学生的认知经验，语言就失去了魅力。英语课程标准强调学习过程，重视语言学习的实践和应用。现代外语教育主张让学生在语境中接触、体验和理解真实语言，并在此基础上学习和运用语言。因此，英语课程提倡尽可能多地为学生创造在真实语境中运用语言的机会。

3. 尊重生命、提升生命的需要

（1）小学生自身发展的需求

缺少语言环境，忽视语言在生活中的实际运用，会使学生羞于开口说英语，进而形成心理上的语言交流障碍。以往脱离生活的空洞的说教、机械的训练，扼杀了学生学习英语的兴趣。我们要创设各种接近实际生活的语境，开展语言实践活动，更多地关注学生生活，以人为本，从而促进学生主动学习，获得全面发展。所以，英语教学贴近生活，是尊重生命、提升生命的需要。

（2）教师专业发展的需要

教师本身也是鲜活的生命个体，在此项研究中可获得专业成长，提升科研能力，提高教学效率，享受教学成功的幸福感。

（二）课题研究目标

1. 探索生活化小学英语课堂教学策略，提高英语课堂教学效率。

2. 充分调动学生的学习主动性和创造性，让学生形成积极的学习态度，促进其语言实际运用能力的提高。

3. 通过研究，得出一些生活化的课堂教学的建议，为教学提供有益的参考，提高教师的教育科研能力，提高英语教学质量。

二、研究的过程与策略

（一）研究过程

以课堂为主阵地，挖掘教材内容，寻找生活与语言的融合点，从理论研究入手，将研究与反思相结合。

课题实施分为初期探究性实验、中期成果总结实验与后期验证推广实验三个阶段：

首先，在实践中用案例研究法、校本行动研究法探索生活化英语教学模式。

其次，经过一段时间的实践研究后，用调查法分析学情和学习效果的变化，采用经验梳理法总结成果。

最后，采用案例研究法与校本行动研究法相结合的方式验证、推广研究成果，用该理论成果指导教学实践，并在教学实践中检验理论研究成果。

（二）研究策略

1. 营造语言教学氛围，使组织教学生活化

英语教学氛围的营造在英语教学中显得尤为重要。课堂伊始，学生的学习注意力不够集中，即使集中，若直接进入英语的学习，也会很突然，缺乏语言学习应有的状态。这时，教师应注重营造语言教学氛围，让学生在最短时间内进入英语学习的最佳状态，让学生轻松、自然地从母语氛围中进入英语学习氛围，从而为接下来整节课的学习创造有利的条件。

语言教学氛围的营造就是让学生处于一种生活化的语境中，使英语课堂更接近学生生活。

（1）歌曲的开发与运用

英语歌曲、英文儿歌会在教学中起到意想不到的效果。少年儿童对音乐、歌曲、图像等有着天生的喜好。为此，我们可根据教学内容，利用信息技术，在网上搜集、筛选贴近生活、贴近实际的，最好与本课内容相关联的歌曲、音乐，营造语言学习的氛围，使学生在美妙音乐的熏陶下、真实动感画面的感染下，集中注意力。学生学习的积极性、主动性被最大限度地调动，会自然而然地融入语言学习。

例如，在学习数字单词或 How many 句型时，我们可以用学生熟悉的歌曲 Ten Little Indian Boys 将孩子们带入英语数字世界；在学习 Mother's Day 时，教师可以将学生熟悉的歌曲《我的好妈妈》译成英语，配上曲调，让孩子们演唱，可以使学习效果事半功倍。

在学习新内容之前，教师就要做好前期准备工作，如，可以上网搜集、查找既能吸引孩子，又与本课内容关联的歌曲。在没学习这一内容前，在早自习、课间、午休，作为休闲音乐，给孩子们播放。在学习这一课时，正式给学生播放出来，让学生观看视频哼唱歌曲，自然而然营造良好的学习氛围，将课堂内容与生活相融。例如，在学习沪教 2011 课标版三年级起点五年级下册 Unit 6 Holidays 时，我在网上查找到 Summer holiday 这首外国乡村歌曲。这首歌曲曲调非常优美，五年级的学生特别爱听，听几次就学会了。

（2）Free talk

Free talk 是组织教学的又一重要手段。它可以营造和谐、轻松的氛围，为学生下一步学习做好思想上的准备和知识上的储备。教师可以以轻松、自如的谈话方式带领学生进入新授内容的学习。

教师要结合本节课的教学目标和学生的生活体验，选择学生感兴趣的话题，以亲切的态度、平和的语速，就像与学生进行生活中的必要交流一样，循序渐进地提出一些能引起学生思考，并与新授内容相关联的话题，缓解学生紧张的情绪，激发学生的学习热情，启发学生提前感知新内容，意义建构新授信息。

歌曲和 Free talk 是教学中常见的形式，但组织教学不仅仅局限于它们，一段小视频、一个小游戏、一段听力小短文等等都可以作为组织教学的一种形式。我们只要根据教学实际，合理设计这一环节就可将学生带入生活化的学习氛围中，使学生进入最佳学习状态，为英语教学注入神奇的魔力。

2. 营造语言学习氛围，使语言呈现生活化

教师可利用实物、图片或模拟生活情境、利用现代化信息技术等来辅助教学，使教学内容形象化、真实化，将课堂教学与学生生活相结合，从而启迪学生心智，提高学生的语言能力。

（1）实物教学

根据小学生形象思维强的特点，可充分运用直观教具或实物来导入新课，引出新词，也可利用实物创设日常生活情境来呈现学习内容。有形的词汇可用生活中的具体实物呈现，如文具、水果等可直接呈现。学生可一边看一边触摸一边说，这比较适合低年级教学，符合学生的年龄和心理认知特点。但在学习形容词比较级、最高级时，对于比较形象的词汇（如高、矮、胖、瘦等），我们可利用教室中的实物、人物做对比，来引导学生理解、掌握，可收到良好的教学效果。

（2）画面情景教学

有些人、物、场景等是无法用实物展示的，则可进行画面情景教学。如，在学习相对抽象的形容词、副词比较级与最高级时，可根据班级学生的生活实际制作课件，如同学的画、英语书法作品等，这些都是学生们熟悉的点滴，配上简单的英语介绍，学生会自然而然地融入其中，理解知识，并激发他们表达的欲望。

（3）模拟生活情境

小学英语的教学内容多是儿童喜闻乐见的词汇或简短的对话。在教学中，我们应尽可能地创设贴近生活的真实语言环境。

在教学三年级上册 Unit 5 *My family* 时，课前我们可以将孩子们的父母或兄弟姐妹的真实照片以电子版形式，制作成幻灯片。当学习 Who's he/she 时，学生根据电子白板上出现的人物图片，是谁的父母或兄弟姐妹谁就自动自觉地站起来回答："He's/She's my father/mother/brother/sister." 这时教师说："He's handsome.（She's lovely.）" 再引导学生用 "Thank you" 或 "Thanks" 来回答。接着，学生们再听本课的会话录音，逐句跟读，一点也不陌生，仿佛这就是他们生活中的一部分一样。因此得出结论：创设语境可让学生感受到语言交际的魅力，激发学生学习英语的热情。

（4）多媒体情境教学

现代信息技术走进了英语课堂，它的运用弥补了语言、文字描述的局限性，把书本中的文字转化为一种生活片段予以动感呈现。英语教学中的每个会话、故事的视频播放都会将学生带入相应情境，可提高课堂教学效果。

直观的影像呈现、感官刺激，可以提高学生的理解能力，可以有效激发学生学习和研究英语的兴趣，从而提高教学质量。

教学中，我们可借助多媒体课件加深学生对已有生活经验的认识，并学会创造性地运用语言。

3. 活用教材，使课堂呈现、语言运用生活化

当教授有关职业的词汇时，教材中出现的内容一般都是比较常见的词汇，如 teacher、doctor、nurse、policeman 等，但现实生活中孩子家长的职业有时是比较复杂的。例如，有的孩子的妈妈是帮人家卖东西的，还有的孩子的妈妈是没有工作的，等等。针对这些情况，课堂上我们可先让孩子在强化训练中将教材中所要掌握的词汇弄懂学会，然后在拓展延伸这一部分中增加贴近学生实际、贴近现实生活的职业名称。例如，卖东西的人是售货员，男士用 salesman 表示，女士用 saleswoman 表示；妈妈没有工作，我们称她为 housewife，即家庭主妇。这时，又有一个学生举手问："老师，我爸爸是个小老板，用英语怎么说呀？"我告诉她是 boss，我看到她在很认真地背着。因为这些词汇贴近学生们的生活实际，吸引了他们主动去探究的欲望，并很自然地将父母的真实职业代入句型中进行真实的表达，而

这比让学生心不甘情不愿地将其父母的职业改说成教材中的词汇效果要好得多。那大家要问了："新学的词汇我们就不练习、不运用了吗？"这些词汇我们当然是要用的，只不过我们换个句型来用它们。当你问孩子们："What do you want to be?"他们一定会用书中常见的词汇来回答你，并且这也恰恰是他们现在的最真实的想法。

我们学习英语的目的是什么？就是要用它交流和表达自己最真实的想法，这样处理教材就是将句式与词汇的内容融入学生的生活中。

4. 创设相对真实的语境，组织符合学生生活经验的活动、游戏，使巩固练习生活化

活动本身就是生活的一部分，游戏也是如此。课堂上，教师需要以学生的生活经验和兴趣为出发点来设计活动。

小学英语教材中有许多适合学生活动、表演的语言材料，让学生进行生活化的表演，有利于他们更好地掌握英语。

例如，在练习购物会话时，可让学生扮演售货员和顾客，开始先让学习较好的学生来表演，为其他学生做示范，然后让同桌两人再演一演，最后让大家排队有秩序地用英语购物。

又如，在学习 See a doctor 时，一件医生的白大褂和医生、病人的角色表演就将巩固练习生活化，这样不仅可以把知识巩固不着痕迹地融入活动实践中，让学生兴致盎然地学习，还能让学生感受到生活与书本知识密切相关。

我们在进行问路、指路的情景会话学习时，虽然教材和课件已设计了多种练习情境，但毕竟是根据平面图练习，有一部分缺少空间概念、立体感不强的学生根本不理解指路中的"Turn right/left at Spring Street"等语句。为此，我在教学中充分利用教室这个空间，将组与组之间的过道用过道边上坐的同学名字来命名为相应的街道，并将教室前面命名为"Jiaoshiqian Street"，教室后面用"Jiaoshihou Street"来命名，然后设计几处要去的地点，也将其用附近学生的名字来命名。这样一设计，学生的乐学情绪高涨。一是街道名称都是用他们熟识的人名来命名的，他们感到亲切、好玩；二是现在所创设的情境是清晰、立体的，是相对真实的。因此，每个人都争着来问路、指路、辨路。我设计了多组路线，扩大了学生的参与面，孩子们也在快乐的氛围、真实的语境中学会了知识。

5. 将英语学习逐渐融入生活，使作业设计生活化

为了给孩子创造更多的实践机会，教师可设计形式多样又有趣的作业。例如，让孩子搜集英语广告词、制作英文书签和各类英语小报、编写绘本故事等等。

例如，在学完 *Keep Healthy* 后，让学生设计、制作自己喜欢的健康手抄报、海报；学习 *Mother's Day* 后，让学生设计节日卡片，用简单的英语写上对妈妈的祝福，在母亲节这一天送给妈妈。为了将作业落实到位，请家长在家长群中汇报孩子的作业完成情况，而家长可自愿将孩子的祝福卡片拍成照片，在家长群中展示。

六年级有一篇习作是给网友写一封电子邮件，介绍自己和家庭情况。要想真正掌握电子邮件的书面表达方法，我觉得教师讲多少遍都不如让孩子实际操作有效，所以我布置了一封电子邮件形式的作业，让孩子们写完后发给我，实际效果非常好。这样的作业，既培养了学生的创新思维和独立思考的能力，又给孩子带来了无穷的乐趣，也使英语与生活真正融为一体。

6. 打开生活的大门，寻找语言的源泉，使语言表达精彩化

我们学校在语文作文方面，曾进行了"打开生活的大门，寻找作文的源泉"的研究。英语和语文一样都是语言。语言的表达形式包括口语表达和书面表达两种。以往对于故事的学习，学生热衷于表演，在表演中兴致很高。因此，我为孩子们创设了真实的表演情境，让学生在表演中运用语言进行表达。但同时我们不应只局限于表演或表演的模仿改动，我们应该打开生活的大门，让学生找到语言表达的源泉。

例如，在学习"小水滴的旅行"时，我就引导学生去生活中寻找可表达的信息，最后孩子们撰写了《小叶子的旅行》《小纸片的旅行》等等。

三、研究成果与成效

（一）研究成果

1. 初步形成"从实际生活走进英语，从英语走向实际生活"的教学策略与模式

营造语言教学氛围，使组织教学生活化；营造语言学习氛围，使语言呈现生活化；活用教材，使课堂呈现、语言运用生活化；创设相对真实的语境，组织符合学生生活经验的活动、游戏，使巩固练习生活化；将英语

学习逐渐融入生活，使作业设计生活化；打开生活的大门，寻找语言的源泉，使语言表达精彩化。教师把书面的语言活化为贴近学生实际、贴近生活的语言，再把生活中的语言升华为书面语言，让学生生动地体验，创造性地运用语言。

2. 形成课题研究报告，撰写了课题研究成果论文

论文《英语教学贴近实际、贴近生活的实证研究》在 2013—2014 年度基础教育优秀科研成果评选中获一等奖，在 2015—2016 年度小课题研究优秀成果和优秀培训课程课例评比中获一等奖。

（二）研究成效

1. 激发了学生的学习兴趣

激发了学生学习英语的兴趣，养成了良好的英语学习习惯；提高了学生的学习能力和语言实际运用能力，促进了学生的综合发展，让英语融入学生的生活。

2. 提高了课堂教学的实效

生活化教学资源的开发丰富了教学内容。此项研究逐步改善了课堂教学单一、封闭和学生被动学习的局面，形成了生活化英语学习氛围，使学生主动并全身心地投入到课堂学习中。学生能将所学知识与生活相联系，用简单的句式表达自己的思想，在感知、体验、实践的学习活动中成功达成学习目标，使英语教学焕发出活力。

3. 促进了教师教学水平的提高

促进了教师教学水平的提高，完善了教学理念，全面提高了教育科研能力，获得了成就感和幸福感。

通过研究，我掌握了英语课堂贴近实际生活的教学策略，提高了教学水平。同时，我的英语教学更具特色，取得了一些教学成果。贴近实际生活的英语教学使教学活动置于真实的生活情境之中，激发了学生听、说、读、写的强烈愿望，促进了学生综合语言运用能力的提高，使越来越多的学生愿意学英语、用英语。

培养小学生英语口语交际能力的研究

双阳区太平镇长山小学　邢玉香

一、课题概况

（一）课题提出的背景

语言是一种交际的工具，人们在生活中运用语言。英语课程标准提出，听说是学生必须掌握的语言技能。但是，随着年级的不断升高，学生反而不愿意开口主动说英语。因此，怎样培养小学生英语口语交际能力成为我一直思考的问题。

我校是一所农村山村小学，学生所处的环境不利于提高英语口语交际能力，且多数学生是留守儿童，爸爸妈妈长年在外打工，他们有的跟爷爷奶奶生活，有的跟外公外婆生活在一起。但是，老年人根本不会英语，学生除了在学校每周上 3 节英语课外，其余时间很少说英语，导致学生口语表达能力很弱。为了改变这一现状，为学生创造更多的说英语的机会，激发学生学习英语的兴趣，树立说好英语的自信心，提高学生英语口语的交际能力，为学生终身学习和适应未来社会发展奠定基础，我进行了以"培养小学生英语口语交际能力的研究"为题的课题研究。

（二）课题研究目标

1. 通过课堂教学实践，为学生提供更多语言表达的机会，让学生在浓厚的英语氛围中感受英语、运用英语，激发学生说英语的兴趣，增强学生的自信心，使学生勇于交际、乐于交际、擅长交际，提高学生的英语口语交际水平。

2. 积极创设宽松、和谐的真实情境，充分调动学生的多种感官，激发学生的表达欲望，提高学生语言表达的积极性。

3. 提升教师的教学能力，完善教师的教学策略，采用多种教学方法，让学生在更加轻松愉快的氛围中学习语言、积累语言和运用语言。

二、研究过程与实施策略

（一）研究过程

1. 课题研究内容

（1）利用晨读时间，组织学生进行英语晨读。在每周的周二、周三、周五早晨进行，选择优质的晨读资源，每周坚持晨读，提高学生的英语朗读能力和口语交际水平。

（2）发挥课堂主阵地作用，创设真实情境，为学生提供说英语的机会，使学生在感知、体验、积累和运用等语言实践活动中逐步提高语言表达能力，养成良好的英语口语交际习惯。

（3）成立英语社团，为学生搭建英语口语交际平台，开展丰富多彩的社团活动，让学生说英语、听英语，提高学生的英语口语交际能力。

2. 课题研究步骤

本课题研究主要分三个阶段：

一是准备阶段：主要研究任务是明确研究方向，论证、确定研究方案，积极进行课题申报。具体工作是完成课题申报方案，形成课题研究计划，明确课题研究方向；学习相应的理论，为研究做好充分的准备。

二是实施阶段：主要研究任务是组织开题，讨论、咨询、制订阶段实施计划，积累过程资料，形成中期研究成果；动态管理计划的实施，及时发现问题并调整、完善实施方案。

三是总结验收阶段：主要研究任务是全面总结研究成果，撰写研究报告，形成研究成果。成果形式为结题报告、论文集等。

（二）实施策略

1. 开展理论培训，提高教师的科研水平

通过各种方式的培训学习，营造良好的研究氛围，学习与课题相关的理论和教育科研等知识，为课题研究提供理论依据，提升教师素质，促进教师内涵与能力发展，转变教育教学观念，学习并掌握更多的培养学生英语口语交际能力的方法。

2. 认真做好调研，明确研究任务

了解学生学习现状，明确研究目标及内容，充分掌握小学生英语口语交际中存在的问题，做好充分的调查，对调查结果进行归类统计、数据分析，为课题开展做好准备。

3. 开展实践研究，探索培养小学生英语口语交际能力的有效教学策略

第一，组织学生进行英语晨读，提高学生的英语朗读能力。

组织学生进行英语晨读，在每周的周二、周三和周五早晨进行，先让学生读课本上新学的单词，再读句型，再读对话或篇章，从基础抓起，由词到句，再到对话或篇章，使学生说起英语来更流利，也有利于学生更好地掌握所学的知识。接着，在课本读熟练的基础上选择课外优质资源让学生进行英语晨读，拓宽学生的知识面。

第二，利用课前 5 分钟，为学生提供展示机会。

教师应充分地利用课前 5 分钟，让学生展示自我，如，可以让学生到黑板前进行自我介绍或介绍自己的好朋友，也可以两人合作表演对话或多人分角色表演小故事或背诵歌谣、唱英文歌等，目的是让学生开口说英语。这个展示时间，展示什么由学生根据自己的能力和爱好决定，充分发挥学生的学习主体作用。

第三，充分地发挥课堂的主阵地作用，创设真实的情境，为学生提供英语口语实践的机会，养成良好的英语口语交际习惯。

为激发学生说英语的兴趣，在教授新词时我会利用课件引出新词，吸引学生的眼球。在学习新词时，我会用多种方式激发学生的学习兴趣。在学习牛津英语四年级下册 Unit 8 *At the fruit shop* 时，当学生会说水果单词 apple、banana、pear、orange 后，我创设了一个购物的情境，让同桌合作，一个人扮演售货员，另一个人扮演顾客，然后让学生进行角色表演。学生对此很感兴趣，表演得很形象。

为了激发学生的学习兴趣，鼓励学生在活动中创新，我会组织开展歌谣创编大赛。如，学完有关水果的单词后，我会为学生提供一首关于水果的歌谣，然后鼓励学生仿创歌谣或自编歌谣。王蒙同学创编了一首歌谣："爸爸爸爸，father、father；妈妈妈妈，mother、mother；哥哥弟弟，brother、brother；姐姐妹妹，sister、sister；me me 就是我。"学生们对她编的这首歌谣非常喜欢，由此我感到学生的潜力是很大的，教师要敢于放开手脚，鼓励学生去创作，让学生搜集自己创编的作品或其他同学创编的好作品，装订成册，形成作品集，培养学生从小养成积累的好习惯。

第四，利用午休时间，进行英语广播。

我利用午休时间，让学生到校园广播站进行英语广播，广播内容由学生自己选择，可以是歌谣、文章或小故事等。学生参与热情很高，都自愿

报名参加。学生在活动中得到了锻炼，口语能力得到了提高。

第五，成立英语社团，开展丰富多彩的社团活动，使学生有更多的机会说英语、听英语，提高学生的英语口语交际能力。

社团活动每周上一节课，让学生运用所学英语进行简单的交流，重点放在口语交际上。有时，教师利用白板写一些英语情景对话，让学生进行模仿表演，重点指导学生注意语音、语调；有时，教师给学生播放英语小故事，引导学生学会倾听，然后进行亲身实践，使学生在实践中体验成功的快乐。为检验学生的英语口语交际水平，每学期举办一次英语口语交际大赛。

三、研究的成果和成效

（一）学生的变化

1. 学生对英语产生了浓厚的兴趣，克服了害羞和不愿说英语、不敢说英语的心理，变得乐于说英语和敢于说英语。在社团活动中，学生表现更为突出。社团活动一年来开展了 32 次，学生都积极地参与，踊跃地表现。另外，学生都非常愿意参加学校举行的各项英语活动，如演讲赛、英语故事会、英语小报展等。在活动中，学生都有出色的表现。

2. 学生的英语口语交际水平普遍得到提升，能够说流利的英语，在每学期的英语口语实践测试中都能取得理想的成绩。

3. 学生养成了创新和积累的习惯。学生将自己仿创、独创的歌谣或者对话搜集起来，装订成册，每人都有一个歌谣集和对话本。

4. 学生的阅读和写作水平也有明显的提升，能够很好地阅读英语小故事、小文章等，能够用英语写小短文。另外，笔试在学区统考中也名列前茅。

（二）教师的成长

1. 论文《浅谈农村小学英语晨读的有效方法》发表在《新教育时代电子杂志（学生版）》上。

2. 论文《浅谈农村小学生英语口语交际能力的培养》在省级科研成果评比中获得省级一等奖。

提高农村小学生英语口语交际能力是一项长期又艰巨的任务，今后我会更积极地进行英语口语交际的教学研究，及时总结，使课题研究取得更喜人的成果，全面提高小学生的英语素养。

提升农村学生英语口语能力的研究

九台区龙嘉德阳中心学校　张　瑜

一、课题概况

（一）课题提出的背景

语言是文化交流的工具，英语作为世界上使用最广泛的语言之一，在国际交流、合作、发展中起着至关重要的作用。因此，口语能力在英语学习中尤为重要。当前，很大一部分中学生还在进行"哑巴英语"的学习，这种情况在农村英语口语教学中尤为突出。为此，我们不得不反思英语教学中的口语交际及实用性问题。网课教学给我们提供了使用信息技术辅助学生学习英语口语的契机，学生也可在网络平台上与教师互动。教师可以利用网络资源为学生布置口语任务，激发学生的学习热情。为此，我们不断探索改善农村学生口语交流的方式，旨在全面提升学生的英语核心素养。我根据目前农村教育现状和本校实际，以"提升农村学生英语口语能力的研究"为题目开展课题研究，旨在通过课题研究，培养农村学生用英语进行交际的能力。

（二）课题的研究现状

根据农村学生实际学习情况以及平时的教学，我们发现了一些还没有解决的问题。比如，我们的英语教育很大程度上还停留在应试教育的阶段，孩子们更愿意去写单词和句子，他们不愿意开口说英语，即使迫不得已说了，也是课文里句子的生搬硬套，通常不知道怎样把平时课本上学到的句子运用到实际交流中来，在表达时一头雾水。学生学习英语的主要渠道就是英语课堂，由于家庭经济条件以及环境因素，学生接触外国人或者能够练习英语口语的机会少之又少。

在教学中如何利用课堂上有限的时间尽最大可能提高学生的英语口语交际能力一直为我校英语教研组课题研究的重点，希望通过研究使学生获得更多的机会来提升口语能力，培养学生开口说英语的自信心，提高教师的教育理论水平和研究能力。

英语学习的最终目的是实现英语运用的生活化，而我校学生都生活在农村，回到家里没有任何语言氛围，即使是有兴趣想交流也没有语言环境。如何改变农村学生离开课堂就无法运用英语的窘境，一直困扰着我们英语教师。

（三）课题的研究目标

研究的总体目标是使学生树立自信心，养成良好的学习习惯，培养学生的英语学习意识，提高自学能力。教师应培养学生的观察、思维、想象能力和创新精神，帮助学生了解中西方文化的差异，开阔学生的视野，培养学生的爱国主义精神，形成正确的世界观、人生观、价值观，为终身学习打下良好的基础。因此，本课题具体的研究目标是：

1. 以学生为本，创设符合教学内容，适合教学对象的真实的语言环境和学习情境，让学生的交际能力得到提高。

2. 通过课题研究，提高教师自身的教学水平和能力，认真备教材、备学生，为学生提供有效的帮助和指导，实现教学相长。

3. 通过研究，找出高效的方法，训练学生的听说能力和与人交流能力，告别"哑巴英语"。

4. 有针对性地开展教学活动，激发学生"说"的欲望，提高学生"说"的能力，增强学生"说"的信心，让学生充分体会到英语的魅力，从而爱上交流。

（四）课题研究的意义

1. 有利于学生了解世界、走向世界

英语在科技进步、经济发展方面起重要的作用，学会了英语如同拥有打开世界大门的钥匙。

2. 有利于学生思维的发展

语言是思维的工具，英语口语交际活动是交流者英语思维的相互碰撞。要想达到真正的英语交际目的，必须掌握英语的思维方式。

3. 有利于磨炼学生意志，陶冶学生情操

要想提高英语口语交际能力，不仅要进行大量的语言材料识记和长期的语言实践，还离不开坚强的意志力、足够的耐心和恒心，有利于磨炼意志。此外，在与人进行面对面的交流时，人的性格情趣、修养等均在不经意间自然流露。因此，在英语学习中，除可以提高语言交际能力外，也能陶冶人的情操。

实践证明，青少年学习外语具有模仿力强、记忆力好、勇于开口等特点，如果使他们在学习语言的黄金时期打下一个较坚实的基础，对今后进一步学好英语、培养用英语进行交际的能力等将起到极其重要的作用。

二、研究过程与实施策略

（一）研究过程

我们采用自然实验、行动研究、调查研究、经验总结等方法，立足于课堂进行观察、分析、反思。在研究过程中，也采用了问卷调查法、访谈法等，对研究数据进行统计分析。

为了研究这个课题，我们不断地钻研教材，翻阅各种书籍，将理论与实践相结合，努力寻找提高学生口语交际能力的有效方法，每节课都用心设计教学环节，在上课过程中观察每一位学生的反应，增加教学过程中的师生之间以及学生之间的互动，激发学生学习英语的兴趣，提高他们开口说英语的能力。上完课之后，用心总结经验，找到课堂设计的优点和缺点，并进行完善。通过不断的摸索和总结，学生的口语水平有了显著的提高，我们也整理出了一套有效的课堂教学方法，具体内容如下：

1. 创设真实的语言环境，增加学生开口说的机会

学生不愿意开口说英语，大多是因为他们没有身临其境的感觉，没有良好的语言环境。平时的课堂上的分角色朗读课文或者分角色对话，根本满足不了学生对语言学习的需求。所以，我一直在思考：如何给学生提供一个良好的语言环境？学生需要一个什么样的英语语言环境？一节四十分钟的课，只要我们肯花心思，它就能带给学生们无穷的乐趣，所以我尝试着把课堂变成真实的场景，把枯燥的课文设计成一个个有趣的故事，从上课的第一分钟开始就把孩子们带入这种氛围中来。例如，在学习 *What animals do you like?* 时，一开始我就利用卡片把教室布置了一番，在教室的墙壁上贴上各种各样的动物卡片。我带着学生参观，向学生介绍各种动物。在介绍的过程中，学生重复我说过的单词，这样学生带着新鲜、好奇就把新单词记住了。在利用之前学过的句子进行训练之后，我就请同学来扮演动物园的导游，向其他同学介绍动物园里的动物。由于我已经带着他们介绍了一遍了，学生们再介绍起来也得心应手。这样一来，一节枯燥的

单词教学课，在欢乐轻松的气氛中结束了，学生们不仅学会了新知识，也知道怎样运用新知识了。这大大提高了他们的积极性，也给了孩子们成就感。这样的课堂还怕他们不愿意开口说吗？

2. 利用多媒体和有趣的教具，把读英语变成说英语

我们的小学英语教材不仅有教科书，配套的还有磁带、光盘、挂图、卡片等。因此，在平时的课堂教学中，我也会巧妙地设计教学过程，把这些丰富多彩的教具利用起来，增强课堂的趣味性，激发学生说英语的兴趣。例如，灵活运用多媒体来组织教学。我经常把多媒体中的原音消掉，让学生尝试着给动画人物配音；有时候我会找一些简单有趣的英文小动画，让学生模仿语音语调，然后给里面的人物配音。这些活动学生很喜欢，不仅锻炼了学生的口语交际能力，也能让学生充分地体会说话人当时所处的环境以及当时的心情，使学生不仅知道了什么环境下用什么句型，也体会到了某种情绪下说话的语气和更深层次的含义是怎样的，培养了学生的语言意识，一举多得。实践证明，这是提高学生口语交际能力的有效的方法之一。

除了多媒体教学之外，我还把卡片剪下来做成头饰，把课文编排成有趣的小故事，让学生分角色进行小短剧的排练，大大地提高了孩子们开口说英语的积极性。我还在课堂上插入一些和本节课话题相关的英文的电影歌曲视频进行辅助教学，同时让学生进行角色扮演。这样做既可以提升学生的英语口语能力，也能让学生们在了解西方文化的同时感受中西方文化的差异。

课堂时间很短，课外时间却很长，如何利用课外时间训练学生的口语交际能力也是我研究的一个部分。我把每个星期的一节早读课改为汇报课，汇报的内容根据不同的情况来决定，有时候是布置学生用一个星期的时间学会一首英文歌曲，有时候是看一部英文动画片然后来交流感想，有时候给学生们一个话题，让他们自由发挥，编成对话或者短剧。这些任务看似很简单，但需要孩子们在课外花时间去做，提高了学生的英语素养。

（二）实施策略

在整个口语教学或训练过程中，具体的实施策略为：

1. 进行有针对性的口语训练

在消除学生对英语的畏难情绪之后，对学生进行有针对性的口语训练。为避免技能训练的枯燥，可以充分利用图片、幻灯片、直观教具、视

频歌曲以及多媒体技术手段等，达到训练的目的；采用人机对话、看图表达、小组合作交流、讲故事等方法进行口语训练，并强调语言的正确性和语音语调的标准性，力求准确无误。

2. 创设情境，进一步强调语境教学

教师创设情境，组织学生进行小组交流、合作学习，激发学习欲望，为学生提供使用英语进行交流的机会。每当孩子们成功地完成一个学习任务，他们便信心倍增。在情景表演中，学生们手、脑、口、耳等并用，静态、动态结合，使学生能用英语表情达意，开展简单的交流活动。通过训练，学生学会选用所学的短语、句型，在相对真实的情境中锻炼口语能力，从而取得质的进步。进行角色扮演时，教师应引导学生注意自己的角色，对于语言形式正确但不符合角色身份或场合的英语语句加以规范。此时，教学的重点为在语言的实际运用中检验学生对于已学语言知识的掌握与巩固。

3. 变换训练方法，提高训练效果

在口语教学中，教师应经常改变口语训练的方法和策略，避免学生产生厌烦情绪。可以采用以下几种方法：

（1）朗读与说话相结合。

（2）复述与设问相结合。

（3）模拟口试与平时训练相结合。

（4）课内课外相结合。例如，课内选用易记、易上口的材料；课外组织各种有利于提高英语口语能力的活动，如小剧目表演、动画配音等等。

4. 充分利用现代化的教学工具进行口语训练

充分利用电脑、白板等现代化的教学工具辅助语言教学，培养学生英语学习的兴趣以及英语语言意识。

借助录音机、收音机、复读机等，引导孩子多听。当然，利用手机或电脑进行听和看的训练也很重要，因为对学生来说，这样做更直观且更有趣味性。目前，我们学生每天都听原版磁带和音频。

英语口语的教学，口语水平的提高和口语测试是密不可分的，所以在进行课堂的学习和课外广泛的听说练习后要进行适当的检测。通过平时的训练，学生积累了一定的语言素材，在检测后，提优补差，学生信心得到增强，更愿意用英语表达自己的想法。

三、研究的成效

课题研究开展以来，重点训练了实验班学生的英语口语交际能力，注重培养学生对单词的积累（因为具有一定词汇量是开口说英语的基础），使学生养成了大胆说不怕说错的好习惯，取得了阶段性的成果。学生们积极学习英语，认真完成教师布置的每一项任务。在我们的共同努力下，学生们能够唱二十首儿歌，阅读了三十篇英语小故事，看了十部英语动画片，能够流利地用英语进行简单的交流。

孩子不愿意开口说英语不是他们不会说，而是我们没有给孩子提供轻松愉快的语言环境。只要教师肯在孩子们身上多花心思，他们就会以优异的成绩回报我们。经过实验研究，进步的不光是孩子们，也大大提高了教师的个人业务水平和教学能力。同时，在探索的过程中，我们也充分利用课下时间，和家长紧密联系，形成了以学生为主体的家校联动教学模式。

四、存在的问题与下一步研究方向

（一）存在的问题

通过一年多的摸索和实践，我们虽然取得了一定的成绩，但也存在一些问题：

1. 学生的词汇量跟不上需求

很多学生的词汇量只来源于书本，但现在是信息爆发的年代，仅凭书本上的单词是不够的。学生词汇量不足，将影响学生的阅读以及语言表达，这一点值得我们继续探究。

2. 学生对英语的使用有待加强

学生对英语口语的学习，主观能动性还是较弱，对英语的使用有待加强。

（二）下一步研究方向

一年多以来，我们进行了培养学生英语口语交际能力的实验。实践证明，通过有计划、有步骤的口语训练，绝大部分学生的口语交际能力得到了显著提高，具备了良好的语音、语调基础，为以后的英语学习奠定了坚实的基础。

英语是一门实践性和综合性很强的学科，需要学生积极参与，需要教师组织语言活动，提高学生的口语交际能力。同时，教师需要自我提高，具备较强的英语思维、表达能力、丰富的跨文化知识等，而这些是我们下一步研究的方向。

小学高年级《历史大讲堂》校本课程开发与使用研究

长春市基础教育研究中心　　黄　娟①

一、课题概况

首先，进行历史校本课程开发研究是提升学生综合学习能力的需要。作为一门基础学科，历史在培养学科能力，进行世界观、人生观、价值观教育及陶冶情操等方面起着其他学科无法替代的作用。

国家新一轮课程改革要求学校要根据实际情况开设占总课程比重15%的校本课程，我校在"适合教育"教育思想的引领下，提出"为每个学生的发展提供适合的教育"的办学理念，鼓励教师根据学生需求和教师特长，开发可以促进学生全面发展和个性化发展的校本课程，以此提高学生的综合素质。

通过调研得知，我校40%的学生属于农民工子女，很多家庭缺少读书氛围，学生对于常识性的历史知识知之甚少。通过访谈得知，学生基本上是通过死记硬背的方法来了解语文学习中涉及的一些作者、历史人物和写作背景。因此，学生对处于不同朝代、不同际遇下的作者的写作意图缺少真正的了解，常常出现记混的现象。学生对历史常识了解不足，影响了语文学习的效果。因此，在学校内针对喜欢历史的高年级学生，开发《历史大讲堂》校本课程，有助于提高学生的语文学习能力。

其次，进行历史校本课程开发研究是学生了解历史的客观需要。高年级学生通过书本和媒体等不同渠道对历史有一定的了解，尤其能够根据自己的喜好对历史人物进行初步的评价，或者说已经具备了探究历史的相关经验和心理基础。但是，现实当中很多热播的历史题材影视作品都对史实进行了改编，有的甚至改得面目全非。对于学生来说，这些影视作品会严

---

① 写作本文时，作者为长春市东光学校教师。

重影响学生对历史的正确解读。进行历史校本课程开发研究有助于激发学生对历史的兴趣，让学生在了解历史的基本知识的同时，在朝代的更替和历史典故中受到启发，并通过对历史人物和历史事件的解读，让学生在具体事例中理解什么是国家和民族的大义，引导学生形成正确的世界观、人生观和价值观。

基于以上两点，我选择了本课题研究。其研究目标是：以义务教育的性质、目的和任务为指导，遵循小学高年级学生认知和身心发展规律，以朝代的更替为教学的主线，以历史事件、典故和名君名臣为主要内容，以教师讲解和学生探究活动为主要学习方式，从而提高学生对历史知识的理解能力，开阔视野，发现历史规律，增强学生对是非的客观判断与理性思考能力。

主要研究三个方面的内容：

一是适合小学高年级学生历史学习的内容研究。根据调研结果，确定校本课程的具体内容和框架，通过课堂实践进行调整、完善，最后整理出适合小学高年级学生学习的校本教材。

二是适合小学高年级学生历史学习的教学方式研究。根据学生的身心发展特点，初步确定以教师讲解和学生的探究学习为主要学习方式，在课堂中加以实践，并根据实际情况进行调整，最后确定适合小学高年级学生的系列学习方式方法。

三是适合小学高年级学生历史学习的管理及考核方式研究。校本课程没有每学期末的国家课程的分数考核，所以为了保证学习效果，主讲教师要在学校整体校本课程考核的基础上，制定出相对完善的对学生学习状态、学习时间、学习效果等的考核措施，确保校本课程开设的质量。

二、课题研究内容

（一）教材编写研究

1. 整合历史书籍的相关资料，建构校本教材的初步框架

首先，分析学生的发展特点。这个阶段的学生处于直观感性思考向逻辑理性思考过渡的阶段，对于历史知识的了解基本上是通过故事类的图书和影视作品来获得，所以内容要有故事性，让学生在阅读中学习。

其次，查阅各类有关中国历史的书籍，并根据学生的需求，呈现有关中国历史的发展脉络。例如，主要从《中华上下五千年》等经典历史书籍

中了解有关朝代更替，确定朝代更替的年限。通过阅读发现，关于历史更替的年限，有的说法不一，有的是用一个朝代的发起者作为朝代的起点，有的将前一朝代的最末一位皇帝让位或驾崩作为新朝代的起点。经过对比，我按照《现代汉语词典》后面的历代纪元表为朝代框架的主体部分进行架构，前面加上三皇，直到清末，进行了完整的历史朝代编排。

最后，趣味呈现。借鉴网络信息，改编制作了历史朝代顺序歌，如下：

> 黄尧舜禹夏商周
>
> 春秋战国乱悠悠
>
> 秦朝一统延两汉
>
> 三分天下魏蜀吴
>
> 西晋再现天下合
>
> 东晋又分十六国
>
> 南朝北朝并头立
>
> 隋唐五代又十国
>
> 宋携辽金与西夏
>
> 元明清止帝王折

同时，在每个朝代中，我都选择了影响力大且学生耳熟能详的名君名臣的生平与卓著功绩进行提炼，让学生对这段历史有简单的了解，激发学生进一步学习历史的兴趣，引导学生树立远大理想和目标，培养学生努力进取、不甘平庸、宽厚待人的品质。以商朝为例，这段历史学生比较陌生，商汤是明君，爱民惜才；伊尹是奴隶出身的名相，才满天下；纣王是暴君，众叛亲离而亡国。因此，我就选择了商汤开国、伊尹放逐太甲、商纣亡国等，让学生通过历史故事了解人物，逐渐建立自己的人生目标。

2. 通过课堂教学完善教材的编写

我在教学中发现，学生虽然对历史比较感兴趣，但是和学生平时的学习联系不大。文史不分家，历史校本课如果能和语文学习密切联系，一定会有更多的突破。

为了让历史校本课的综合性更强，更加全面地提升学生的能力，让学生有更多的积累，我又尝试加入了和历史有关的成语故事。比如商朝的历史，我加入了"网开一面""酒池肉林""一窍不通""恶贯满盈""不食周粟"等有关的成语故事。例如"一窍不通"，纣王的叔父比干对纣王的骄奢淫逸很是担心，竭力劝诫纣王，但是纣王最后还是听信妲己的话杀害了比干。后人评说如果纣王开了一窍就不会杀害比干。它原指一点也不开窍，后比喻什么都不懂。学生在学习成语故事的过程中，既记住了历史知识，又深入了解了这些成语的出处，一举两得。

（二）教学方式方法探索

1. 故事讲述法

小学高年级学生喜欢生动有趣的故事，所以，我将名君名臣的事迹改编成了故事，吸引学生的注意力，激发学生的兴趣。比如，秦末农民战争中关于刘邦起义有这样一段描述：

刘邦时任泗水亭长，给县里押送刑徒前往骊山营造陵墓。半路上，很多刑徒逃亡了，刘邦索性把剩下的那些也给放了，并与之一起逃到芒、砀一带的山区里。陈胜、吴广起兵后，刘邦亦起兵并攻下沛县，杀死县令，刘邦被推举为沛公。

但是，这样讲述太生硬，学生不容易记住，我就讲了刘邦如何使用醉酒斩白蛇的计策抬高自己的声望，讲了如何获得百姓的拥护，当上了沛县县令。学生听得兴趣盎然，牢牢记住了这段历史和刘邦这个人物，对于刘邦从亭长到县令再到起义军首领的过程有了更深刻的了解。

2. 主题活动探究法

主题探究活动能让学生在实践的过程中加深对历史的理解。因此，针对影响较大的朝代，我设计了主题活动，让学生在搜集资料、小组合作研讨、集中汇报展示的过程中发现历史、了解历史。比如，将中国古都之首——西安的演变作为探究活动的主题，深入挖掘汉朝历史，结合吕后专权、文景之治、金屋藏娇、飞将军李广、昭君出塞、卫青霍去病抗击匈奴、苏武牧羊等历史事件或故事，采取开放、民主的教育方式，引导学生独立思考，参与探究，分工合作，大胆交流，以提升学生的自主学习与合作能力。

该主题探究活动分四个环节：

第一个环节，教师提出问题，比如：汉朝的服饰特点是什么？汉朝的武将都有谁？汉朝的皇帝都有谁？汉朝著名的美女是谁？

第二个环节，各个小组学生进行选题，并根据选题进行分工。例如，有的学生负责搜集资料，有的学生负责整理，有的学生负责制作PPT。

第三个环节，搜集资料，深入探究。

第四个环节，集中汇报，展示成果。

学生在主题探究活动中集思广益，各显身手，在策划、分工、合作和展示过程中全面提升了综合学习能力，为进一步学习打下了坚实基础。

3. 诗词提升学习法

在学习过程中，除了按各个朝代的顺序进行学习外，对于西安、洛阳、南京等古都也让学生进行有针对性的了解。在教学中，以在这些古都中建都的最具影响力的朝代为切入点，以诗词的形式将曾经在这里建都的朝代联系起来，进行集中学习。比如，西安是中国古都之首，为了让学生对在西安建都的各个朝代记忆深刻，老师用诗词的方式进行了整理：

记十三朝古都长安

西周文王初建城，武王伐纣定镐京；
秦朝嬴政天下统，始皇雄心咸阳升；
西汉刘邦长安定，感念鸿门安沛公；
新朝王莽十五载，董卓失魂东汉轻；
西晋愍帝司马邺，四载尝尽亡国行；
前赵两秦朝相至，十六国中史留名；
西魏北周更相续，北朝宇文定阴晴；
隋朝三代大兴胜，唐朝繁华举世倾！

学生在解读诗词的过程中，也了解了西安曾经是西周、秦、汉等朝代的都城。

4. 框架式学习记录法

学生对于历史校本课程的学习完全源于兴趣，有些学生只是抱着听一听、乐一乐的态度进行学习。为了培养学生良好的学习习惯，我要求学生每次听课都要将主要内容进行框架式的记录。这样，既能帮助学生理清历史的脉络，又能提高学生的边听边记的能力，提高学习效果。比如，学生在学习每个朝代时都会将自己认为重要的事件记录在这个朝代的框架中，完成中国各个朝代的学习后，就形成了从夏朝到清朝的整体框架。

（三）校本课程管理研究

1. 根据问卷调查了解学生的兴趣等；确定课程学习的学生，保证在35 人以内。

2. 每次上课都进行考勤，保证学习的连续性。对于不喜欢历史校本课程的同学进行调整，保证历史课堂中的学生都能在主动学习中有所收获。

3. 着重搜集反馈意见。

4. 每一学期的期末对学生进行一次考核，着重了解教学效果。

5. 定期对学生的作业和成果进行搜集、评比，保证教师对学生的学习状态有所了解，并及时调整教学策略。

三、课题研究成果

课题研究开展了一年多，可以说，课题的研究达到了预定的研究目标，取得了较为满意的效果。

（一）形成了《历史大讲堂》校本课程开发体系

1. 编撰了校本教材

通过课题研究，形成了针对性强、操作性强的能够促进教学思考且有一定推广意义的《历史大讲堂》校本教材。教材分为十八讲，包括各个朝代的皇帝在位顺序表和名君名臣、科学文化及源于本朝代的成语故事，预计32~36学时完成。

这套教材结构严谨，重视基本知识和成语拓展，具有科学性和实用性，可对教学起到较大的推动作用。

2. 形成了《历史大讲堂》校本课程的系列教学方法

在研究中，通过课堂教学的反复尝试、验证，形成了科学有效的三种主要教学方法，即故事讲述法、主题活动探究法和框架式学习记录法。

故事讲述法主要应用于历史人物和相关事件的探究；主题活动探究法主要应用于某个朝代或某个城市的整体探究；框架式学习记录法主要是对学习过程的即时记录，以框架图的形式呈现。

3. 形成了校本课程的学生管理考核模式

形成了"确定学生名单——课堂学习考勤——多样化作业考核——学习效果验收"的考核模式，确保了学生学习《历史大讲堂》校本课程的效果。

（二）提升了师生的综合素养

从教师的角度看，校本课程的开发与研究，促进了教师的进一步发展。教师通过搜集与整合资料、策划校本教材编排、实施有效教学、反思并完善课程开发等，形成了教学研一体的先进的教育教学理念，提升了教师的教材编写、课堂应用等能力，提高了教师的综合素养。

从学生的角度看，学生对历史进行了更深入的创新学习探索。自主查阅资料、小组分工合作和课堂汇报展示等，不但丰富了学生的历史知识，满足了好奇心和求知欲，也增强了学生的参与意识，提高了学习能力。通过校本课程的学习，学生感受物极必反、分久必合等历史规律；通过历史名人的事迹感知人物的高远志向、高尚的道德情操，懂得了人生磨难是成就事业的基石，从而促使学生以古鉴今，以思促进，并在学习和生活中逐渐形成积极进取、谦卑有礼、宽容大度和自信自强的良好品质，为学生终身发展打下坚实的基础。

（三）促进了教师的思考

课题研究促进了教师对以下两个问题的思考：一是主题活动探究能力是学生学习的基本能力，教师应该有意识地对学生进行培养。但是，教师在研究过程中发现，学生这方面的能力还不强，很多学生离开老师的帮助，很难独立完成一些基本的工作。这不仅仅是学生个人能力的问题，而是教育培养的方向问题。新一轮的课改非常重视学生的探究能力，所以教师应该了解一些培养学生探究能力的方式方法。二是学校课程缺少综合性，学生综合能力不强。学生的历史常识的积累和眼界的开阔不能仅仅靠学校历史教师去完成，对于一些历史常识性知识应该从小学就开始普及。课改后，对学生的实践要求越来越高，学校可考虑开设一些以主题活动为主的、融各学科内容于一体的综合性课程，以此提升学生参与各种实践活动的能力，满足学生的实践需求，同时开阔学生眼界，丰富学生的各学科知识。

在农村小学生整理道德与法治网络资料时使用学习卡片的实践研究

九台区其塔木中心小学　王秋月

一、课题概况

（一）研究目标

1. 通过本课题的研究，设计能够引导学生高效搜集网络资料的学习卡片。

2. 在研究过程中，提升教师的科研能力和教育教学创新能力。

3. 以课题研究带动学生学习方式的改进，引导学生利用学习卡片对信息进行整理，进行高效的体验式学习，实现自主学习与合作学习相结合。

4. 利用创新型学习卡片激发学生的学习兴趣，培养学生搜集、处理信息的能力，关注学生素养的达成。

（二）研究依据

在开展小课题研究之前，对小课题研究的方式方法进行了深入学习，明确了小课题研究要立足"小"字，选择自己在教育教学工作中出现的问题作为研究课题，并遵循真实和有价值两个标准。

1. 真实

研究中，以"问题就是课题，反思就是研究"为指导思想，以解决教育教学中的细微问题为出发点。在当今时代，培养学生的信息搜集、整理和应用能力显得尤为重要。

目前，农村学生家中网络普及率也很高，获得资料的途径比较多，但部分农村学生的认知面稍窄，大部分学生只是在网络上找到相关信息后，长篇大论且没有主次重点地抄写下来，以满足教师检查的需要，没有对网络资料进行筛选和整理的能力，导致在后续教学中进行资料的交流汇报时会浪费大量的课堂时间。课堂上，学生只是机械地读出课前抄写的大篇幅资料，且因为对自己抄写的资料缺乏印象而不能做到流利朗读，其他学习小组学生的专注力也无法集中，进而导致学生的学习能力没有得到良好的提升。

如何才能使学生具有处理信息的能力呢？如何才能让农村小学生在搜集、处理网络信息的过程中真正地体验到网络真正的"利"呢？为此，我尝试通过小课题的研究分析学生在搜集、整理网络资料时存在问题的原因，并力求提出切实有效的解决策略。

2. 有价值

小课题的研究要对自身的教育教学有实际的意义，能够促进自身教育教学能力的提高。

小学道德与法治的教学方式一直在推陈出新，学生搜集网络资料时存在的问题是老问题，所以教师要积极尝试以新的方式解决问题。

通过日常教学实践和反思，我认识到新型的教育方式应是引导学生掌握学习方法，促进学生学习方式的转变。所以，我在教学过程中改变了传统教学模式，让学生通过学习搜集、整理学习卡片。学习卡片具有直观性，能引起学生的学习兴趣。它多用于课堂教学活动中。本课题把研究重点放在了学习卡片在预习环节的应用上，且应用具有一定的主题性。某些主题教学需要学生在课前大量查阅网络资料，而学习卡片可以引导学生按照小主题和问题串进行网络资料的搜集、整理和运用。目标指向首先是在完成学习卡片的过程中能够体验整合网络资料的自主学习方式，其次是能够利用学习卡片清晰地表述自己的学习结果。这一方法可以长期应用于教育教学中，并根据不同的教育主题进行修改，真正引导学生体验自主学习与合作学习的过程，提高学生的学科核心素养，引导学生成为全面发展的人。

小学道德与法治作为大中小学思政课一体化过程中的第一级台阶，肩负着至关重要的责任，所以在学科学习方法上的转变能和初中的学科教学进行有效衔接，促进大中小学思政一体化建设。

二、研究过程

（一）研究初期

1. 明确目的

研究初期，认真学习市、区和学校关于小课题研究的实施方案，明确了进行小课题研究的根本目的，即：开展真教研，发表真见解，解决真问题，改进真教学。

小课题研究是教师从自身教育实际出发，针对教育教学中学生存在的问题确定研究方向。

2. 培训学习

小课题研究负责人作为长春市学科骨干教师，有各种参加学科培训的机会，有关于学科教育科研的，有关于互联网+时代教学理念变革的，有关于特色学科教学方法创新的……每次培训学习都认真参加，并及时将学习到的先进教育理念、教学方法带回到校内，与学科组教师共同进步。

3. 形成课题

在选题过程中，经历了困惑、提出问题、形成课题三个阶段。

首先，明确自己在教学实践中的疑惑，即农村学生为什么网络资料搜集能力较弱等。其次，思考原因，提出要研究的问题，即如何提高农村学生搜集、整理网络资料的能力。最后，分析这一教学问题研究的背景和现状，查找资料，把小问题转化为小课题，确定小课题研究方向为网络资料的高效整理，确定小课题题目为"在农村小学生整理道德与法治网络资料时使用学习卡片的实践研究"。

4. 初步实施

确定小课题研究方案，明确主要研究对象为五六年级学生，初步结合课例设计学习卡片。搜集学习卡片，分析存在的问题，即学习卡片的问题设计过于笼统，学习任务不够明确，导致学生的积极性不高。对问题进行反思，归因为教师还是没有站在学生如何学的角度去思考问题。最后，根据初期研究情况，制订下一步研究计划。

（二）研究中期

1. 确定形式

经过对初期研究的进一步思考，确定学习卡片的基本形式为任务栏式，把过于笼统的问题加工成便于学生进行任务分工的问题串，把问题及注意事项分别放置于任务栏中，使学生可以根据任务栏提示进行网络资料的搜集。

2. 完善设计

道德与法治课的许多教学主题需要学生运用学习卡片进行网络资料的搜集，所以教师在课题研究中应不断完善学习卡片的设计，以适应不同学段、不同教育主题。

3. 关注行动

在反复实践的基础上，研究典型课例并进行课例展示，采取现场诊断的方式进行分析，及时反思。同时，形成课例材料，包括教学实录、教学案例、教学反思等。最后，在课题组内、校本教研和区培训会议中分享研究经验，在交流中不断改进小课题研究方法，形成小课题研究中期反思材料。

4. 线上开发

关注对线上学习卡片的开发，在直播课前投入使用，学生可以通过扫描二维码进行网络资源的整理与运用。使用前，教师需对学习卡片如何使用进行指导，避免学生在无人引导的情况下不能很好地使用学习卡片。线上学习卡片的使用效果较好，学生体验感良好，有利于学生进行自主学习。教师把线上和线下学习卡片的研究进行有机整合，研究中期学习卡片的设计已经兼具素养性、趣味性和网络化。

（三）研究后期

1. 成果助力

持续立足校本教材，关注已立项的"十三五"规划课题研究，并把总体研究与小课题研究充分结合。选择课题研究中的典型课例参与市区展示或比赛，寻找城乡差异，倾听不同的声音，研究更适合农村学生的学习方法。最后，撰写小课题研究论文。

2. 效果总结

根据小课题前、中、后期研究情况，总结过程性研究资料，形成小课题研究阶段性总结，在备课交流会上做经验汇报。同时，在大中小学思政一体化建设中学习初中、高中、大学的研究方式，力求在小课题研究能够与初中学段有效衔接。

三、研究的成果与效果

（一）成果方面

1. 参与吉林省教育学会教育科研规划课题《农村小学合理利用网络教学资源的研究》，已结题。本小课题是基于这一省规划课题进行的深入研究。

2. 撰写论文《小学道德与法治体验式教学初探》，发表于《文渊》。

这一论文形成于小课题研究初期，是发现问题阶段的探索。

3. 中期研究课例《辽阔的国土（第1课时）》为全区小学道德与法治教学精英展示课，获长春市第二届中小学思政课教师"精彩一课"教学比赛小学组一等奖，获吉林省第二届中小学思政教师"精彩一课"教学比赛二等奖；续研课例《辽阔的国土（第2课时）》为全区小学道德与法治名师工作室活动展示课；后期研究课例《科技让梦想成真》为长春市小学线上教学主题研讨暨"城乡教研一体化"送培活动展示课。课例获奖及展示说明了这一小课题研究有成效，为后续研究提供了动力。

4. 小课题研究负责人代表长春市小学道德与法治教师在吉林省思政课大中小学一体化建设集体备课会议上发言，在学科学段特征阐述中重点交流了我市学习卡片在整合历史主题网络资料时的创新应用。

5. 撰写论文《基于童性 开放课堂——道德与法治学科资源整合路径的探索》。这一论文成果形成于小课题研究后期，全方位总结并深化了小课题研究成果。

（二）效果方面

1. 小课题研究融入了日常教学

通过一次次的反思、完善，研究人员自主增加学习时间及与同行们交流的时间，共同创新研究方法，及时把小课题研究成果纳入课堂。

研究后期，在"双减"背景下，优化了作为前置性作业的学习卡片。曾经的前置性作业都是笼统的，如"了解世人飞天梦的历程"，任务不明确，导致学生查找资源的盲目性。研究中，尝试在学习卡片中出示具体图示，把大问题具体成"飞天人物""飞天时间""飞天事件"任务栏，引导学生有条理地对网络资源进行筛选，丰富学生知识的同时提高学生自主学习的能力。

在应用过程中，学生根据卡片中的问题串有条理地进行网络资料的搜集、整理，大大提高了学习效率。学习卡片越来越受到学生的欢迎，得到了学生积极的反馈，增强了学科学习的趣味性。

2. 小课题研究促进了方法创新

在小课题研究过程中，教师在指导学生运用学习卡片进行有效的资料搜集、整理时，也会整理出许多适合教育教学的资源。研究组成员尝试将网络资源用学生感兴趣的学习方式进行扩展运用，提前将搜集到的文字、图片、视频等网络资源整理并制作成二维码，根据具体授课情况与学习卡片相结合，应用于课前、课中、课后，使学生可以通过扫码快速获取有价值的信息。通过小课题的研究，网络资源作为知识扩充，以与时俱进的新方式融入学生的学习生活，激发了学生的学习兴趣。

3. 小课题研究实现了资源共享

小课题研究发挥了校本教研的优势，以教研促教学，教师每次反思后更新学习卡片都会同时进行相关课例研究，并在本校进行学科示范课展示交流。这一研究不仅带动了我校道德与法治教师进行学科研究的积极性，也给其他相关学科教师带来了新的教学灵感，推进了学习卡片的多学科创新。同时，小课题研究项目主持人是九台区小学道德与法治名师工作室主持人，成型课例会在工作室内部先做推广学习；在全区学期初备课中多次分享本校学科集体备课方法，重点分享学习卡片的设计与应用。

小课题研究不仅在本校内部实现了资源共享，也实现了区域性资源共享。

四、下一步研究的问题

开展学科小课题研究的最终目的是使教师能更好地进行教学，而教学的对象是学生。在研究过程中发现，部分教师对学生的真实需求的了解还不够深入。另外，用学习卡片进行网络资料整理对留守儿童和学困生是否有难度？具体到某一课的学习卡片的使用是否需要教师的细致指导？诸如此类问题还需进一步探索。

在小课题研究后期，我们适当加入了问卷式学情分析，运用问卷的方式及时了解学生的真实需求，广泛关注不同学生群体，从学生的角度反观学习卡片的设计与使用指导，及时更新方式方法。

在下一步的研究中，我们要将核心素养的理念融入小课题研究，重点关注学生的素养培养，尤其关注学习卡片在网络资料整理后的运用，提高学生的体验感、获得感。

运用东北史料资源提高初中历史
教学效益的研究

净月高新技术产业开发区第一实验学校　袁绍萍

一、课题概况

（一）针对问题

本课题选题针对的是初中历史教学中出现的问题，即学生厌学、课堂教学效果低下、学生历史思维能力欠缺。通过课题研究，探讨如何激发学生学习积极性，践行课标要求，培育学科核心素养；探讨如何依托课程资源设置学习情境，设计教学问题。

《义务教育历史课程标准（2022年版）》强调，要立足学生核心素养发展，充分发挥历史课程的育人功能，要多方面开发与利用社会资源。在历史教学活动中，教师应积极开发利用社会资源。社会资源是校内课程的必要补充，包括物质资源，如历史遗址、博物馆及乡土历史文化资源等，让学生了解家乡，了解中华文化，将课堂知识与社会实际生活相联系，真实地感知历史，切实提高学生的核心素养。

本课题研究旨在引导学生了解家乡，热爱家乡，进而增强爱国主义情感，培养学生的家国情怀。

（二）解决问题

本课题属于史料教学法在初中历史课堂的具体应用。目前，把史料引入初中历史教学作为探究历史问题的载体，从而培养学生的历史探究能力和创新思维，已成为教育发达国家历史课程的显著特点。本课题研究旨在挖掘学生身边的史料资源，那就是东北地方史料资源，提高初中历史教学效果。同时，课题项目主持人也经常探访历史遗迹，到本市旧书市购买地方史书籍等，所以选择这个课题进行研究。

（三）课题"教学效益"的内涵

本课题研究要达成的教学效益主要体现在以下几个方面：

效益一，通过运用本地史料，激发学生参与学习的热情，调动学生的非智力因素，使其主动学习、乐于探究。

效益二，教师以东北史料为切入点设计教学活动，可提高学生析读史料的能力，加深对相关的主干知识的理解，提升历史解释能力，提升核心素养。

效益三，在教师指导下，使学生掌握搜集身边史料以及进行调查研究的方法。

效益四，增强史料实证意识，树立证据意识；评价历史事件或历史人物做到论从史出、史论结合。

（四）课题研究的现状

我国对史料教学进行正式研究始于 20 世纪 90 年代，以叶小兵教授发表论文《中学历史教学中史料教学的探讨》为标志。到目前为止，国内关于史料教学研究的学术论文有七十篇左右，分为介绍国外史料教学的经验成果，对史料教学的应用研究，对史料教学的功能、意义的研究，对史料教学的比较研究，等等。可见，史料教学日益受到重视，但是也存在缺乏系统全面研究的问题。

如何运用乡土教学资源提高初中历史课堂教学效益，此课题还有研究的空间，也是历史课程标准的内在要求。因此，课题组立足东北地区，挖掘与教材主干知识有关的历史课程资源，致力于提高初中历史课堂教学效益。

（五）课题研究的目标

1. 学生层面的目标

（1）开阔视野，掌握搜集家乡史料的方法，养成搜集史料、运用史料的意识。

（2）将家乡所在的地方史与中国史乃至世界史联系起来学习。

（3）提高运用史料提出问题、分析问题、解决问题的能力。

（4）培养历史思维能力。

2. 教师层面的目标

（1）搜集整理并运用东北历史资源，丰富教材内容。

（2）在教学过程中，运用东北历史资源设计教学活动，培养学生析读史料的能力，提高历史理解能力、历史解释能力，引导学生树立证据意识。

（3）在历史测试中，适度地运用东北史料命题，适应中考命题形势。

（4）通过积累与运用东北史料资源，提高学生的历史素养与专业化水平。

3. 历史课堂教学效果层面的目标

（1）适度地引入东北史料资源，触动学生的兴奋点，构建魅力课堂。

（2）增加历史课堂学习的愉悦性，促使学生主动探究。

（3）建立起历史与家乡的链接，唤醒学生已有的生活经验，拉近历史与现实的距离，极大地调动学生的参与意识。

（4）打造有思想、有情感的历史课堂。

（六）课题研究的主要内容

1. 在教学设计与教学过程中，研究如何根据教学内容搜集、整理相关的东北史料资源，运用多媒体课件呈现历史知识。同时，运用这些资源设计教学活动，引导学生积极参与学习活动，打造高效课堂。

2. 在课堂练习环节，适度引入东北史料资源，提高学生运用史料解决问题的能力。如，学习"九一八事变"，可以将沈阳"九一八"历史博物馆或长春南大营旧址陈列馆作为情境资料引入教学。

3. 在命题过程中，按一定的比重引入东北史料。如，学校的月考、期中测试、期末测试或模拟测试，均应涉及。

二、研究过程

本课题研究经历了以下三个阶段：

（一）第一阶段：2020 年 4 月至 2020 年 6 月，课题方案完善、课题组组建、初步研究阶段

首先，由课题项目主持人（净月一实验教师、净月区初中历史兼职教研员）选择积极向上、乐于从事教育科研、行动力强的历史教师组建课题组，通过探讨完善课题方案，明确研究目标与内容，制订课题研究计划，确定参研教师分工，探讨研究步骤与方法。

经课题组反复研究，在学生、教师和课堂教学效果三个层面确定课题目标。

此阶段的重要工作是挖掘资源，即搜集东北史料资源，开展课题研究。课题项目主持人经常在星期六早起去长春市西解放立交桥旧书市场选择、购买与东北史有关的书籍、图片等资料，编辑东北史料汇编，分为文

字材料、图片材料、视频材料等，与课题组教师分享。

（二）第二阶段：2020 年 7 月至 2021 年 6 月，深入具体研究阶段

结合教学实践及本校教研活动，开展深入具体的研究。另外，与净月区历史学科团队合作，致力于课程资源开发，开发远程培训课程，编辑东北史料资源汇编，并将搜集到的东北史料资源运用于教学实践中。

具体活动如下：

第一，参研教师开展课程资源调查。调查前撰写课程资源调查方案，参研教师利用周末或者假期，对本区课程资源进行调查，调查完成后，撰写课程资源调查报告，并将搜集到的图文资料进行整理，编辑成册。

第二，运用家乡课程资源，写教学设计，制作课件，开展课例研修，邀请东北师大教授和区教研中心专家进行指导，并通过课堂教学、校本课、社团活动等，将小课题研究加以落实。

在常规课堂教学过程中，在教学设计与教学过程环节，研究如何根据教学内容搜集、整理相关的东北史料资源，运用多媒体课件呈现历史。同时，运用这些资源设计教学活动，引导学生参与学习，打造高效课堂。

例如，学习辽、西夏与北宋的并立以及金与南宋的对峙时，出示农安辽塔的图片，引导学生分组讨论：辽是哪个少数民族建立的？建立者是谁？时间是哪年？农安辽塔是什么时候建的？岳飞的誓言实现了吗？南宋与金形成什么局面？借助问题帮助学生理清北宋与辽、南宋、金的关系。

在校本课教学中，开发与运用学生身边的课程资源，培养学生的家国情怀。如，探访净月遗迹，带领学生参观长春厅旧址，让学生通过文字、思维导图等形式，呈现参观的收获。

长春净月第一实验学校组建了学生学习团体"史学会"，参加者为对历史感兴趣的学生。在教师的带领下，学生们参观东北民族民俗博物馆，并写出观后感。

课例研修是进行课题研究的重要途径。如，举行运用东北史料资源进行专题复习的研讨课。课题项目主持人净月一实验历史教师、净月区初中历史兼职教研员袁绍萍老师执教了以运用长春历史遗迹为切入点的历史专题复习课《踏长春遗迹 学中国历史》。袁绍萍老师课前进行了说课，课后会议上进行了反思。关于教师如何培养学生对历史文物的亲近感，她写道："首先，尽可能运用教材展示的图片资料，尤其是文物的资料，引导学生提取有效信息，发现历史文物蕴含的价值。'三分看，七分听'，了解

了文物的价值，就会培养对文物的感情以及对学科的感情。其次，尽可能联系历史遗迹、遗址类资料，培养学生的史料实证意识，掌握搜集史料的方法；重构历史现场，注重引导学生在特定的历史时空感受历史事件发生的过程。最后，培养学生的历史想象力。历史文物是历史知识的呈现方式之一，是研究历史的第一手资料。在教学中，历史教师应该注重培养学生对文物的感情。"

本阶段的重点任务是运用资源，即搜集到的东北史料资源，进行教学活动设计、习题设计，并将其运用到课堂教学及命题实践中。

第三，总结课例研修活动，形成课题研究成果。

（三）第三阶段：2021 年 7 月至 2022 年 9 月，深入研究并总结推广阶段

本阶段重在深入研究，提炼小课题研究成果，进行整理总结并加以推广。课题项目主持人的论文《初中历史课程资源调查的实践与思索》在《赢未来》上发表，获得良好的反响。课题组开发的教师培训课程在长春市中小学教师继续教育远程平台播出，供长春市初中历史教师参考借鉴。

三、研究的成果与成效

课题研究在学生、教师和历史课堂教学效果三个层面基本达成了预期目标。

课题项目主持人袁绍萍老师发表了论文《初中历史课程资源调查的实践与思索》。文章阐述了作者在本区域进行初中历史课程资源调查方面的实践，阐述了由此带来的思索。在调查实践中，作者了解到有些村民不明白遗址为何物，了解到本区烈士墓迁到市烈士陵园，了解到隐藏于田野间的春秋战国时期遗址碑的位置，了解到农民对家庭联产承包责任制的认可。在调查过程中，作者对传统的教学方法进行了反思，对如何运用本区域课程资源开展教学活动进行了思索。

参研教师完成了运用东北史料资源的典型教学设计汇编。

参研教师完成了配套使用的课件。

参研教师进行课例研修，形成了体现集体智慧的教学课例汇编，如《踏长春古迹　学中国历史》《美丽乡村：土地政策的变迁（"三农"问题）专题复习课》等，对如何运用家乡史料资源设计教学活动进行了有益的探究。

课题组开发了《东北史料资源在初中历史教学中的有效运用》教师培训课程。

课题组开发了东北史料资源汇编之文字史料篇、图片史料篇、视频史料篇、地方史书籍篇，可以供初中历史教师选择运用。

四、存在的问题和改进措施

（一）存在的问题

未完全挖掘东北史料资源，尚有一些重大历史事件在东北留下了印记，有待进一步整理、挖掘。另外，实地探访的机会也需要增加。

（二）改进措施

1. 继续积累与筛选东北地域史料资源

应依托长春市旧书市的文献资源、团队的人力资源，全面占有资料，去粗取精、去伪存真地整理资料，汇编为东北史料资源集，包含视频、文字、图片三类，以便与其他教师分享。

2. 优化教学活动设计

根据学情，优化设计教学活动，进一步激发学生的参与热情。比如，学生喜欢情景参与式的活动，教师可组织学生为历史人物配音、进行课本剧表演等。又如，在学习改革开放内容时，可以发挥教师爱好文学、学生喜欢表演的特点，编排课本剧，反映农村、城市发生的变化。

3. 充分运用所在区域的场馆资源

本区域有丰富的场馆资源，如，坐落于长春市净月区的东北民族民俗博物馆，学生可以在这里了解东北古代及近现代民族民俗，从而鼓励学生主动探索与东北有关的历史事件，开阔视野，系统学习历史知识。

任务驱动教学法在中学历史教学中的实践研究

长春新区教育教学研究中心　董海侠

一、课题概况

（一）历史课堂教学中存在的问题

1. 偏重知识传授，忽视能力培养

部分历史教师仍拘泥于教材，课堂教学停留在只传授知识上，让学生死记硬背，没有注意培养学生的分析问题、解决问题能力，使学生完全被动地学习知识。

2. 偏重机械复述，缺乏深度与广度

教师未深度挖掘教材，不重视新课标的学习，未按照课程标准要求进行教学准备，或者出现超标的教学内容，教学内容有加多、加深、加厚现象。

3. 教学方法滞后，缺乏创新性

历史教师在课堂上一讲到底、"满堂灌"的现象仍然存在，学生在一成不变的课堂学习中，处于被动学习的状态。教师不能采取灵活多样的教学方法调动学生的学习积极性。

4. 课堂提问简单，缺乏启发性

有的历史老师注意与学生的互动，采取问答的方式，但问题普遍简单，没有思维含量，起不到思维训练的作用；或者问题设置晦涩难懂，超出学生的理解范围，课堂沉闷，造成很多学生游离于课堂之外。

5. 教学评价单一，缺乏激励性

课堂评价只评价知识，不评价人，不能激发学生的积极性；评价过于简单，无法激发学生的热情；单调、重复的语言和过多的掌声鼓励，造成学生审美疲劳；没有形成评价链，无法调动优秀学生的积极性。

（二）课题研究的意义

任务驱动是一种学习方法，符合学生的认知规律，可以使学生学习目标十分明确，使教与学的过程生动有趣。

任务驱动教学法主张将以往以传授知识为主的传统教学转变为以解决问题、完成任务为主的多维互动式的教学，使每一位学生都能在课堂上有不同程度的收获。

此课题的主要研究意义有：

1. 有助于改变教师的教学观

任务驱动教学法符合探究式教学模式，教师通过课题研究有助于改变自己陈旧的教学观念，在实践中提升专业素养；有助于教师全面把握课堂，构建以学生为中心的课堂，提高学生的核心素养。

2. 有助于改变学生的学习方式

中学生具有强烈的求知欲和探索精神，任务驱动教学法符合中学生的心理特点和认知规律。随着互联网发展，学生获取知识的途径越发多元，所以在任务的引领下，学生能够积极主动地建构知识，提升解决问题的能力，形成积极合作的意识。

3. 有助于提高历史课堂教学质量

任务驱动教学法有利于营造民主课堂氛围，为学生的思考、探索、发现和创新提供空间，有助于构建和谐的师生关系，有利于提高历史课堂的教学质量。

（三）课题研究的现状

1. 国外研究现状

20 世纪 70 年代的交际语言教学把能够培养学生交际能力的活动称为"任务"。从课堂教学的角度来看，任务需要与生活紧密联系，强调任务是在学生与学生、教师与学生之间的双向、多维度互动下完成的。英国语言学家威利斯提出了关于任务型学习的三个步骤，意味着任务驱动教学法从理论研究开始走向实践研究。

2. 国内研究现状

吴旭东教授提出了关于外语学习的任务难易度的确定原则，对任务型教学进行了研究。艾凤平老师基于建构主义教学理论对任务驱动教学模式进行了研究，将其分为五个阶段，即任务驱动、师生讨论、任务完成、效果评价、归纳汇总。黄牧航教授、张庆海教授在其著作中对任务驱动与历史学科核心素养的关联进行了阐述，详细解释了任务驱动的基本内涵。

国内目前研究现状主要特点可以概括为：研究者以一线教育工作者为主，基本达成共识，研究的学科多为理科以及语言学科。

（四）课题研究的理论依据

1. 建构主义学习理论

建构主义学习理论强调以探索问题来引导和维持学习者的学习兴趣和动机，学生的学习活动必须与任务或问题相结合，学生的学习不单是知识由外到内的转移和传递，更应该是学生主动建构自己的知识体系。

2. 人本主义学习理论

人本主义学习理论提倡将学生视为教育的中心，突出学生在教学活动中的地位，提倡给学生提供一个民主、平等的学习环境，让学生在一种轻松的氛围中获取知识。同时，注重对学生知识以外的社会经验和生活能力的培养。

3. 教育行动研究理论

从实际工作需要中寻找研究对象，在实际工作中进行实践研究，由工作者与研究者共同参与、共同完成，一切以实践为基础，使研究成果为工作者理解、掌握和应用，从而解决实际问题。

（五）课题研究目标

1. 通过实践研究，进一步认识任务驱动教学法在中学历史教学实践应用中的内涵与价值，转变教师的教学观以及教学方式，提高教师的专业化水平，提升教学质量。

2. 通过实践研究，探索、提炼任务驱动教学法的基本策略，为其他教师提供可借鉴的经验。

3. 通过实践研究，学生的自主学习能力增强，能够积极主动建构知识，提升了解决问题的能力，促进了学生的全面发展。

二、研究内容、方法及过程

（一）研究内容

1. 总结任务驱动教学法的典型特征

围绕教师角色、学生角色、任务设计等方面进行深入研究，明确任务驱动教学法的典型特征。研究如何更好地发挥教师的主导作用，研究如何更好地体现学生的主体地位，研究如何体现任务主线的核心地位，研究如何充分发挥媒介的作用。

2. 明确任务驱动教学法的实践模式

通过研究相关的理论，具体了解任务驱动教学法的内涵、基本原则、实施步骤、评价方式等，并结合历史学科的特点，提出任务驱动教学法在中学历史课堂中的实践模式。

（二）研究方法

1. 文献资料法

组织课题组成员查阅大量关于任务驱动教学法的论文，搜集、研究国内外有关的文献资料，对文献资料进行整理，形成比较成熟的经验，使课题研究的内涵和外延更丰富、更明确、更科学，确保课题研究的高起点与研究成果的高水平。

2. 调查问卷法

在课题实施的各阶段，采用问卷、测试等方法了解学生学习情况，了解课题实施效果，并根据调查结果及时调整研究方法。

3. 行动研究法

以课堂教学为突破口，师生双向协调，行动一致。

课题组成员每人认领任务，进行课堂教学设计，集体备课进行打磨，进行课堂实践，课后进行反思，再打磨，再上课。在循环反复中，提高课堂教学效果。

（三）研究过程

1. 理论学习，查阅文献

查阅与本课题有关的重要文献，查阅权威综述类文章，泛读摘要和相关论文，撰写文献综述，认真做好读书笔记，撰写读书心得。同时，结合理论学习，对所选课题做进一步的探究，对课题的核心概念、理论依据、研究内容等进行深入的研讨与调整，总结并完善课题研究和教学实施的基本框架。

2. 立足课堂，做好研究

开展有效的教与学的实践研究，使每一次的研讨活动都能以课堂为载体，并从教学设计、课堂实施、课堂评价等方面对任务驱动教学法进行深入研究，开展相关的集体备课、课堂观摩、同课异构、微课等多种形式的课例研讨活动。

3. 及时总结，成果汇编

及时做好课题研究资料的整理、存档等工作，针对存在的问题及时进行整改。做好研究结论总结、研究报告和论文的撰写和自检工作，汇编优秀论文、教育叙事、教学设计、教学反思、优秀课例等。

4. 开展交流，推介成果

积极开展课题研究成果交流与展示活动，对课题研究成果进行推广。在校、区层面进行课堂展示，组织经验分享等活动，并邀请专家对课题研究成果进行点评、指导。

三、研究的成果及效果

（一）研究的成果

在教学中，我根据历史学科的特点，遵循以任务为主线、以教师为主导、以学生为主体的原则，经过反复课堂实践，明确了在历史课堂教学中运用任务驱动教学法的几个重点，如下：

1. 创设情境，明确任务

创设真实的学习情境，将任务置于具体的情境之中，引导学生带着真实的任务进行学习，使学习更加直观和形象化。

如，在教学《西欧和日本经济的发展》一课时，教师设计了两个学习任务，分别是：

【任务一】我们班模拟组建两支经济考察团，分别奔赴西欧和日本，探究二战后其经济飞速发展的原因。请结合教材及互联网上的相关资料，参考下表完成经济考察报告。

表1 _____经济考察报告表

考察目的	
考察过程	
考察结果	
考察反思	

【任务二】请你比较二战后西欧和日本经济迅速发展原因的异同点，并进行比较，说说其中有哪些经验值得中国借鉴。

两个学习任务的设计，由浅入深，层层递进，按照循序渐进的原则逐步完成本节教学目标，使学生在循序渐进的任务解决中提高能力。

2. 自主探究，完成任务

教师向学生提供解决该问题的有关框架，如资源框架等，学生在教师的指导下进行自主学习，或针对疑难问题进行小组合作学习。

还以上例为例，通过阅读教材，学生能够找到西欧和日本经济发展的原因。通过小组内学生间的互相激励、共同探讨、情感交流、思想碰撞，学生的主体性得以体现，提高了学习效率。经过自主学习后，学生需要完成经济考察报告，小组内进行分工合作，各司其职，通过自主探究、合作交流，完成学习任务。教师引导学生完成学习任务，使其在讨论中相互补充，深化认知，完善知识结构，有效解决问题，进而顺利完成学习任务。

3. 共同交流，释疑解疑

学生对学习成果进行展示，分享自己的学习心得，并拓展迁移所学知识。同时，教师需给予适当提示与帮助，引导学生提问，找出问题突破点，结合所学知识与有关图片、文字资料等分析问题。举例如下：

问题探究：曾有媒体报道称，某年春节期间，有多达 45 万中国游客赴日消费，购物消费近 60 亿人民币。电饭煲等传统热门商品依然畅销，马桶盖成为购物热门。日本当地媒体称，马桶盖几乎处于断货状态，而这种马桶盖产地是中国杭州。对此，有网友调侃"一只马桶盖的日本自由行"。你怎么看待这个现象？

课堂上，学生纷纷发表自己的想法。通过问题的探究，学生认识到中国经济发展面临的问题，学会了用历史的、发展的眼光来认识和理解本国的国情。

4. 多元评价，总结提高

历史教师选择多元化的方式对学生的学习过程和学习结果进行评价，运用开放式的评价机制，激发学生的学习动力，完善学生的知识结构，提高学生的历史素养。

当完成任务后，教师引导学生进行自我评价或小组互评，相互指出优点和不足之处。然后，历史教师进行整体评价，有效总结。总之，教师要激发学生的潜能，提高课堂教学效率，进而提高教学质量。

（二）取得的效果

1. 激发了学生学习历史的兴趣

课堂以学生为主体，任务的设置激发了学生的好奇心和好胜心，使其能够主动参与课堂学习，在参与中思维得到锻炼。学生在任务完成中可加深对知识的理解，提高自主学习能力，体验成功的喜悦。

2. 提高了学生的自主学习能力

教师要充分发挥学生的学习主体性、自主性，在教学过程中不断地用任务来引导学生自学。学生自主学习能力增强了，学业成绩也有了明显的提高。

3. 培养了学生的创新精神

学生在完成任务的过程中会积极地去思考、探索，教师可以引导他们进行讨论、交流，并适当地予以点评，既可以调动学生的积极性，又可以培养他们的创新精神和合作意识。

4. 促进了教师的专业成长

在课题研究的过程中，首先，教师要转变教学观念，要树立生本教育理念。其次，教师对教材要有深入的研究，按照任务驱动教学法的设计要求，引导学生进行自主学习，引导学生运用分析、对比等方法突出重点和突破难点。实施任务驱动教学法的过程，实际是教师教学水平和业务能力提高的过程。

四、下一步的设想

本课题研究取得了一定的研究成果，但由于课题研究是一个以优化学习任务为切入点的提高教学有效性的微型研究，实践中的一些做法和研究中的一些思考还有待进一步检验。下一步，我将把重点放在把好任务设计关上，设计任务时要考虑知识点的含量、前后的联系等多方面的因素。同时，要进一步转换教师角色，使教师从单一的知识讲授者、灌输者转变为学生学习的设计者、引导者和合作者。

学生过程性评价流程与模式的研究

长春市第一实验小学　李霁虹

一、课题概况

随着新一轮教学改革的进行，以核心素养为导向，以自主、合作、探究为主要教学策略的教学模式得到了广泛推行。因此，传统的评价模式越来越不能跟上新课改前进的步伐。优化教学评价方式，培养学生的核心素养，促进学生成为全面发展的人已经迫在眉睫，势在必行。

（一）概念的界定

过程性评价是在教育、教学活动的实施过程中，为了解动态过程的效果，及时反馈信息，及时调节，使计划、方案不断完善，以便顺利达到预期的目的而进行的评价。

过程性评价是既注重过程又关注结果的评价，不是单纯地观察学生的表现。因此，应把学习过程、学习态度、学习效果有机整合起来进行评价。

（二）课题研究目标

本课题尝试从过程性评价的内涵、评价的目的和原则、评价的工具和方式、评价实施的过程等几个方面进行研究，以期找到适合我校综合学科的过程性评价的流程和模式。

二、研究过程

（一）课题准备阶段

1. 进行课题论证调研，分析校情、学情，查阅相关资料，确定研究的内容和范围，组建课题组，完成课题申报立项。

2. 撰写开题报告，组织召开课题开题报告会及主要研究成员会，明确人员分工及职责。

3. 建立课题研究工作档案，确定课题研究实施方案。

（二）课题研究阶段

1. 按课题计划开展行动研究，撰写阶段报告。

2. 定期进行经验交流，进行研究成果的完善与推广等。

3. 设计与完善学生过程性评价表。

（1）第一版：分类多样，记录详细，但过于繁杂，不易操作。见表1。

表1　过程性评价表

学号	姓名	材料准备	课堂发言	课堂练习	课堂表现	课堂讨论	课堂记录	其他表现	期末练习	综合评价	备注

（2）第二版：化繁为简，但有内容重复项。见表2。

表2　过程性评价表

学号	姓名	加分				负分		平时70%	期末30%	综合评价	备注
		发言	纪律	记录	作品	没带书	纪律				

（3）第三版：分设三个栏目，分别对应中国学生发展核心素养的三个方面，并与三维目标相对应。每个单元的成绩分别列出，可以反映学生的学习情况，让学生更好地调整自己的学习状态。但四个单元在一起，时间跨度大，学生如果保管不当，会出现丢失或损坏脏污情况，且缺少期末考试的成绩和学生学期等级评价的项目。见表3。

表3　过程性评价表

学号	姓名	表达与反思	态度与行为	实践与应用	第一单元	第二单元	第三单元	第四单元

（4）第四版：两种表格，方便学生记录与保存，分别为单元评价表和期末汇总表。见表4、表5。

表4　单元评价表

学号	姓名	表达与反思	态度与行为	实践与应用	第(　　)单元

表5　期末汇总表

学号	姓名	表达与反思	态度与行为	实践与应用	第一单元	第二单元	第三单元	第四单元	单元总分	期末成绩	评价等级

等级评定标准

①学期终评

平时成绩（单元总分）占70%，即70分为满分，平时成绩前5名者获得免试资格。

期末成绩（期末考试）占30%，即30分为满分。

平时成绩+期末考试成绩=期末总成绩

具体评定标准如表6。

表6　具体评定标准

等级	优秀	优	良	及格	不及格
分数	100分	85~99分	70~84分	60~69分	0~59分

②单元评价

将单元总分70分按所教学科每学期的单元数平均分，四舍五入，满分即为优秀。以一学期四个单元为例，见表7。

表7　学期单元评价标准表

等级	优秀	优	良	及格	不及格
分数	18分	15~17分	12~14分	10~11分	0~9分

（5）第五版：细分评价项目。为了让学生明白评价内容，故将前两项又分别划分为两个小项。见表8。

表8　单元评价表

学号	姓名	表达与反思		态度与行为		实践与应用	第( )
		课堂发言	课堂记录	课前准备	课堂纪律	作品与作业	单元

（6）第六版：改进在使用第五版评价表中发现的一些不够合理和不便于操作的地方。

①因为"表达与反思"一项中的"课堂记录"本就属于一种课堂实践活动，可以作为学生的课堂作业和课堂作品加以评价，所以对相关内容进行重新整合。见表9。

表9　单元评价表

学号	姓名	表达与反思	态度与行为		实践与应用	第( )
		发言与提问	课前准备	课堂纪律	作品与作业	单元

②期末汇总表不取消，因为每个单项分别列出，可以反映学生在学习过程中的强项和薄弱项；每个单元的成绩分别列出，可以反映学生的学习情况，可以让学生更好地调整自己的学习状态。主要改变是：增加"期末考试"一栏，原表中期末考试的成绩填在"期末成绩"栏中，但这样一来就没有了期末总成绩填写的位置，不方便进行最后的等级评定，所以增加"期末考试"一栏，填写期末考试成绩；原"期末成绩"一栏，填写平时成绩加期末考试的学期总成绩，这样就更加清楚了。见表10。

表10　期末汇总表

学号	姓名	表达与反思	态度与行为	实践与应用	第一单元	第二单元	第三单元	第四单元	平时成绩	期末考试	期末成绩	评价等级

（7）第七版：增加 excel 电子表格版。

从学校的检查反馈来看，我们的评价表在学生记录和保存时略显脏乱，需要提高整洁度；从我们需要计算的项目来看，有单元评价表中的单元总分，有期末汇总表中每个学生一学期不同考试的分数。这样通过大量的数据，我们才可以比较全面地看出学生个体的学习情况，还可以看出各个班级的整体学习情况，但是计算的量是非常大的。

所以，增加了 excel 电子表格版，这样将数据录入到电子表格中，既美观整洁，又方便计算。同时，保留 word 版，因为学生需要手工即时记录学习情况。

对于评价量表的应用，要结合实际情况创新性使用。在实践中，有的老师发现了一些问题。比如，同时教低年级和高年级的老师指出，高年级学生直接用表记录没问题，但对低年级学生来说，抽象的分数显然在他们心中还没法和激励联系起来，或者说是以单元为时间节点的小结对他们来说太过遥远与漫长。这样，评价的指导与激励的作用便弱了很多。针对低年级学生的特点，直观的、即时的评价更为有效，所以，我们将以往的发小红花或卡片的方式与学生过程性评价表相结合，并用不同颜色代表不同项目、不同分数，让他们既可以当时便得到鼓励与肯定，又可以攒起来，到单元总结时，再存到"分数银行"中。这样，给低年级学生一个过渡与理解的过程，让他们不仅能在当时就知道自己表现得如何，还有阶段性的累积大奖，让他们有努力的目标，还可养成妥善保管的好习惯，明白坚持不懈、积少成多的道理，培养初步的反思意识。

（三）课题总结阶段

1. 召开课题组总结会议，布置课题结题工作，撰写结题报告。

2. 搜集、汇总课题研究资料和成果。

三、研究的成效

1. 初步探索出综合学科学生过程性评价的流程与模式

（1）明确了过程性评价的内涵。

过程性评价应该将学习过程、学习态度、学习效果有机整合。

（2）确定了过程性评价的目的。

进行过程性评价是为了全面了解学生的学习状况，激发学生的学习热情，促进学生的全面发展。教师通过形式多样的全面评价获得多源反馈信息，从而深刻地、积极地改进教学，以促进师生共同发展。

对学生综合学科学习的评价，既要关注学生知识与技能的理解和掌握，又要关注学生情感、态度与价值观的培养；既要关注学生学习的结果，又要关注他们在探究过程中的知识积累；既要关注学生的个性差异，又要保护学生的自尊心和自信心，促进学生核心素养的形成。

（3）制定了过程性评价的原则。

①激励性原则：让学生体验进步与成功，从而产生进步的动力，使学生喜欢学习。

②发展性原则：以发展的眼光看待学生的成长，要承认学生有差异，允许学生在学习过程中犯错误。

③参与性原则：学生是学习的主体和评价的主体，所以教师鼓励学生积极主动地对自己的学习情况进行评价与反思。

④过程性评价为主的原则：从表达与反思、态度与行为、实践与应用等方面对学生进行评价。

⑤多种评价方式相结合的原则：

评价时间：及时评、阶段评、终评相结合。

评价方法：师评、生评、自评、组评相结合。

（4）设计了过程性评价的工具，构建了过程性评价的模式。

过程性评价的工具主要是评价量表，并以此为依据构建全面科学的学生过程性评价的模式。如表 11、表 12、表 13。

表 11　单元评价表

学号	姓名	表达与反思	态度与行为		实践与应用	第（　　）单元
		发言与提问	课前准备	课堂纪律	作品与作业	

表 12　期末汇总表

学号	姓名	表达与反思	态度与行为	实践与应用	第一单元	第二单元	第三单元	平时成绩	期末考试	期末成绩	评价等级
1	AXX	5	28	10	23	11	9	43	28.5	71.5	良
2	BXX	4	28	46	23	25	30	78	30	108	优秀
3	CXX	22	11	36	21	23	25	69	29	98	优
4	DXX	15	29	21	25	26	14	65	28	93	优

注：本表以三个单元为例。

表13　单元统计表

学号	姓名	表达与反思1	态度与行为1	实践与应用1	表达与反思2	态度与行为2	实践与应用2	表达与反思3	态度与行为3	实践与应用3
1	AXX	2	14	7	2	6	3	1	8	0
2	BXX	1	9	13	2	9	14	1	10	19
3	CXX	6	2	13	7	4	12	9	5	11
4	DXX	4	9	12	7	10	9	4	10	0

表11是单元评价表（或月评价表），分表达与反思（即发言与提问）、态度与行为（即课前准备和课堂纪律两个方面）以及实践与应用（即作品与作业）三项。

表12是期末汇总表，其中的汇总数据是由表11（单元评价表）平时记录的每个单元的分项数据统计而来。

①分项记录与统计。

分项记录与统计，便于分析学生学习情况，鼓励学生继续努力，保持优势，改进弱项，从而取得更好的成绩。

如表12中的AXX，他的评价等级是良，我们分析一下表2的分项成绩，可以发现AXX平时的态度与行为很好，但是表达与反思和实践与应用两项需要加强，说明AXX需要在下学期提高发言的数量与质量，教师要有意识地给予AXX更多表达的机会。同时，AXX还需按时保质上交作品或完成作业，教师可以在平时多关注和鼓励其更好地完成作业。BXX的评价等级是优秀，通过分析表2的分项成绩可以发现，BXX的态度与行为和实践与应用都很好，而表达与反思是他的弱项。从分项成绩中我们还可以看出，BXX的实践与应用一项高达46分，说明他虽然不善言谈，却心里有数，每一次的作业和作品完成质量都相当好，态度认真。那么，我们就应尊重学生的个性化差异，鼓励他勇于在人前表达自己的观点。这就是分项记录的好处。

②分单元记录与统计。

分单元记录与统计，便于分析学生的学习情况，鼓励学生持续努力，从而取得更好的成绩。如表12中，AXX第一单元成绩很好，只是后来成绩逐渐下滑，导致学期总评不佳；BXX却是一直在进步，最终取得优秀的成绩；而 CXX 一直比较努力，成绩稳中有升，所以期末终评为优；DXX 前两个单元成绩稳定，只是最后一个单元从表 13 中可以看出是没有完成作业，导致成绩略低，学期总评为优，若其一直保持，是能够取得优秀的。

（5）采用了过程性评价的流程。

在应用评价量表实施过程性评价的过程中，我们采取了及时评、阶段评和终评相结合的办法，全面动态地评价学生。

如图 1 所示：

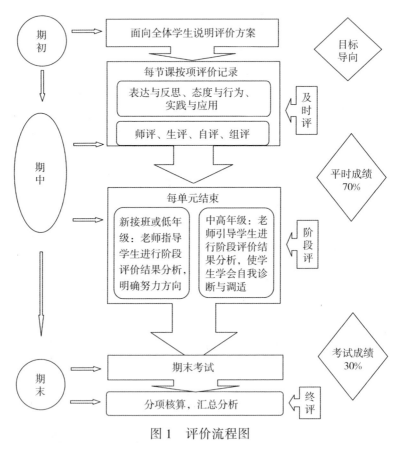

图 1　评价流程图

在期初的时候，面向全体学生说明评价方案，这体现了目标导向性原则，让学生明确自己如何做才能取得理想的成绩，要从哪些方面努力。然后，每节课按表达与反思、态度与行为、实践与应用这几项进行评价记录，同时采用师评、生评、自评、组评相结合的方式进行多元评价。这些评价主体在评价时也要有所侧重，如师评，不能简单说"好""棒"，或重复学生发言，而应具体指出好在哪里或改进的方向，以起到鼓励学生、引导学生的作用；生评，主要引导学生用欣赏的眼光发现别人的优点，也可以委婉表达自己的建议或意见；自评，重在引导学生反思自己的学习过程，发扬和保持优点，发现和改进不足；组评，重在引导学生关注团队合作的力量和发现合作成功的要素，促进学生合作学习能力的发展。

多元的评价方式可以使学生获得成就感，并在自评与他评中逐渐改进缺点与不足，实现个体与团队的和谐发展。

每单元结束时进行阶段评。新接班或低年级老师指导学生进行阶段评价结果分析，使学生明确努力的方向；中高年级的老师则引导学生进行阶段评价的结果分析，使学生学会自我诊断与调适。这部分是平时成绩，占70%。期末的时候，进行期末考试，成绩仅占30%，这样再通过分项核算、汇总分析，得出学期终评，使学生更注重平时的表现，更注重学习的过程，而不是只用一次考试来评定学习成果。

2. 学生过程性评价的研究促进了教师的专业发展

通过课题研究，老师们更新了评价理念，提升了科研水平，除了课题负责人李霁虹老师完成了课题组研究报告外，很多实验教师在研究过程中也撰写了论文并获奖。

杨娜老师的论文《品德与社会课堂中有效促进学生个性化学习能力的培养》和《如何在品德教学中进行"分组"的研究》在《核心素养发展与个性化教学综合改革行动研究》课题结题成果评选中获一等奖。

解铁东老师的论文《小学科学课堂上培养学生实验操作能力的研究》获全国基础教育课业改革实验优秀成果一等奖。

李霁虹老师的论文《我的"慢教育"理念探索与实践》和《在预设与生成的融合中焕发课堂的生命活力》在《核心素养发展与个性化教学综合改革行动研究》课题结题成果评选中分获一、二等奖。

李威老师的论文《小学美术教学要由"外"及"内"提升学生的核心素养》在《核心素养发展与个性化教学综合改革行动研究》课题结题成果评选中获一等奖。

因为更新了评价理念，所以教师的教学方式也有所改变。教师不再是"独裁者"，而是把学习的大块时间还给了学生：通过五种学习工具（学习任务卡、学习指南卡、学习评价卡、学习检测卡、学习资源卡）的使用和三种学习方式（个别学习、小组学习、集体学习）的优化组合，更多地给学生创造学习实践的机会，评价也由低效转为高效。

老师们基于新的教学方式和评价理念参加的各项教学展示或评比活动都取得了优异的成果，也收获了很多荣誉。

李霁虹老师撰写的品德与社会学科《生活中不能没有他们》单元行动研究方案在课题第三届发表会上发布。道德与法治学科单元方案设计在《核心素养发展与个性化教学综合改革行动研究》课题结题成果评选中获特等奖。

《认识人民币》一课的教学课例在《核心素养发展与个性化教学综合改革行动研究》课题结题成果评选中获特等奖。

很多老师还应邀在各级培训中举办讲座，进行经验推广。

李霁虹老师在长春市主导课题《核心素养发展与个性化教学综合改革行动研究》线上培训中，被聘为特邀专家，并进行了题为"道德与法治学科个性化教学中教师对学生的指导策略"的专题讲座。

王萍老师在此课题走基层培训中，被聘为特邀专家，并进行了题为"走进综合实践——如何进行单元开发及学习工具的使用"的专题讲座，并连续两年在长春市中小学（幼儿园）教师全员继续教育远程培训课程征集评选活动中被评为优秀指导教师。

李霁虹、姚微微老师在此课题结题评比中被评为课题研究先进个人。

解铁东老师在市教研室组织的长春地区小学科学教师培训会上做了题为"如何进行科学对比实验的操作初探"的专题讲座。

李霁虹老师在长春市秋季教材培训活动中做了题为"德法兼修，铸魂育人"的专题讲座。

3. 学生过程性评价的研究促进了学生的全面发展、个性发展和可持续发展

现在，学生的学习兴趣更浓了，信心更足了。他们的作品精彩纷呈，如思维导图、手抄报、历史年表、学习小手册、感谢卡、科技小制作等等；他们的课堂表现更加积极，参与度更高，在学科展示活动中充满了自信、自豪和收获的喜悦。另外，他们还能用科学的过程性评价方法客观评价自己和他人。

经过近三年的实践、反思、调整与改进，学生过程性评价表得以在学校综合学科学生评价中广泛推广和使用，并给其他学科的评价提供了参考借鉴的样本。过程性评价成为促进学生发展的有效方法。以核心素养为框

架的过程性评价表格的设计与应用，促进了学生成为全面发展的人。

四、研究设想

播种希望，收获喜悦。在行动研究中，我们不断收获一个个研究成果，也不断有新的问题产生，而这些问题就像一颗颗种子，给了我们新的研究生长点，促进我们不断改进与完善研究。

为更好地实现评价的作用，促进学生的发展，我们还将在以下方面继续研究：

1. 处理好过程性评价工作量大与综合学科教师任课班级多、精力有限的矛盾，探索优化过程性评价，使其既不流于形式，又不过多增加教师负担。

2. 将过程性评价与其他评价有机整合，使过程性评价中的质性评价与量化评价更加科学合理。

回首近三年的研究历程，我们在为取得的收获感到欣慰的同时，更深深地懂得学生评价是一项复杂的系统工程，我们将继续研究和探索，不忘初心，砥砺前行。

基于活动教学法的小学美术综合·探索学习领域单元课程开发

长春市第一实验小学　于京京

一、课题概况

（一）课题研究的背景

在我校，美术课堂老师上综合·探索学习领域的美术课很为难，一是因为这样的课程需要老师提前准备大量的资料和设计活动，学生也要提前搜集、准备资料，对比单纯的绘画和手工课程，综合·探索课程比较烦琐；二是因为现有的小学美术教材中综合·探索学习领域的课程安排较少，而且有一部分属于南方民间艺术内容，东北地区的孩子们没有接触过，很陌生，不利于激发学生的兴趣，影响了学生美术学习的效果。

为了解决这些问题进行了美术单元课程开发，为教师们提供简单易行和切实可行的综合·探索学习领域的活动方案，为学生设计喜闻乐见的主题单元活动课程。

小学美术根据美术学习活动方式可划分为四个领域，其中，针对综合·探索学习领域的教学，教师需要改变思维方式，寻找美术各门类、美术与其他学科、美术与现实社会之间的连接点，设计出丰富多彩并突出美术学科特点的综合·探索学习领域的课程。

美术课程标准提出，地方课程资源非常丰富，各地美术教研机构、研究人员和教师应努力做好开发工作，有组织地在当地进行调查、了解，分类整理，加以充分利用，积极编写校本课程与教材。

活动教学法是 20 世纪以来逐步受到肯定的引人注目的教学方法。皮亚杰是倡导者。他指出，教育的总目标是培养能够创新的人，即培养会创新、会发明、会发现的人。其所阐述的活动教学法也是针对实现教育总目标——培养创新人才提出来的。而创新人才正是我国目前积极倡导的素质教育和创新教育的根本目标。因此，在深化教育改革，全面推进素质教育和创新教育的新形势下，皮亚杰上述关于活动教学的见解对我国教育改革具有重要的借鉴意义。活动教学法体系成熟，其教育理念民主开放，活动形式多种多样。很多的课题研究表明，活动教学法能提高教学效果，激发学生对学习的兴趣，还能将生活教育融入教学当中，促进学生身心健康发展，实现培养学生美术核心素养的教育目的。

身为美术教师，我感到自己有责任吸收他们的经验，将好的教学方法应用于一实验小学美术的综合·探索学习领域课程的设计中，根据学生身心发展的程度和特点设计主题单元课程，让学生主动参与、主动学习，培养学生的美术核心素养，从而促进学生的全面发展。

（二）研究目标

本课题的提出就是根据小学美术新课程标准的要求展开研究，结合我校学生的实际情况开发适合的综合·探索学习领域的主题单元课程，并在全校推广使用。

（三）选题的意义

1. 顺应当代课程发展趋势，适应美术新课标要求

学科的综合性是当代课程发展的一个趋势。新课标提出，综合性学习是当代教育发展的一个新特点，是美术课程应该具有的特征，也是本次基础教育课程改革需要突破的一个难点。

美术课程特别设置了"综合·探索"这一新的学习领域，可见综合·探索学习领域的提出是时代发展的需要，在美术教育中地位极其重要，是整个美术学习活动的基础，为学生提供了美术学习领域之间、美术与其他学科、美术与社会等方面相结合的活动，旨在提高学生的综合实践能力和探究发现能力。

2. 可丰富我校综合·探索学习领域美术课程

在我校，美术老师很少上综合·探索学习领域的美术课，其中有很多原因。《基于活动教学法的小学美术综合·探索学习领域单元课程开发》课题研究，可以为老师提供切实可行的活动课程方案，丰富我校的综合·探索学习领域的美术课程，减轻美术教师的畏难情绪，便于老师今后开展综合·探索学习领域的美术教学。

课题研究中，教师设计新颖的单元活动课程，让学生喜欢上综合·探索学习领域的美术课，进而提高学生的美术核心素养。

3. 可使学生更好地进行综合·探索学习领域美术课程学习

当今社会需要综合型、复合型的高素质人才，综合性学习逐渐成为现代教育思想的重要特征。它是培养学生美术综合能力的有效途径，有利于青少年的全面发展。

开发综合·探索学习领域美术课程有利于提高学生学习美术的兴趣；有利于改变学生的学习方式；有利于培养学生的主动研讨和探索的能力；有利于学生开展跨学科学习，培养综合素养。

4. 可使教师适应时代发展要求，提高自身综合能力

综合·探索学习领域不仅仅能提高学生的综合素质，更对教师的综合能力提出了要求，要求教师不能只有美术学科知识，也要有相关的人文科学等知识。可见，美术教学不再是关起门来让学生动动画笔就能完成的了，而是应与其他学科相互结合，相互促进。

在美术课堂上，我们不能一味依赖教材，应该根据不同情况，结合教材，带领学生进行多元化、人性化的美术学习。

二、课题研究思路、方法与实施策略

（一）研究思路

在课程改革不断深入的新形势下，本课题研究思路如下：

一是研究的目的性，即我们的研究必须满足课标要求，通过综合·探索学习，使学生将所掌握的美术知识、技能和思维方式，与自然、社会、科技、人文相结合，进行综合探索与学习迁移，提升核心素养。

二是针对性，即我们的研究必须针对学校教育中存在的问题，开发出适合的校本综合·探索学习领域美术课程，为教师提供简单易行和切实可行的综合·探索学习领域的单元课程；为学生设计适合学生的、能够激发学生学习兴趣的综合·探索学习领域的美术课程。

（二）研究方法

1. 调查研究法

通过问卷调查，了解实验年级的学生的喜好，开发学生感兴趣的主题课程，设计学生喜欢的学习活动方式。

2. 比较研究法

通过相同学年、不同班级学生的美术课堂实践教学效果的对比研究，确定更加合理的主题单元课程活动模式。

3. 理论研究法

阅读有关活动教学法、主题单元活动课程、小学美术综合探索领域的书籍，丰富研究的理论支撑，让小学美术综合·探索学习领域的主题活动课程的开发更有据可循。

4. 实验研究法

将开发的主题单元活动课程应用于美术课堂的教学，开展实验教学研究，在课堂上观察学生的学习情况，不断总结经验，及时调整主题单元活动课程的设计。

（三）实施策略

1. 开展问卷调查

在 5 年级和 6 年级发放调查问卷，了解小学高年段学生对中华传统文化的了解程度。

2. 设计单元课程

购买有关书籍，上网查询相关的资料，为综合·探索单元课程的设计搜集素材，通过文献研究法提高对教师传统文化的了解；分析 5 年级和 6 年级学生的年龄特点，开发适合学生的综合·探索学习领域美术主题课程。重视以学生为主体进行研讨，目的是引导学生积极探索美术与其他学科、美术与社会生活相结合的方法，开展跨学科学习。

教师应培养学生的综合运用各种知识解决现实问题的能力，在这一过程中使学生开阔视野并思考解决问题的方法。初步设计出适合 5 年级和 6 年级的《中华传统美食》和《中华传统节日》两个单元课程。

3. 进行课堂实践研究

将设计的《中华传统美食》和《中华传统节日》两个单元课程应用于美术课堂。在课堂上采用观察法，通过学生在课堂上的表现，对学生的动手操作能力、学生的参与热情度、学生的创造能力等进行观察，分析课程设计的合理性，不断调整课程内容。

4. 进行课堂对比实验研究

在活动教学理论的指导下，克服传统教学中单一的采用抽象的符号形式学习的弊端，设计丰富多彩的美术课堂活动，充分调动学生的多种感官和学习兴趣，把感知学习和实践操作融合在一起。

在同一学年、不同班级，相同的教学内容，教师采取不同的教学形式进行对比实验研究，总结出学生喜欢的且适合 5 年级和 6 年级学生年龄特点的单元课程的教学方法，形成教学模式。

5. 整理总结

在课题研究的过程中不断地总结经验和不足，不断地改进课程内容和教学方法，在结题阶段形成经验论文和校本课程设计。

三、课题的成果和效果

（一）成果

1. 开发了适合 5 年级和 6 年级学生学习的《中华传统美食》《中华传统节日》两个综合·探索学习领域校本单元课程。每个单元课程为 9 课时，共 18 课时。

2. 确定了综合·探索学习领域校本单元课程的活动模式，即发放调查问卷—确立大主题—绘制联想网络图—划分小主题研究小组—查阅资料并整理海报内容—小组合作绘制小主题海报—小组汇报小主题研究结果—总结评比颁奖。

3. 在小课题研究过程中，通过不断的实践、反思、总结、再实践，形成了很多过程性材料，如论文、教育叙事、教学总结、教学课例、学习笔记和学生作品等。

论文《活动教学法在小学美术课堂中的应用策略研究》发表在《教育学》上。本论文为美术教师在课堂中应用活动教学法进行课堂教学，从活动课程设计、美术活动课程准备、美术活动课程实施、活动课堂中出现问题如何解决和改进等方面提供了方法和依据。

4. 成功举办了多次学生作品汇报展览。在课题研究过程中，多次在学校的三楼作品展览区、五楼宣传板和一楼正厅的十块大展板上展出学生作品。学生们的作品美化了校园，丰富了学校的校园文化建设。

（二）效果

1. 活动教学法提高了教学效果，培养了学生美术核心素养

活动教学法体系成熟，教育理念民主开放，活动形式多种多样。课题研究表明，活动教学法能提高教学效果，激发学生对学习的兴趣，还能将生活教育融入教学当中，促进学生身心健康发展，实现培养学生美术核心素养的教育目的。

利用活动教学法开发的生动有趣的适合不同年龄学生的综合·探索美术校本单元活动课程，提高了学生对综合·探索学习领域美术课程的学习

热情，激发了学生的学习动力。

通过设计形式多样的活动，如探讨、体验、交流等活动，学生在不知不觉中由以前学习的"客体"转化为"主体"，大大地提高了学生学习的主观能动性。

通过综合·探索学习领域校本单元课程的学习，学生在探究活动中不断发现问题、分析问题、解决问题，学生的主动研究和探索的能力得到了提高，在动手动脑合作解决问题的过程中培养了学生的美术创新意识。

开展跨学科学习有利于培养学生的综合素养。综合·探索学习领域的校本课程开发，就是探索开发美术与音乐、科学、语文、自然、体育、数学、劳动等学科相结合的美术综合学习活动的课程，有利于学生进行跨学科的艺术学习，可以加深学生对各学科的理解，并有助于形成对普遍规律的认识，提高实践能力。

2. 教师综合能力得到了提高

（1）转变了教师的教育观念。随着我国教育改革的开展，教师的教育观念要适应时代发展的需要不断更新。美术教师要对当代的美术教育有更新的理解，美术教育除了以往的美育作用外，还有智力教育、技术训练和创造性培养等作用。教师的课堂角色也开始发生变化，从单纯注重知识传授转为关注学生的学习方式、学习愿望和学习能力的培养。所有这些都要求教师的教育理念要及时更新和转变。

（2）提高了教师理解教材、运用教材的能力。开发校本教材不是对已有教材的彻底否定，而是要结合现有教材进行大胆的合理的创新。教师要理解教材编排的用意，要灵活运用教材，在合理应用教材的基础上进行改编。教师应结合本地特色因地制宜，挖掘当地的文化艺术资源，让学生感受到美术活动的乐趣。

（3）促进了教师不断学习，在教育理论和教学能力上不断进步。美术综合·探索课程对教师提出了更高的要求，要求教师要有渊博的知识、深厚的文化底蕴，还需要教师在课前搜集整理相关的资料，在课堂上对学生进行适时的点拨和指导，并在教学模式上运用多种媒介、方法、形式，而这些要求无疑对教师提出了挑战。教师要不断学习来充实自己，提高专业能力和教育教学能力。

（4）提高了教师组织活动和引导活动的能力。首先，教师要确定活动的计划，包括活动内容、时间、开展的场所等，既要有周密的安排又要有灵活的运用，还要预见各种可能发生的情况，保证学生活动的安全性；其次，要针对学生的特点创造性地发挥教师的主导作用，随时观察学生的注意力、兴趣点和学习积极性的变化。在课题的实践研究中，教师的组织和引导活动的能力得到了提高。

（5）有利于今后美术教师更好地进行综合·探索学习领域的教学。有了校本课程，美术教师上美术综合·探索学习领域的美术课就有了抓手，无论是课程的内容还是课程的活动设计，校本课程都会给教师以指导性的意见和具体的操作指南。

四、存在的问题与下一步设想

（一）存在的问题

我校美术学科一直以来没有综合·探索学习领域的校本课程，这次课题研究填补了学校的这一空白，使我校美术教师在上综合·探索学习领域美术课时，能有丰富的教学内容和形式多样的美术单元活动课程可以借鉴。但是，在课题研究中也发现了一些问题，如教师的课堂调整有时候不够及时、对学生的评价形式较少等。

（二）下一步设想

在下一步研究中要在以下两个方面进行探索：

1. 巡视活动过程，预设几个方案，并根据实际情况及时做出调整

在美术活动过程中，教师要做到全程巡视，观察学生的学习效果，并根据实际情况做出及时的调整，包括时间的调整、活动形式的调整、教学进度的调整等等。

2. 记录活动过程，了解学生表现，完善过程性评价

除了将作品和小组汇报作为评价依据之外，教师还应多设几个评价点，如认真完成作品、带工具情况、团队合作能力等。教师在美术活动教学过程中要简单记录活动的过程，对每个小组和个人的活动情况给予及时的反馈，实现评价形式的多样化。学生一点一滴的进步都能被教师发现和得到表扬，可激发学生学习美术的积极性，可让学生发现自己的不足，不断改进，不断提高学习能力，进而促进学生全面发展。

开发小学科学趣味作业的实践研究

朝阳区明德小学　单丽君

一、课题概况

（一）研究目标

1. 培养有新理念的创新型科学教师

更新教育观念，重新审视学科的教育功能与价值，注重培养学生形成完整的知识体系，引导学生在活动中建构知识体系，促进学生全面发展。

2. 培养会学习、会合作、会交流的新时代少年

鼓励学生敢于质疑，让学生在教学活动、科学实验、课外学习中得到成功体验与创新思维的发展，在多姿多彩的课内外活动中得到创新能力的有效提高。

创新开发趣味课外作业的目的在于培养学生的创新精神和实践能力，培养终身学习的能力，使学生具有积极的学习态度，具有通过搜集、处理信息来获取新知识的能力，具有分析解决问题的能力以及交流与合作的能力，最终学会学习，不断提升自身能力。

3. 形成学校、老师、家长和社会力量合力，为学生提供帮助

形成学校、老师、家长和社会力量合力，在学习方式、思维方式、解决问题的实际能力方面为学生提供关键性帮助。教师应让课外作业成为学生、家长喜欢的学习形式，达到教育的真正目的：通过探索培养学生的学习兴趣，提高学生解决问题的综合能力。

（二）针对的问题

《义务教育科学课程标准（2022 年版）》提出："义务教育科学课程是一门体现科学本质的综合性基础课程，具有实践性。科学课程有助于学生保持对自然现象的好奇心，从亲近自然走向亲近科学，初步从整体上认识自然世界，理解科学、技术、社会与环境的关系，发展基本的科学能

力，形成基本的科学态度和社会责任感，逐步树立正确的世界观、人生观和价值观，为今后学习、生活以及终身发展奠定良好的基础；有助于提高全民科学素质，促进经济社会发展和科技强国建设。"

这就明确了科学教学的课堂不仅仅局限在学校的教室，教师要利用小学科学趣味作业为学生打造一个开放式的学习环境，这里有丰富的知识、可开发利用的生活资源。现在，部分学生重视语数外，轻视科学学科的学习，甚至对科学作业视而不见或应付了事；有的教师只注重留作业，却忽视作业反馈，使学生缺少体验激励和成功的获得感，削弱了学生对科学学科学习的热情。科学教师要更新教育观念，设计多种形式，创新开发富有趣味性的课外作业，细心指导，使学生积极参与学习活动，培养学生的综合素质；将科学作业趣味化，让学生带着兴趣，从课内走向课外，从课堂上知识的学习，走向课外知识的拓展与实际应用。

（三）有关概念

1. 作业

作业是为完成学习任务由学生独立完成的学习活动，包括课内、课外两种。课外作业是课堂学习的继续，常用来巩固、消化、理解或迁移课上已学过的知识，是课堂教学内容的巩固、深化、拓展和延伸，反映学生的学习过程以及学习状态，是检测学生学到多少知识的重要方式，是教师教学工作的重要组成部分。

作业的形式应该是多样化的，不只是课堂知识的简单重复，而是一种思维的训练与提升，能有效发展学生智力、技能和情感，有利于提高学生的综合素质。

2. 小学科学趣味作业

小学科学趣味作业是教师从学生兴趣、需求出发精心设计的科学作业，是科学课内学习的复习与巩固，也是培养学生综合能力的有效方法。

3. 科学素养

科学素养是指了解必要的科学技术知识及其对社会与个人的影响，知道基本的科学方法，认识科学本质，树立科学思想，崇尚科学精神，并具备一定的运用它们处理实际问题的能力。

二、研究内容、方法、过程及实施策略

（一）研究内容

研究趣味作业开发的类型。根据内容，趣味作业可以分为不同类型，

如科普阅读类作业、科学探究类作业、科学观察类作业、科学制作类作业、科学考察类作业、科学饲养与种植类作业。

多元的作业类型可以挖掘学生潜能，培养学生的综合能力和合作精神，把兴趣、知识和生活融为一体，以活动、实验、竞赛等形式，多角度、多层次、有计划地发展学生智力，更好地促进学生创新精神和实践能力的发展，有效培养学生的创新能力。

教师应以创新趣味课外作业为途径，以多元评价为依据，以立德树人为目标，促进学生全面发展。

（二）研究方法

1. 文献研究法

了解国内外小学科学课程内容及课业实施情况，为本研究提供具有可行性的科学参考。

2. 行动研究法

设计有趣的课业内容，观察并分析学生的完成情况，通过反思与经验总结，进行科学趣味课业资源的积累。

（三）研究过程

1. 准备阶段（2021 年 3 月）

组建课题研究小组，撰写课题立项申报表，撰写课题研究方案，制订课题研究计划，申报课题，整理开题报告，细化研究内容与方向。

2. 实施阶段（2021 年 4 月—2022 年 3 月）

（1）研究创新开发趣味课外作业的方式：在小学科学教学中，教师可结合教学内容，每教完一个单元开展一次小制作、小发明等科学实践活动，通过这些实践活动培养学生的创新能力。例如，每一个学习小组制定一个制作主题，利用手中的材料制作一件作品。由于课堂上时间有限，这一任务可以让学生课后完成。由于时间灵活，学生在课外还可以很方便地利用其他需要的各种材料，可以创作出各种作品，充分发挥学生的创造性，培养学生的创造能力。

学生学习科学的正确方法就是进行再创造，也就是由学生本人自己去发现或创造出来。教师要特别重视学生的参与学习，即充分展示知识的发生、发展过程，把静态的知识结论转化为动态的探索，让学生在探索未知领域的过程中受到训练，培养其探索精神。

（2）研究个人和团体的合作探究学习模式：研究教师和学生、学生和学生或者是学生和教师之间的互动教学模式，让学生通过和教师、家长及学生间的沟通，解决在科学课堂上遇到的各种问题，或者是让他们以团队的形式去学习，为了解决问题一起去思考、研究、搜集材料、实验论证等。这种团队学习模式可以让学生学会协作，理解团队的含义，感受合作的力量。

（3）研究创新开发趣味课外作业的内容：有趣的课外活动也是培养学生创新意识的重要途径，可使学生在反复的运用和体会中，达到巩固知识、活跃思维、发展智力、培养特长、提高创新能力的目的。教师应重视基础知识的教学与拓展，应联系生活实际，开展自主创新性学习的实践活动，让学生在创新作业中实践；开展兴趣活动实践，定期组织创新作业展示会、小制作赛、手抄报比赛等活动。总之，教师应把学习的主动权还给学生，让学生自己设计活动方案，让孩子们通过搜集资料、整理材料、开展活动等，在活动中成长，在活动中培养学生的一技之长，在活动中发展学生的创新能力。

（4）研究创新开发趣味课外作业的科技活动：创新精神和实践能力是学生科学素养中最为重要的内容，而科技活动是培养学生创新精神和实践能力的重要抓手。因此，学校应依托科技馆、科技社团、科技节等，培养学生的科学素养。

（5）研究创新开发趣味课外作业的评价方式：教师不仅要关注学习结果，更要注重评价学生的参与程度、参与能力、创新能力等。教师应重视激励性评价，强调对过程的评价和在过程中的评价，重视学生的自评和互评。

3. 结题阶段（2022年4月—2022年5月）

（1）搜集、整理课题结题报告。

（2）撰写论文成果。

（3）整理案例集。

（四）实施策略

1. 创新活动方式

趣味课外作业的主题最好来自于日常生活，解决与学生生活密切相关的问题，这样才能有利于激发学生的学习动机，引起学生的兴趣，全身心地投入到学习活动中去。

学生通过老师课堂讲解的知识内容，在联系生活经验和自己感兴趣的问题后自觉产生想要探究的欲望，通过搜集资料、聚焦问题、动手操作实践等，达到知识的延伸拓展与完善。

学生完成学习活动的过程就是培养创新意识与提高创新能力、实践动手能力的过程，也是学生在学习互动中提高自主学习能力和协作学习能力的过程。

2. 创新课外活动内容

教师应重视基础知识的教学与拓展，开展具有趣味性且与学生经验相关的自主创新性学习的实践活动。例如，可以采用思维导图等知识可视化工具来帮助学生直观、形象地梳理学习内容。

3. 创新开展科技活动

教师应将竞技性的科技活动融入课外活动制作，增强学生的进取意识，如，可以组织学生参加学校科技节活动、科技馆比赛活动、省市科协科技比赛等，增强学生的竞争意识。

4. 创新评价方式

教师应把持续性多元评价贯串于实践、创新、分享的教学活动之中，引导学生通过个人和团体实践活动体会创新的成功和收获的喜悦。教师要激发学生的创作热情，并通过自评、互评和师评等方式对学生的创意进行评价。

三、研究成果与成效

（一）研究成果

1. 形成行动策略

提炼概括出能够解决问题，能够应用和推广的行动策略：把兴趣、知识和生活融为一体，开发趣味作业类型，探索小学科学趣味作业的实施策略。同时，要体现课内知识的延伸拓展、深化理解与实践，要创建个人研究和团体合作的学习模式，让学生在实践中解决问题，并重视基础知识的教学与拓展，将竞技性的科技活动融入课外活动制作。

2. 论文著作类成果

《小学科学学科趣味课后作业有效性的研究》《利用小学科学趣味作业培养学生的创新能力》，这两篇论文都是在开发科学趣味作业的基础上，根据教师的作业活动设计能力和学生在完成趣味作业的过程中所表现的各项能力的提升而撰写的研究性文章。

3. 教学类成果

完成了《小学科学主题趣味课外作业案例》，并在教师培训课程上与同行们进行了以"开发小学科学趣味作业的实践研究"为题的经验分享。

（二）研究成效

1. 教师的改变

教师能够更新教学理念，能用发展的眼光设计新颖的学生作业，关注学生学习主体地位的同时促进学生个性发展；能有耐心地关注学生点滴进步，注意激励学生不断突破自我、超越自我。教师在研究的同时做到教学相长，不断汲取新知，增强自己的业务能力，丰富知识，以更好地做好学生作业的细致指导。

2. 学生的改变

学生在"做"中学习，在学习中完善自我。通过创新趣味作业，打造出学、思、做兼有的学习路径，丰富的实践体验和合作交流让孩子得到更综合的发展。

3. 教学模式

形成大单元项目式学习模式，如《植物的生长变化》这一单元就以种植凤仙花为中心活动，单元趣味作业就是完成对凤仙花的观察研究；《船的研究》这一单元，单元趣味作业就是制作动力小船。

4. 活动模式

形成有计划、规律性的学习内容，开展每月一次的"金手指"科技小制作作品展，组织每季度一次的科技节活动、每月一次的年级科学竞赛活动，如创意搭建、纸桥称重等都为科学课拓展内容。

四、存在的问题及今后的设想

（一）存在的问题

通过本课题的研究，可以看出学生在完成书面作业、搜集资料等方面都能做得很好，参与率与完成率达到80%以上，但是动手能力方面就会差很多。一方面，学生可用的制作材料不够充分；另一方面，没有养成动手做的习惯。另外，学生的创造力需要加以培养和提升。

（二）今后的设想

1. 学生对趣味作业有极大的热情和期待，教师要多关注学生生活及现有知识体系，积极为学生打造系统的趣味作业体系。

2. 开展跨学科领域深入学习的融合式作业模式，在多元建构知识的基础上使学生对知识的理解更有深度，为学生提供展示的平台，让学生获得更好的发展。

小学校本课程《科学小实验》
的开发与实践研究

长春汽车经济技术开发区第二实验学校　裴南南

一、课题概况

（一）课题提出的背景

首先，进行关于校本课程开发的问卷调查及调查结果分析。

本次调查面向所有学生，调查内容包括：你的动手能力强吗？你的语言表达能力强吗？在科学课上，你能独立完整地做一项实验吗？你觉得科学课中的实验内容有趣吗？你之前了解过类似的与科学小实验有关的课程吗？你希望有机会与家人共同完成科学实验吗？你愿意利用家里常用的物品和废旧物品作为材料进行实验吗？你希望学校开设一门关于科学小实验的课程吗？你对科学小实验课的期望是什么？希望通过何种方式展示你在科学小实验课上的收获？

通过对本校小学部学生科学实验现状的调查、分析，了解到目前科学实验存在以下问题：

第一，小学生的动手操作能力及语言表达能力有待提高。低年级学生的科学表达能力低于动手操作能力，高年级学生的动手操作能力低于低年级学生，说明对学生科学能力的培养越早越好。

第二，大部分同学虽然对课内的实验感兴趣，但课堂时间有限，久而久之就只是机械地跟着老师做，缺乏探究欲望及过程，所以能力并没有得到提高。

第三，高、低年级均有30%左右的人不希望开设的科学小实验的课程内容与课内知识相关联。

第四，同学们特别希望开设实验类课程，并希望通过录制小视频的方式记录自己的学习成果。另外，家长们也希望课余时间有机会能够参与、记录孩子的科学学习过程。

第五，科学学科没有很好地整合家校资源。通过调查发现，90%的家长特别愿意利用家里常用的或者废旧的物品让学生进行实验，见证学生的成长。

其次，对本校教师进行访谈。

通过访谈发现，学生缺乏动手能力；学生对事物有好奇心，但是只是停留在好奇阶段，没有探索欲望和想法；中、高年段教材上的实验操作难度相对要大一些，受器材和时间限制，大班教学不能保证每个人都真正参与实验，一部分学生只是作为看客。

最后，对存在的问题进行反思，明确了科学实验要着重培养学生的科学思维能力、动手操作能力及语言表达能力，培养学生形成良好的科学品质。同时，教师在教学过程中要更加注重过程和方法。

（二）研究的意义

当今世界，技术创新不断涌现，科学技术的快速发展对每一位公民的科学素养都提出了新的要求。

实验教学可提高学生的动手实践能力和语言表达能力。通过具体实验，学生的好奇心会转到学习上来，所以应在实验中培养学生的科学思维能力、科学观察能力、动手实践能力及语言表达能力等。

科学小实验的知识性、趣味性、实践性都很强，能让学生体验实验的乐趣，不断提高学生学科学、用科学的能力，以适应终身学习和探索的需要。

开发校本课程是适应社会、经济发展的需要，可有效提高学生能力。

（三）课题研究的内容

笔者依托学校已有特色课程体系，开发隶属于我校校本课程体系下的笃学课程类的课程——《科学小实验》。该课程将复杂的科学知识以一个个小小的趣味实验的形式展现在学生面前，可以使学生对科学产生浓厚的兴趣，积极主动地进行实验观察与探究。学生在实验过程不断尝试、改进实验方法，发现问题，找到解决问题的答案。课程的实施可以培养学生的动手能力和语言表达能力，激发学生学习科学的兴趣，对生活中的事物形成科学的认识，形成尊重事实、乐于探究、与他人合作的态度，积累生活经验，增强社会责任感。

（四）课题研究的目标

研究的基本思路是基于学校特色课程体系，形成《科学小实验》校本课程。

1. 通过课题研究开发特色校本课程，提高学生能力。

2. 解决学生动手操作能力和语言表达能力不足的问题，培养学生的科学思维能力、科学观察能力及科学探究能力。

3. 整合家庭资源，形成亲子协作、家校合作的学习关系。

4. 使教师具备校本课程的开发与实施的能力。

5. 助推国家课程更加有效地开展，形成有借鉴价值和推广价值的特色课程，并在全校范围内开设该校本课程。

二、研究过程

（一）第一阶段

1. 进行符合学情的实验内容的选择研究（2019 年 5 月）

（1）相同实验原理、不同实验材料的实验的开发。

由于低年级学生科学知识储备有限，新知识的内化不会像高年级学生那样快速，而且即使是同一个实验原理的实验，采用的实验材料不一样，产生的实验结果往往也会不同，对孩子会产生不同的吸引力。所以，我根据学生的实际情况及教学需求，设计了多个相同原理、不同材料的实验，帮助学生进行知识的内化。

比如，讲水的表面张力的实验中，我们设计了以下几个实验：

①神奇的纱布：在矿泉水瓶中装入部分水，用纱布盖住瓶口并用皮筋套固定纱布，然后将水瓶倒立，观察水会不会从瓶口流出。

②会漂浮的针：用叉子或树叶将缝衣针或回形针轻轻放在水面，观察针会不会浮起来。

③没有溢出来的水：向一个装满水的杯子中加硬币，观察加多少硬币水会溢出来。

（2）相同实验材料、不同实验原理的实验的开发。

在教学实践中我们发现，相同的实验材料可以产生不同的实验效果，比如巧辨生熟鸡蛋和瓶子吞吐鸡蛋实验，让学生体会到了科学的神奇，也节省了学生准备材料的时间。

（3）实验材料贴近生活的实验的开发。

选择常见的实验材料进行实验，会让学生更有参与感，更容易吸引学生的注意，也可以让学生意识到，科学就在我们身边。

比如，分不开的气球的实验：将两个吹好的气球分别用细线系好，固定在同一根横杆上，用吹风机向两个气球的中间吹风，会发现两个气球向中间靠拢。

当然，既要有对课堂教学进行适当补充的内容，也要有知识拓展的内容。

比如，吹不大的气球：①准备 2~3 个相同的气球和 2~3 个相同的饮料瓶；②将一个气球放入饮料瓶内，气球嘴反扣在瓶口上；③用力吹气球，观察实验现象；④在饮料瓶上扎一个洞，再次用力吹气球，看看有什么发现。

这个实验可以作为课堂教学内容的补充拓展实验，以更好地培养学生的科学观念、科学思维。

2. 撰写课程纲要，开发校本课程（2019 年 6 月—2019 年 9 月）

根据学校特色课程思想的引领，依据《科学小实验》课程目标及实验内容，撰写课程纲要，包括课程名称、授课教师、年级学时、课程概述、课时目标、课程内容、活动安排、课程实施建议、课程资源、参考评价说明。课程纲要也是《科学小实验》课程的指导纲要。

（二）第二阶段

1. 实践探索（2019 年 9 月—2020 年 1 月）

实践探索阶段为期一个学期。

（1）在每周三的特色课程时间授课。每周五学生放学后，我会发布下周所需要的实验材料，由家长帮助学生共同准备。

（2）课上，对每个活动进行操作指引、科学原理阐述等。

（3）周五课程结束后，学生也可以利用课余时间，与家长共同回顾本周所学习的科学小实验，并录制成视频，发送到微信群内，老师及时对学生的作品进行评价，再进行课程实施有效性初评。

（4）撰写阶段总结，对课程实施过程中存在的问题进行整理、分析，并提出解决方案。

2. 课程推广（2020 年 2 月—2020 年 6 月）

课程推广阶段为期一个学期。

根据学生年龄特点及知识储备情况，分成两个年段进行科学小实验教学，1~3 年级为低年段，4~6 年级为高年段，每周设置两节校本课程，每两周进行一次总结。

三、研究成果

（一）提高了学生的科学素养

通过《科学小实验》课程实施及推广，学生的动手操作能力及语言表达能力有了极大的提高，从最开始的不会说、不敢说，到现在积极让家人帮忙录制完整的实验视频，学生的综合能力提高了。

（二）促进了教师的专业成长

通过课题研究，教师能够更充分地把握教材内容，合理安排《科学小实验》的课程内容，并利用基本功大赛等平台不断锤炼自己，为成为新时代专业发展型教师打下坚实基础。

（三）开发了科学学科的特色课程

开发了科学学科的特色课程。在课程教学中，学生上交的作品越来越优秀。现在，学生作品的优秀率基本上达到 100%。接下来，我将对课程进行全面细致的完善，提出进一步的修改意见，做得更加规范具体。

（四）形成了伙伴互助、亲子协作、家校合作的学习关系

科学小实验的趣味性和操作性都很强，不仅能吸引学生，家长也有意识地参与其中，与学生共同完成实验。

（五）积累了过程性材料

撰写了课程纲要、相关的论文、典型教学课例、课题研究综述等，搜集整理了学生的实验作品。现在，校本课程开发已成为教师日常工作的一部分。

用物理小故事激发学生学习兴趣的研究

九台区庆阳中心学校　马　迪

一、课题概况

（一）研究背景

一次，我的物理课是在午后的第一节，当时讲到了《功和能》这一小节。在做好充足的准备以后，我怀着满腔热情走进教室，却发现学生们都昏昏欲睡，课堂气氛十分沉闷。我很清楚，要想将课堂教学继续进行下去，就一定要调动学生的积极性。身为物理老师，我本人很喜欢看一些有意思的物理学家的传记，突然间想到了曾经看到过的能量的提出者物理学家焦耳的一小段故事，于是在讲知识之前，给孩子们讲述了焦耳出游时看到一处悬崖，带着同行者测量山顶和山脚处水的能量之差与悬崖高度的关系。我惊喜地发现，同学们对故事都非常感兴趣，就连一些平时不怎么爱学习的孩子也抬起头很认真地听。之后，我很自然地通过这个小故事引出来"做多少功，就有多少能量的转移"的课堂要点。不知不觉中，本节课的教学任务完成了，而且学生的兴趣非常浓厚，课堂气氛也活跃了起来。

（二）研究针对的问题

在日常教学中，我们是不是可以通过给学生讲一些有意思的物理学小故事来激发学生的学习兴趣呢？这些小故事对学生的思维方式、技能发展会不会有促进作用呢？带着这样的问题，我决定付诸实践，将其实际应用到课堂教学中，去探究这种新的教学方式能否对教育教学及学生的思维方式产生积极的影响，了解其对提高教学成绩能否有帮助。

（三）研究目标

1. 物理小故事的定义及特点。
2. 物理小故事在物理学科教学中的应用。
3. 物理小故事对学生学习兴趣的影响。

4. 物理小故事对学生成绩的影响。

（四）研究现状

现在的物理教学模式比较单一，多数还停留在书本内容的讲授上，这对于物理这门相对抽象、难懂的学科来讲是不利的。像我们农村学校，教学资源相对匮乏，学生由于受家庭环境等因素的影响，思维受限，这些都是我们在教学过程中需要克服的困难。

因此，引入新的教学模式，打破传统的枯燥乏味的教学方式，是我们青年教师必须面临的挑战。将物理小故事带入到课堂教学中来，就是一个很好的切入点。

二、课题研究设计、实施及实际案例

（一）研究设计

对平行班级开展对照教学。

我所任教的两个教学班起点成绩相当，我选择其中的八年三班作为这次研究的实验班，将新的教学观念融合进去，将八年四班作为对照班级，用于检验研究成果。通过一系列的方式方法，我将物理小故事渗入课堂教学中，使学生从被动接受到产生兴趣，从而主动去学习。

（二）研究实施

1. 将物理小故事作为课前导入

在实验班级，我将该课所涉及的物理学家背后的小故事作为这节课的导入，配合物理学家所推导出的公式的由来、以及定理定义被发现和总结时所处的社会环境和所需要完成的实验，将科学家这些复杂的经历用讲故事的形式讲出来，让学生仿佛置身于科学家当时所处的环境当中。这样做不仅能够使学生感同身受，还能使严肃的课堂变得活跃起来，大大提高了学生的积极性，学生学习起来更有兴趣。

学生们不仅完成了新知识的学习，更能通过科学家背后的故事了解他们经历过的困难，学习他们坚韧的品格。

2. 开展"课前五分钟"分享活动，让学生感受科学的魅力

在认识到物理学家人物传记可能会对学生学习产生正面影响后，我给学生安排了一项任务，即每周安排一名学生利用周末的时间查找物理学家的小故事，总结通过这个故事他都学习到了什么知识，每周一上课的前五分钟和大家分享。这样做可以让学生将被动接受转变成主动去掌握，使学

生养成查阅资料的好习惯。

（三）实际案例

1. 教师实际案例

我给学生讲过这样一个小故事，学生们听后的表现令我印象非常深刻。著名的物理学家居里夫人一生致力于研究放射性物质，在居里夫人发现具有抗癌作用的镭元素后，很多商人从中获得了巨大的利润，腰缠万贯。然而，记者采访居里夫人的时候问她当时最大的心愿是什么，她的回答居然是想要一克镭，方便她进一步研究。就是这样一位不图名利，将一切奉献给科研事业的伟大女性，最终还是不被命运眷顾，因为常接触放射性物质而患病，后因病与世长辞。

我在讲完这个故事之后同学们都很难过，我清楚地看到一个女生眼睛已经被泪水模糊，就连一些平常很调皮捣蛋的学生也低下了头。同学们都因居里夫人悲惨的人生结局而难过，但是更重要的是，他们真切地感受到了伟人坚韧的品格。

2. 学生实际案例

一名学生在"课前五分钟"活动中，曾经给同学们讲述了一个故事。他发现了一个非常有趣的事情，从曼彻斯特大学毕业的获得过诺贝尔物理学奖的物理学家，讲到道尔顿提出物质都是由类似于不可再分的原子组成的。这一大胆的想法轰动了当时的科学界。多年后，同是曼彻斯特大学学子的汤姆生却提出了原子的构成是由电子镶嵌其中的，类似于枣糕中的枣子镶嵌其中，这就是著名的原子枣糕模型。这一理论也曾被人们奉为真理。他的学生卢瑟福却通过自己的两个学生所做的阿尔法粒子散射实验时的发现，提出了原子的核式结构模型，汤姆生的原子枣糕模型理论被推翻。

我问他在这个小故事中是否获得了什么启发，他的回答非常令人惊喜。他说，本来他很难理解为什么已经有了足够多的被人们奉为真理的理论存在，这些物理学家还是能够提出来甚至是打破科学界固有定律的全新的理论，他们是怎么知道这些理论是有问题的呢？后来，他想明白了，那是因为伟人之所以能够成为伟人，就是因为他们有坚韧的毅力，因为他们善于发现问题、提出问题并思考解决问题。人们只知道卢瑟福是因为自己学生的实验困惑提出了原子的核式结构模型，却不知道他为了解决学生的困惑能够把一个非常复杂的实验重复几千次，在都得到相同的结果之后经过慎重研究，查阅了无数的资料，才得出了这一伟大结论。

三、研究成效

（一）对学生学习的影响

1. 能够激发学生的学习兴趣

我发现同学们很喜欢这些小故事，将小故事贯串到我要讲授的知识点中去，使得课堂不再枯燥，学生的学习积极性有很大提高，学生的上课状态明显较之前活跃，课堂氛围更加轻松愉快。

物理学本身是一门充满趣味的自然科学，注重实验研究。初中正是学生对一切新鲜事充满兴趣与好奇心的阶段，因此，抓住学生的这一特点进行教学有利于提高学生的学习效率。

教学中，通过一些物理学家的生活中发生的趣事，会让同学们产生一种亲切感，会充满对物理知识的探究欲望和兴趣。

2. 有助于培养学生形成科学的思维方式

物理学的教学是引导学生对物理知识进行探究，而物理学史的发展恰好从对最简单的物理现象的认识开始。

教师在物理教学的过程中融入物理学史的知识，能够使学生对这一部分的物理知识有更全面的了解。学生在去了解一位伟人、一个公式的推导时，就是在了解这项科学知识的形成过程，用辩证的思想去对待科学，更能加深学生对知识的理解，从而提高他们对自然科学的规律和原理的认知水平，使他们学会运用科学的思维方式去学习物理知识。

3. 能够提高学生的创造性思维能力

现代社会需要创新型人才，任何事物的发展都离不开创新。初中物理的教学就是要培养学生的创新能力。在教学中引入小故事，可激发学生学习兴趣，培养学生提出问题、思考问题、解决问题的能力，并在提问中开拓思想，培养发散思维。

4. 能够提高学生的表达能力

同学们在做分享的过程中，需要注意语言的表达是否合理，所以也能提高学生的表达能力。

5. 能够提高学生的物理成绩

以下是两个教学班前期成绩对比表，和研究开展以后八年级上学期期末考试成绩对比表，见表1、表2。

表1　前期成绩对比表

班级	八年三班	八年四班
及格率	39.21%	39.14%
优秀率	8.54%	8.56%

表2　研究开展以后成绩对比表

班级	八年三班（实验班）	八年四班（对照班）
及格率	50.24%	40.12%
优秀率	13.25%	8.56%

（二）对教师专业发展的影响

1. 提高了教师的教学技能

教师在研究实施的过程中逐渐熟悉物理小故事，并合理选择和运用，掌握了激发学生学习兴趣的教学策略，提高了教师的教学创新能力。

2. 丰富了教师的专业知识

教师需要深入了解物理原理，以便更好地设计小故事，在这个过程中需要学习相关科学知识，丰富教学内容，加强对学生学习动态的观察和分析。

3. 提升了教师的沟通与引导能力

学会与学生进行积极互动，引发他们的思考和讨论，掌握有效的问题提问技巧，促进学生深入思考，提高教师的辅导能力，帮助学生解决问题和困惑。

4. 加深了教师对学生的了解

通过物理小故事，教师能够更好地了解学生的兴趣和需求，有利于开展个性化教学，满足学生多样化的学习需求；有利于建立良好的师生关系，提高教学效果。

四、存在的问题与下一步设想

1. 存在的问题

在用小故事导入课堂教学的过程中，我发现有时同学们会提出一些让人出乎意料的小问题，使课堂时间有时候会过多地被其他问题所影响，导致了一个最直接的问题就是本节课的教学任务完不成，进而使课程的连贯性受到影响。

通过"课前五分钟"活动，我发现有个别同学语言组织能力欠缺，故事讲得不够生动，甚至有时候会磕磕巴巴引发其他同学哄笑，导致学生对在大众面前做演讲感到恐惧和不安；还有一些同学没有完成任务，影响了第二周的分享活动。

2. 下一步设想

针对存在的问题，我计划在备课时候更加严谨，精简故事内容，提前思考同学们可能会提出的问题，将同学们可能提出问题的时间预留出来，从而使课程具有连贯性。

对于学生的语言组织能力问题，我计划在上课之前先听一遍这名同学的表述，对他表现好的地方加以表扬，提高学生自信心，然后再针对他的问题先予以指导和纠正，让学生在得到纠正后，满怀信心地在同学们面前展示自己。

对于分享故事的同学，采用自愿原则，而不是安排给学生的任务，这样可以有效保证活动的顺利开展。

高中化学"五字六步"教学模式的实践研究

九台区实验高中　蒲红娟

一、课题概况

（一）存在的问题

为了全面实施素质教育，近年来高中教学一直在倡导课堂改革。传统的教学中，教师为了把教学内容讲深讲透，几乎占用了课堂的全部时间，真正属于学生独立思考和理解的时间很少，不能有效培养学生的实践能力和创新能力。新课程改革理念先进，但如何具体地在课堂上实施则需要进一步探索。虽然各地有一系列教学改革，但需要因地制宜。因此，我们应该立足校情、立足学情，先分析本校的教学现状和问题，打造符合我校校情、学情的教学模式。

我校学生入学成绩普遍偏低，有不少学生是来自农村的住宿生，学习上没有家长的监督和管理；还有很多学生迷恋于网络游戏，没有学习兴趣，不爱思考，学习自主能力差，听课时注意力很难长时间集中，没有良好的学习习惯。我校领导锐意进取，注重提高教师的教学能力，要求教师多学习、多研究，因此在教学研究上学校给予了课题组有力的支持和帮助。

我们课题组成员认为，应改变传统的教师"满堂灌"的教学模式，学习洋思中学，明确课堂教学应将时间还给学生，让学生学习和思考，使学生动起来。

（二）研究的内容

"五字六步"教学法，"五字"即"学、讲、背、考、练"，"六步"即复习提问、自主学习、教师讲解、闪电记忆、考核反馈、强化训练。表现在：课堂上，老师营造和谐的课堂氛围，组织学生进行自学、探究，再经过老师的点拨，当堂记忆，开展反馈训练，提高每堂课的学习质量。

（三）研究目标

1. 确定"五字六步"教学法在高中化学教学中的应用方法，分析存在的问题，寻找解决方法。

2. 研究"五字六步"教学法在高中化学教学中的应用，提高教师的教研水平，带动并促进教师个性化教学风格的形成，引领教师队伍的专业化发展。

3. 帮助学生形成科学的学习方法，培养学生的学习能力，形成严谨求实的学习态度，为学生进一步学习打好基础。

4. 通过本课题研究，提高我校的教育教学质量。

二、研究过程与实施策略

（一）研究过程

申报课题后，我们成立了课题研究小组，确立了课题研究的人员分工，工作有序开展。

课题研讨共划分为以下六个阶段进行：

第一阶段：课题准备阶段（2019 年 9 月—2019 年 11 月）

成立课题组，对本课题进行论证，设计课题研究方案，完成课题申报工作。

第二阶段：前期实施阶段（2019 年 12 月—2020 年 4 月）

开展课题调研并写出调研报告。

1. 了解问题，提出改进方案

了解传统的化学教学授课模式、内容、习题设置等方面存在的问题，以及影响学生发展、不利于课堂教学实效性、不利于素质教育的因素，提出改进方案。

2. 选定实验班级和对照班级

针对高中化学教学的教学目标、教学重难点，有计划、有目的地研究并编写适合教育教学发展的、符合新课程理念的优质教案、导学案，并将其应用于教学实践。选定实验班，其他平行班为对照班，进行纵向、横向的比较。在实验班级和对照班级授课实践 50 课时以上，论证并整合优质课例 10 课时以上，参研教师听课、评课不少于 50 节。

3. 进行实验前的整体评价

实验之前，对实验班和对照班进行整体的评价，将实验班和对照班的学生成绩、整体水平作为原始的数据。

4. 课题成员参加培训

首先，明确新课程改革的目标、任务和要求；其次，学习"五字六步"教学模式的具体实施方法和流程；最后，教师要改变传统的教学方法，运用新的教学模式进行教学。

第三阶段：中期实施阶段（2020 年 5 月—2020 年 9 月）

课题组织实施，进行实验及相关成果记录。

1. 教学过程设计

针对我校学生的实际情况，设计适合学生的课堂教学模式、教学方法，写出教案，编制、印发导学案、习题，同时研究最有利于学生学习的方法。

2. 组织实施

在实验班和对照班分别进行实验教学，全面跟踪记录，进行对比分析，并记录实验数据。

3. 经验交流

结合本校的教学情况，开展本课题研究的经验交流，并重复实验。

4. 总结完善

针对教学中出现的各种问题，总结经验，研究解决方案，逐步完善教学设计，并形成阶段总结。

第四阶段：后期实施阶段（2020 年 10 月—2021 年 8 月）

第一，汇集各类研究材料，进行课题中期检查准备工作。

第二，分析实验中取得的成绩和存在的问题，写课题自检报告，并进行课题改进和整理。

第五阶段：推广阶段（2021 年 9 月—2022 年 3 月）

第一，在实践检验论证基础上，确定最优教学模式，在全校推广，全面提高教师的教学和科研能力，全面提高学生学习成绩。

第二，以"五字六步"教学法促进高中化学教学新课程改革，进一步探索更优化的化学教学方法，改进教学流程。

第六阶段：总结鉴定阶段（2022 年 4 月—2022 年 7 月）

第一，以论文形式总结传统化学教学中存在的问题，并提出解决对策；进行公开课的研讨交流，对教师的授课模式给出指导性意见。

第二，在本地区同类校中交流优秀课例、教学成果，推广研究成果，以促进本地区化学学科新课程改革，为地方教学改革提供实践依据和可参考的意见。

第三，完成课题的结题工作。

（二）实施策略

组织课题组教师通过文献学习提升自身素质，改变教学观念；查阅和搜集有关案例和资料，以及一些教育专家、学者的看法和做法，整理归类，提升自身素质，学习先进的课堂教学模式。

组织课题组成员对学生进行调查，了解学生的化学学习情况，根据学生的学习情况和实际要求设计教学活动，实施课堂教学，有计划、有步骤地研究并解决在教学实践中产生的问题。在边研究、边解决实际问题过程中，确定"五字六步"教学模式在课堂上的具体实施步骤，然后在课堂教学中有计划地运用该教学模式，以达到最佳的教学效果。

在教学实施中，教师应侧重于理念的渗透，应用"五字六步"教学模式进行教学，将课堂还给学生，培养学生的创新精神和实践能力，让学生成为具有良好科学素养的人。

组织参研教师写教案，制作课件，编制并印发导学案、习题，每周进行一节交流公开课，在教学、听课、评课中开展实践研究并总结方法，在学生学习效果上求论证，在相互交流、研讨中提升教师的教学水平。同时，对该教学模式进行深入的研究与应用，及时反思，然后重复实验，优化课堂教学结构。

定期召开课题组会议，分析、总结前期实验情况，部署下阶段工作。每学期召开一至二次课题研讨会，总结经验，找出存在的问题，及时调整，将"五字六步"教学法的实践与研究形成的案例、论文等进行汇总，为今后工作提供理论依据。

三、研究的成果、成效

（一）研究的成果

1. 形成了"五字六步"教学模式

学习是一个系统构建的过程，所以教师要在教学中落实"六步"教学法，即复习提问、自主学习、教师讲解、闪电记忆、考核反馈、强化训练；遵循"五字"（即"学、讲、背、考、练"）方针，必须做到每讲知识前学生要先学。

复习提问：让学生温故知新，做好知识铺垫，以利于知识迁移。

自主学习：就是教师营造和谐的课堂氛围，用简洁的语言等来揭示本节课的教学目标，引导学生主动探究，然后提出自学的内容、要求、方法及自学的时间，组织学生进行自主学习、探究学习、合作学习等，激发学生的主动性和积极性。在这一过程中，学生们可以把知识、推理和思维表达结合起来，能动地获得对知识的理解，让学生由知识的被动接受者转变为知识的主动构建者，从而使学生学会学习，为孩子们将来的终身学习奠定一个好的基础。

教师讲解：教师针对学生的情况，按需而教，重点解惑释疑，引导学生发现规律、总结规律；教师设计便于理解和记忆的板书或思维导图，以利于学生对知识的理解、对重点内容的把握。

闪电记忆：化学知识比较零散，需要记的内容又较多，所以应让学生当堂掌握知识点，让学生对所学内容有一个基本的印象。

考核反馈：教师适时检查学生记忆成果，给学生背诵、板演、复述的机会，了解学生对知识的掌握情况，强化记忆。

强化训练：精心选择有层次、有梯度的习题，带领学生进行讲后练习。这也体现了"讲练结合"的思想，便于检测学生学习实效，有利于弥补知识缺漏和巩固迁移知识。通过强化训练，学生可以巩固学习内容，可以强化记忆、加深理解。

通过教师的组织、引导，每节课都让学生实实在在有学习上的收获。这一教学模式强调以人为本、以生为本，努力把教的过程转化为学习的过程，改变了学生的学习方式。也就是说，问题让学生自己去揭示，知识让学生自己去探索，规律让学生自己去发现，学法让学生自己去归纳。总之，就是让学生学会学习，掌握学习方法，提升学习能力。所以说，该教学模式更科学，更具实践价值，也更为具体，有很强的可操作性。

2. 制作微课、撰写论文等

自从申报课题以来，课题组成员深入研究、认真实践，教师的理论水平与业务能力有了较大提高，积极参加了一系列教学教研等活动，包括制作微课、撰写论文、编写著作、组织示范课等。

（1）微课：《金属钠的化学性质》获国家级一等奖；《乙烯的加成和加聚》获省级二等奖；《离子键》获省级三等奖；《陌生方程式的书写》获省级三等奖；《热化学方程式的书写》获省级二等奖；《合成高分子的基

本方法》获省级优秀奖；《二价铁离子和三价铁离子的检验》获省级优秀奖；《浓硫酸的三大特性》获省级优秀奖；《乙醇的催化氧化》获国家级一等奖。

（2）论文：《基于学科核心素养下的高中化学课堂教学》《高中化学课堂教学中有效问题设计策略研究》《TPACK 框架下的化学教学常见问题及改进策略》《高中化学教学中课堂提问的有效性阐述》《"绿色化学理念"在高中化学教学中的渗透探析》《信息技术在高中化学实验教学中的应用研究》。

（3）著作：《化学教师课堂教学模式的创新研究》。

（4）课例：《外界条件对化学反应速率的影响》《硫酸亚铁铵的制备》《乙烯》《乙醇》《获取洁净的水》均为区级优课。

（5）进行了以"基于课程标准的单元教学设计"为题的培训讲座。

（二）研究的成效

在授课过程中，注重"五字六步"教学方法的应用，提高了学生的自学能力，激发了学生学习化学的兴趣，使学生感受到学习不再是一件枯燥乏味的事，学习的兴趣获得了极大提高。

课堂上，学生听课注意力集中，积极发言，热烈讨论，大胆质疑，加深了理解，强化了记忆，提升了学生的课堂学习效率，提高了学生的科学文化素养。

在参研过程中，教师坚持理论学习与教学实践相结合，在相互交流、研讨中，教师的教学技能有了显著提高。课题的研究，激发了教师学习教育理论和开展教学研究的积极性，形成了有效互动的教科研群体，促进了教师精神面貌的转变和专业水平的提高，增强了教师的自信心，使教师的综合教学能力得到了提升。

通过课题的研究，我们形成了以年级为单位的化学教学共同体，我们共同研究教学内容、教学方式方法，分享教学设计、导学案和练习题，形成了良好的科研氛围，也带动了全校的科研热潮。同时，涌现出了一批市级骨干教师，发表了论文，撰写了报告，积累了教学设计、课件、学案。总之，参研教师的教学水平、科研能力大幅提高。

在实践检验论证基础上，总结应用"五字六步"教学模式，全区推广，经过三次大型"学校联盟""学科联盟"教学展示、评比、交流，对比发现"五字六步"教学模式具有突出的优势，全区其他学校也在学习。

四、研究反思

经过课题组成员近三年的探索与实践，取得了一些成绩，但也发现了一些问题。

1. 教师素养有待进一步提升

学校在推进"先学后教"教学模式的过程中困难重重，在课堂改革中要求教师采用全新的教育思想、教学方法和教学设计，彻底摒弃传统的以教师为中心的灌输式的教学方式，但有些老教师很不习惯，对新教学理念的理解不是很透彻，心理上也有些抗拒，因此还是"穿新鞋走老路"，对新教学模式也是生搬硬套，无法灵活应用。所以，为了适应新课程改革的要求，教师必须加强学习和培训，掌握更多的理论知识，努力提高自己的教学水平。

2. 学生的综合能力有待进一步提高

学生自主学习的效果不佳，部分学生不能静下心来完成老师布置的自学内容，讨论环节会做一些与合作学习无关的事情，讨论话题往往偏离主题，而且很多学生在阅读教材和讨论的时候只是停留在表面。因此，在采用"五字六步"教学法的时候，教师要挖掘教材，结合学生的情况，合理地处理书本知识，如，可以根据学生的情况适当删减、补充、对调知识等。总之，要以提高学生的学习效率为目的，以提高学生的学习成绩为目标，避免讨论环节流于形式。

3. 课改还需大胆创新

贯彻新课程理念，需要践行者的思想再解放一点，胆子再大一点，尝试的步伐再迈大一点。

在实践中，课题组推进的策略、措施以及整合、验证别人的理论偏多，原创观点并大胆付诸实践的相对偏少，一些看法还未经过实践的充分证明，正确与否还要进一步认证。但我们坚信，只要我们怀有热爱教育之心与探究教学之情，坚持不懈地继续辛勤耕耘，我们的事业就会不断发展。

教育在不断进步和发展，一种教学模式很难一直适合所有教学内容。随着时代的发展，许多新的教学模式会相继涌现，因此，在今后的研究中，我们将继续立足岗位、立足校情、学情，深入研究，构建更好的教学模式。同时，我们在以后的工作中要不断积累经验、丰富成果，并进行改革创新，形成教育科研成果，并加以推广应用，为教育改革贡献力量，为国家培育更多、更优秀的人才。

提升小学中青年教师专业素养的研究

德惠市第六小学　吕彦桃

一、课题概况

（一）研究的意义

教师是教育改革、教育发展和教育教学实践的主体和关键，先进的教育思想由教师去贯彻，有效的教育方法由教师去实施，现代的教育手段由教师去操作。

鲁宾（Rubin）从许多相关经验中归纳出一个重要的结论：任何试图改进学生学习的努力，必须依赖某种形式的教师成长。教师发展的真正的价值和意义就在于它是促进学生发展的真实和必要的条件，而教师的专业素养是其专业成长发展中重要的组成部分。

青年教师专业素质的提高有助于教师自身的发展，是学生发展的前提、学校发展的关键，是提高办学质量、提升办学品位、彰显办学特色的需要，是教师队伍整体素质提升的基础。可见，它所具有的意义是深远而重大的。

教师个体之间是存在差异的，能力和倾向也有差异。因此，教师素质提升的培养要重视教师的特殊背景及个体需求，因师施培，使每位教师学习后都能有所得。只有这样才能符合教师专业发展的需要，激发教师再发展的愿望和兴趣，促进其主动参与，最终达到发展提升的目的。

我校青年教师较多，但骨干教师教龄多在 15 年以上，中青年教师崭露头角，却无法独当一面，新老教师之间无法进行有效的工作衔接。本课题研究旨在通过探索影响中青年教师专业素养提升的内外部因素，重点探索提升中青年教师专业素养的有效途径，构建提升中青年教师专业素养的有效性评价、考核和管理策略，确保我校中青年教师能获得提升与发展。

（二）研究目标

1. 探索影响中青年教师专业素养提升的内外部因素，激发中青年教师自我提升、主动发展的内驱力。

2. 重点探索提升中青年教师专业素养的有效途径，切实促进中青年教师的专业发展，使中青年教师迅速成长为学校的骨干力量。

3. 构建提升中青年教师专业素养的有效性评价、考核和管理策略，确保我校中青年教师能获得提升与发展。

（三）主要研究内容

1. 调查造成当前小学教师专业素养提升途径低效的原因。

2. 研究影响小学教师专业素养提升的内外部因素。

（1）影响教师专业素养提升的内部因素；

（2）影响教师专业素养提升的外部因素。

3. 重点探索提升中青年教师专业素养的有效途径。

（1）以教师专业发展规划为途径提升中青年教师专业素养的策略研究；

（2）以校本教研为途径提升中青年教师专业素养的策略研究；

（3）以教育科研为途径提升中青年教师专业素养的策略研究；

（4）以"影子工程"为途径提升中青年教师专业素养的策略研究；

（5）以"校长荐书"活动为途径提升中青年教师专业素养的策略研究；

4. 研究提升中青年教师专业素养的有效性评价与考核策略。

5. 研究提升中青年教师专业素养的有效管理策略。

6. 实验前后对比研究中青年教师专业素养的现状。

二、研究阶段与具体过程

（一）研究阶段

本课题研究从 2018 年 11 月起批准立项到 2020 年 11 月结题，历经了三个阶段：

第一阶段：准备阶段（2018 年 11 月—2018 年 12 月）

搜集相关理论资料，拟定课题，研究方案，申报课题，最后确定实验教师。

第二阶段：研究阶段（2019 年 1 月—2020 年 6 月）

课题组成员围绕研究目标，主要采用行动研究法和调查法，探索新时期教师素养要素的构成、影响专业素养提升的内外因素、提高教师专业素养的有效策略，完成第一阶段报告。

第三阶段：总结阶段（2020年7月—2020年11月）

通过观察、实验、经验总结等，在理论学习、实践的基础上，按时完成结题报告，待课题评审专家评鉴。

（二）具体过程

1. 制订课题组研究规划

开题初，成立课题研究小组，召开开题报告会。课题主持人做好参研人员的研究分工，并重申本课题研究的相关制度，如，课题组每月一次的例会制度，青年教师的学习制度、研究制度、自我反思制度，等等，保障课题研究顺利进行。

明确本校研究对象，建立青年教师专门跟踪档案，启动"影子工程"。同时，以问卷、访谈的形式，了解校内青年教师在教育教学中存在的问题、困惑。

对本校教龄在10年以内的教师进行了问卷调查，结果显示，43%的教师具有职业激情，但是对个人的发展规划很迷茫，主要集中于教龄在0～3年的新入职教师；36%的教师对工作依旧有热情，但多安于现状，没有明确能力提升的需求，以教龄在7年以上的教师居多；仅21%的教师具有强烈的自我提升发展需要，且有着相对明确的规划。

可见，要关注教师内在发展需求，及时给予相关引导，创造良好的教师专业素养提升软环境。

与此同时进行的课堂观察与走访显示，繁重的教学任务也是影响教师专业素养提升的重要原因。

2. 深入开展研究活动

（1）突出阶段性培养重点，抓好青年教师入门期（教龄0～3年）、成才期（教龄4～6年）和发展期（教龄7年以上），制订教师三年发展规划。

（2）以"课堂体现理念，理念升华课堂"为指导思想，以课例研究为重点，通过"理论—实践—反思—再实践"的培训流程，提高教师专业素养；上好研讨课，开展"名师讲台"活动，启动"影子工程"。

一是优化常规。学校常态化地开展丰富的教学实践活动：第一，开展说课和集体备课活动，即每位教师授课前都要进行说课；授课内容相同或相似的教师要集体备课。第二，开展教学反馈活动，即采用填写反馈表格、召开小型座谈会、进行个别交谈等形式，听取其他教师对课堂教学的意见。第三，开展评选优质课活动，即每学期每位教师都要上一定数量的公开课，评选优质课，以督促每位教师认真上好每节课。第四，开展编拟试卷和举行质量分析活动，即在适当的时间内要求教师编拟一份科学的试卷，并在学生考后进行系统的情况分析。第五，开展学习和运用现代教学手段活动，即要求每位教师娴熟地掌握多媒体教学技术，改变"一支粉笔、一张嘴巴"的落后教学模式，使之能更好地运用灵活多样的授课方式。第六，开展综合读书活动，即要求每位教师利用业余时间综合性地读各种书籍，撰写读书笔记和读书心得等，以此促进教师综合素质的提高。

二是多元培训。校本培训方式的多元化，还要求学校要结合"以人为本"的培训理念，确定培训规划目标，因人而异、因材施教，突出培训的独特个性。第一，注重校级骨干教师的培养。学校根据教师情况，制订培养计划，让骨干教师去引领整个教师队伍素质的提升。第二，注重青年教师的培养。学校以"着重基础、突出教法、引入科研"为原则，组织青年教师共同听课、上课、评课，并写好教学后记和教学反思，使其对教学过程中有价值的信息进行总结、探索，促进青年教师队伍整体素质的提升。第三，以"影子工程"的形式促进新教师的成长。学校根据学科组教师的实际情况，为每一位新教师指定一位指导教师，互相之间听课、评课、交流经验、反思教学行为，确保新教师在一年内成为合格教师，并在此基础上进一步提升自我，成为学校的骨干教师。目前，已经有多位年轻教师参与学校级和市级的教育教学比赛。

三是示范引领。组织优秀教师团队，参与学校的教育教学改革。开展"名师讲台""名师讲坛"活动，由全国优秀教师、省优秀教师传授经验，实现优质资源共享，带动青年教师获得专业成长，并实行组长负责制，对青年教师进行点对点指导，引导青年教师先了解学生的发展需要，发现自己在教育教学活动中的不足之处，再把重点放在教育能力、教学能力、科研能力的提升上，放在具体的教育教学实践改进上，在实践中获得专业成长。

四是实践提升。采取多种形式，鼓励青年教师上汇报课。学校给青年教师提供各种锻炼的机会，积极推选青年教师参加各级各类的教学比赛，如青年教师教学赛、创新教学设计赛、优质课比赛、青年教师演讲大赛、说课比赛等；组织教师参加送课下乡活动，服务基层，丰富教学经验；在校园网上创建"青年教师教学论坛"，鼓励青年教师积极思考教育教学中遇到的问题，为其提供一个可以随时随地进行业务交流、发生思想碰撞的"硅谷"。一部分青年教师积极参与编辑校本教材《与经典同行》，并承担起策划和出版校报的任务。

五是科研保障。学校加强教育科研制度建设，以制度来促使日常教学工作和教学研究、教师专业成长融为一体，进而促进教师整体素质提高。

构建"自修—反思"培训模式，经过"提出计划—自学研修—实践体验—专家指导—反思总结—成果展示"等几个基本环节，加强教师之间的合作，营造出互相激励、互相支持和互相帮助的科研氛围，让教师学会用集体智慧来解决教育教学中的问题，使教师的专业素质得到提高。

实施课题带动策略，有意识地让教师结合自身的教育教学实际参与课题研究，树立"科研就是工作，工作就是科研"的理念，通过科研发现和解决教育教学中存在的问题，进而促进教师教育教学能力的提高。

3. 采取有效评价机制

采用民主测评等多元评价机制，对青年教师的评价与考核做到客观与公正。通过自我反思、同伴互助、专家引领，为青年教师的学习、实践、研究、交流搭建平台。在研究实践过程中，对教师采取多元评价方式，将常规考核与动态考核相结合，设立教师培训管理制度，建立教师个人成长档案，等等，确保教师专业素养提升有后劲，有保障。

（1）引导教师通过集体备课反思自己的教学行为，并对其进行有效评价。

（2）通过考核学生来考核教师工作业绩。学生的学习兴趣浓厚，教学效果显而易见，学生和老师都能从中获得成就感。

（3）进行动态考核，不断提高新教师教学水平。教师不可能掌握所有知识，为了解决具体课堂教学问题，提高教师的课堂教学能力，让教师能够直接通过课例受益，特别是看到课堂教学的改进过程，从一节课感悟到一类课，反思到一类课，我们的探索过程是：学习课例，研究相关的理论，边学边实践，在探索模仿中汲取经验，在实践总结中促进教师专业成长。

（4）制定相关激励策略，如目标激励、情感激励、榜样激励、评价激励等，激励教师主动发展。学校实行动态化管理，将青年教师的培养途径形成制度，及时总结好的经验教训，为下一步培养青年教师做好准备。

三、研究成效

课题研究探索青年教师专业素养提升发展之路，促使青年教师在新课程改革中尽快成长，脱颖而出，并发挥示范带动作用。通过研习，提升教师的教育理论素养；通过团队建设，利用"影子工程"等，精研深耕，提升教师个人的业务素养；通过组织各种各样的活动，提升教师的业务能力。具体体现在以下几方面：

（一）以教师专业发展规划为途径提升中青年教师专业素养

学校教育教学质量的水平高低，关键取决于教师的专业化水平，取决于教师队伍素质。因此，让教师尽快站稳讲台，培养优秀教师，是学校提高教育教学质量的前提。加速教师专业化成长，成就一批教育理念先进、文化知识深厚、教学能力突出、教育信仰坚定、无私奉献的教学名师，是学校保持高水平教育教学质量的保障。我校指导中青年教师根据自身实际情况制订个人成长三年规划，了解自己的优势和不足，力争实现短期成长目标。

（二）以校本教研为途径提升中青年教师专业素养

我校重视校本培训，旨在提高教师的综合素养。提升综合素养是新课程标准对小学教师的基本要求，也是小学中青年教师自身发展的迫切要求。可以说，提升教师的综合素养的主要途径就是开展校本培训。

1. 构建多元化的校本培训模式

校本培训的形式是多元化的，既可使用校内资源，也可利用校外资源。第一，我们的教师可以"走出去"，通过调研等丰富实践经验，积累大量新鲜的感性材料，并把这些感性材料与自己的教育实践有机结合，以丰富校本培训教育理论和实践经验。如，代亚翠老师在参与了长春市明星教师、卓越教师培训后，在学校做了两次培训，将所学经验与学校老师分享。近两年中，走出去、学回来的二次培训进行了 6 次。第二，我们可以"请进来"，把教育名家、专家和优秀的教师请到学校讲课，用他们丰富的理论功底和实践经验，有效地解决教育教学中的"疑难杂症"，用新思路、新观点、新理论和新经验去影响我们的新教师。我们还利用学校现有的国家级优秀教师资源，在校内与大家分享经验。如，闫石老师做了《小细节大语文》的专题讲座，王忠敏老师做了《教师专业发展的路径》专题讲座。第三，加强自主学习。自主学习是校本培训的主要形式，学校鼓励教师通过读书、科研等方式促进自我发展。

2. 全面落实校本培训内容

一是注重教育教学基本理论、教育新理念培训。学校推荐相关的校本培训学习书目并落实考核制度。学习可以让广大教师更新教育理念，提高教育理论素养，提高实施素质教育水平和能力。

二是重视新课程培训。新课程培训为校本培训的一项主要内容。定期的集中理论学习、学科教研活动等，加深了教师对新课程标准的理解，提高了驾驭新教材的能力。

三是强化师德培训。通过培训强化教师敬业爱岗的意识，树立正确的教育观、教学观、人才观、质量观；组织教师参加师德报告会、师德演讲比赛等，不断增强教师的职业道德意识，促进教师职业道德素养的提高。

四是加强班主任培训。通过班主任沙龙、经验交流、现场观摩等校本培训，提高班主任的工作能力。

五是落实教学科研能力培训。学校建立以教导处、教研室为龙头，各教研组为基本单位，教师人人参与的教研体系，实行分科教研，合作交流。教研组每周确定一个课题，定期进行教研讨论交流活动，学习本学科的教学经验，同时进行集体备课，共同研讨教学方法，进而提高教师的业务水平和专业素质。

六是定期开展紧缺学科教师培训。除了组织教师参加上级主办的紧缺学科教师培训外，学校在校内还充分发挥骨干教师的引领作用，以老带新，实现全员全面提升。

七是重视基本功和基本技能培训。教师的基本功和基本技能是教师教育教学工作的基石，学校建立了教师钢笔字、粉笔字、毛笔字、简笔画、普通话、网络信息搜集、现代教育技术运用、教学设计、案例反思撰写等方面基本功和基本技能培训考核的长效机制，以此促进教师综合素质的提高。

八是鼓励青年教师参加学历提高培训。

九是重视教师远程教育和网络培训。教师通过各种途径去了解现代教育资讯，保证教师教育思想、教育观念与时俱进。

3. 坚持研训结合，促进校本培训教研修一体化

一是充分发挥专业引领的作用，努力开阔老师的视野。

二是在教师中开展"六个一"活动，督促、激励教师自我完善、自我

提高。"六个一"为：每一位老师每学期要阅读一本教育专著，走近一位名师，执教一节校级公开课，研究一个教育教学课题，撰写一篇教育论文，制作一个教学课件。同时，学校将其列入教师综合性考核当中。

三是建设骨干教师团队，充分发挥优秀骨干教师的带动和辐射作用。学校结合"名师工程"等，建立教学标兵、教学能手、学科带头人的培养使用档案，培养和使用并重，不断提高他们的带动和辐射能力。

四是以课例为载体，积极开展教研修一体化的校本教研活动。在教师个体层面，规定每位教师每学期听课、评课和执教公开课的节数，通过不断的听课、评课，潜移默化地提高教师的授课能力。同时，学校以学科备课组为单位，认真组织集体备课、同课异构、公开课展示与研讨等活动，落实"备—说—讲（听）—评—讲（听）"各个环节，以此促进教师专业化水平的提升。

（三）以教育科研为途径提升中青年教师专业素养

教育科研是提高中小学教师教育能力的重要途径。通过教育科研，我们可以分析出来"困"与"不足"的具体状况和成因，然后进行有针对性的改进。同时，教育科研过程本身也是小学教师学习新的理论知识的过程，在获得新的理论知识弥补了自己的不足之后，自己的教育科研素质才能得到提升，教育实践才能"更上一层楼"。

我校大力支持教育科研，主张在课题研究中提升教师的业务素质和科研能力。同时，学校坚持由问题到课题的科研之路，即在教学行动中由问题出发，在行动中进行教学研究。这种科研思路针对性强，教师容易操作，对提升教师的教学和研究实验能力具有明显的促进作用。

近两年来，学校有多个课题已经结题，又申报了多个课题，如长春市教育科学"十三五"规划课题《小学生社会主义核心价值观的培育研究》等。

我们鼓励青年教师从日常教学的各个环节入手，大胆地在教学中进行教学改革实践，努力探索解决问题的有效办法，而这也是向科研型教师转变的基本途径。

（四）以"影子工程"为途径提升中青年教师专业素养

开展"影子工程"活动，由国家级、省市级优秀教师做导师，青年教师作为"影子"教师，进行师徒结对。师徒结对的一种基本活动形式就是互相听课、评课。在日常的教学中，教师通过互相听课、评课等，共同探讨、研究教学中遇到的问题，寻找解决问题的方法，不断改进与完善课堂教学方式，从而不断提高自身的业务素养。导师听"影子"教师的推门课，课后及时对其在教学中存在的问题提出看法和意见，与其进行交流，找出不足，总结经验，以此提高新教师的课堂教学能力。导师经常指导"影子"教师如何写好课后反思，如何做好培优辅差工作，并经常检查批改作业情况，指导他们如何积累教学经验，从而不断改进课堂教学方式，提高新教师教学水平。"影子"教师面对自己的不足之处，能认真反思，虚心接受建议和指导。经过几个学期的培养和指导，青年教师成长很快，教学方法、备课、课堂教学等方面的能力都有较大提升。

同时，在学习的过程中，要求"影子"教师学习导师的经验，但不要生搬硬套，不要刻意地模仿，要有自己独立的思想、独到的见解和独特的风格，千万不能丢失自己的个性。导师还引导"影子"教师学会交流，学会沟通，学会合作。在指导青年教师的过程中，导师的自身能力也得以不断提升。

（五）以"校长荐书"活动为途径提升中青年教师专业素养

作为教师，每个人都希望自己站在讲台上的时候是坦然的，自信满满且胸有成竹，所用知识信手拈来。而这种教学状态，必然需要教师具有先进的教育理念和渊博的知识，而读书就是获取它们最有效的途径。

对于青年教师来说，充分的读书积累会对自我快速成长有强大助推力。多读书可提高教师创新能力，有利于教师更深入地钻研教材，可提高自己的教学反思能力，从而提高执教能力。

我校坚持每学期都开展"校长荐书"活动，为中青年老师推荐书目，如《给教师的100条建议》《不跪着教书》等。自学校举办"校长荐书"活动以来，中青年教师读书更有方向、更有目的，成长目标更加明确，效果也更加显著。

实验前，有部分教师并非师范院校毕业，专业不对口，学历不高，教学技法缺少实践锻炼，对工作的热情也不高，敷衍教学。

实验后，学校通过新教师培训、青年骨干教师培训、师徒结对帮带、新教师"五个一"工程等，使年轻教师们快速地成长起来。在年轻教师中，有80%的人担任班主任工作，有5位成为教研组长。年轻教师的教学能力、管理水平以及教育教学效果得到广大师生的认可。

代雅翠老师获得吉林省的优秀教师称号，李超老师在市演讲活动中获一等奖，张丽伟老师在"有效课堂教学竞赛"活动中获一等奖……这些均体现出了青年教师的成长。

我校青年教师在教改教研中积极参与，认真研讨，成长迅速。其中，比较典型的青年教师有曲艳、安婷婷、王新颖、王楠……工作中，青年教师勤于钻研，务实创新，在各自教学领域均很出彩。例如曲艳老师，所带班级的班风、学风都很好，再调皮的学生在她的管教下也能变成认真学习的好学生。她凭着认真执着的教书育人精神，每天早到晚归，一心扑在教学上，兢兢业业地钻研教材，提前备好每一节课。

乘着国家教育改革的东风，我们将在以往研究成果基础上，立足本校实际，认真规划，继续为中青年教师提供充实自我和提升自我的机会，为其搭建更加广阔的发展平台，建立更加完善的评价和奖励机制，打磨锻造一支强有力的中青年教师队伍，进而带动我校整个师资队伍建设。